iTunes
Die verständliche Anleitung

von
René Gäbler

An den Leser

Liebe Leserin, lieber Leser,

als mir vor einigen Jahren ein Freund voller Begeisterung iTunes empfahl, war ich nach den ersten Gehversuchen mit dem Programm frustriert. Zu der Zeit nutzte ich vor allem einfache Musikplayer, die kaum mehr als eine Abspielfunktion boten. Das Gros der Musik hörte ich ohnehin noch über die Stereoanlage. Wozu also ein Programm nutzen, das auf den ersten Blick völlig überladen und unübersichtlich wirkt, und selbst eingefleischten Apple-Jüngern Kopfzerbrechen bereitet? Nach dem Kauf von iPod, iPhone und Co., war ich aber mehr oder weniger gezwungen, mich mit dieser »eierlegenden Wollmichsau« von Programm auseinanderzusetzen. Vielleicht geht es Ihnen ja in diesem Moment ganz genauso?

Dann kann ich Sie beruhigen: Dieses Buch ist für Sie! Ganz egal, ob Sie iTunes »aus freien Stücken« oder aber notgedrungen verwenden. René Gäbler zeigt Ihnen Schritt für Schritt und anhand anschaulicher Bilder, wie Sie mit dem Programm Ihre Musik-CDs importieren, die Mediathek organisieren oder neue Musik, Filme oder Serien in den unendlichen Weiten des iTunes Store finden. Auch die Verwaltung Ihres iPhones, iPads oder iPods mit iTunes wird für Sie nach der Lektüre kein Buch mit sieben Siegeln mehr sein. Glauben Sie mir als ehemaligen iTunes-Skeptiker, das Programm bietet Ihnen jede Menge Möglichkeiten, die es sich lohnt, zu entdecken. Dieses Buch stellt Ihnen all diese leicht verständlich vor, und bietet Ihnen darüber hinaus noch jede Menge Tipps von unserem Experten.

Dieses Buch wurde mit größter Sorgfalt geschrieben und hergestellt. Sollten Sie dennoch einmal Fehler finden oder inhaltliche Anregungen haben, freue ich mich, wenn Sie mir schreiben. Ich wünsche Ihnen jetzt aber zunächst viel Spaß beim Lesen und Lernen.

Ihr Lars Wolf
Lektorat Vierfarben

lars.wolf@vierfarben.de
www.facebook.com/vierfarben

Auf einen Blick

1	Erste Schritte mit iTunes	9
2	Musik laden	45
3	Musik und Filme abspielen	59
4	Einkaufen im iTunes Store	97
5	Die Mediathek verwalten	151
6	iPhone, iPad oder iPod verbinden	183
7	Musik, Filme und andere Daten übertragen und sichern	195
8	Inhalte auf andere Geräte übertragen	217
9	iTunes in der Cloud	253
	Nützliche Tastenkombinationen	277
	Glossar	281
	Stichwortverzeichnis	285

Impressum

Sie haben Fragen, Wünsche oder Anregungen zum Buch?
Gerne sind wir für Sie da:

Anmerkungen zum Inhalt des Buches: lars.wolf@vierfarben.de
Bestellungen und Reklamationen: service@vierfarben.de
Rezensions- und Schulungsexemplare: sophie.herzberg@vierfarben.de

Das vorliegende Werk ist in all seinen Teilen urheberrechtlich geschützt. Alle Rechte vorbehalten, insbesondere das Recht der Übersetzung, des Vortrags, der Reproduktion, der Vervielfältigung auf fotomechanischem oder anderen Wegen und der Speicherung in elektronischen Medien.

Ungeachtet der Sorgfalt, die auf die Erstellung von Text, Abbildungen und Programmen verwendet wurde, können weder Verlag noch Autor, Herausgeber oder Übersetzer für mögliche Fehler und deren Folgen eine juristische Verantwortung oder irgendeine Haftung übernehmen.

Die in diesem Werk wiedergegebenen Gebrauchsnamen, Handelsnamen, Warenbezeichnungen usw. können auch ohne besondere Kennzeichnung Marken sein und als solche den gesetzlichen Bestimmungen unterliegen.

An diesem Buch haben viele mitgewirkt, insbesondere:

Lektorat Lars Wolf
Korrektorat Petra Biedermann (Reken), Marita Böhm (München)
Layout Vera Brauner
Herstellung Vera Brauner, Maxi Beithe
Einbandgestaltung Mai Loan Nguyen Duy
Coverbilder iStockphoto: 174754 © mabe123, 7156087 © Shelly Perry, 7289467 © archives, 26163343 © egeeksen, 60822307 © Subbotina Anna, 2930376 © irishblue, 17533841 © Anastasia Semanina, 17626011 © Janis Litavnieks; Shutterstock: 70657456 © Kaponia Aliaksei, 91973393 © Everett Collection, 124939067 © InnervisionArt; Fotolia: 15701928 © ai
Satz Satzkiste GmbH Stuttgart
Druck Offizin Andersen Nexö Leipzig

Gesetzt wurde dieses Buch aus der ITC Charter (10,5 pt/15 pt) in Adobe InDesign CC 2014. Gedruckt wurde es auf mattgestrichenem Bilderdruckpapier (115 g/m²).
Hergestellt in Deutschland.

Bibliografische Information der Deutschen Nationalbibliothek
Die Deutsche Nationalbibliothek verzeichnet diese Publikation in der Deutschen Nationalbibliografie; detaillierte bibliografische Daten sind im Internet über http://dnb.d-nb.de abrufbar.

ISBN 978-3-8421-0122-7

© Vierfarben, Bonn 2015
1. Auflage 2015

Vierfarben ist ein Verlag der Rheinwerk Verlag GmbH
Rheinwerkallee 4, 53227 Bonn
www.vierfarben.de

Der Verlagsname Vierfarben spielt an auf den Vierfarbdruck, eine Technik zur Erstellung farbiger Bücher. Der Name steht für die Kunst, die Dinge einfach zu machen, um aus dem Einfachen das Ganze lebendig zur Anschauung zu bringen.

Inhalt

Kapitel 1: Erste Schritte mit iTunes — 9

iTunes installieren — 10
iTunes starten — 14
Was ist wo in iTunes? – Alle Bedienelemente erklärt — 17
Das Kontextmenü und die Menüleiste verwenden — 22
Die verschiedenen Ansichten — 24
Die Ansicht anpassen — 27
Eine Apple-ID erstellen — 32
Mit einer Apple-ID anmelden — 36
Die Einstellungen aufrufen — 38
iTunes aktualisieren — 40
iTunes wieder deinstallieren — 42

Kapitel 2: Musik laden — 45

Die richtigen Importeinstellungen vornehmen — 45
Audio-CDs einlesen — 49
Musikdateien vom Rechner hinzufügen — 54

Kapitel 3: Musik und Filme abspielen — 59

Musik wiedergeben — 59
Den MiniPlayer verwenden — 62
Den Equalizer nutzen — 64
Wiedergabelisten erstellen — 67

Intelligente Wiedergabelisten nutzen	72
Genius-Wiedergabelisten erstellen	77
Genius-Mixe verwenden	81
Internetradio hören	82
Visuelle Effekte einblenden	85
Musikvideos abspielen	86
Filme abspielen	88
iTunes kindersicher machen	93

Kapitel 4: Einkaufen im iTunes Store — 97

Ein erster Blick in den iTunes Store	98
Musik im Store finden und kaufen	103
Filme im iTunes Store kaufen oder leihen	112
Serien und Fernsehsendungen kaufen	117
Bücher suchen und kaufen	123
Apps für Ihr iPhone oder iPad kaufen	126
Die Wunschliste verwenden und verwalten	130
Podcasts abonnieren	132
Uni-Vorlesungen über iTunes U ansehen	138
Unterbrochene Ladevorgänge fortsetzen	140
Gekaufte Artikel erneut laden	142
Einen iTunes-Gutschein versenden oder einlösen	143
Einkaufstipps mit Genius	147
Ihre persönlichen Account-Daten ändern	148
Apple-ID oder Passwort zurücksetzen	150

Kapitel 5: Die Mediathek verwalten — 151

Fehlende Informationen ergänzen	152
Fehlende Cover ergänzen	154

Liedtexte eingeben 157
Klangeinstellungen für einzelne Titel vornehmen 159
Lieder bewerten 161
Wiedergabelisten organisieren und bearbeiten 164
Doppelte Objekte suchen und entfernen 169
Die Mediathek verwalten 171
Wo sind meine iTunes-Dateien abgelegt? 174
Den Ordner »iTunes Media« verschieben 176
Mehrere Mediatheken nutzen 179
Eine Datensicherung der Medienbibliothek erstellen 181

Kapitel 6: iPhone, iPad oder iPod verbinden 183

Geräte per Kabel anschließen 183
Das Gerät wird in iTunes nicht angezeigt? 188
Ein Update durchführen 192
Das Gerät wiederherstellen 193

Kapitel 7: Musik, Filme und andere Daten übertragen und sichern 195

Wichtige Importeinstellungen festlegen 197
Musik auf Geräte übertragen 202
Filme und Serien übertragen 206
PDFs auf iPad, iPhone oder iPod übertragen 208
Ein Backup Ihres Gerätes erstellen 211
Audio-CDs aus iTunes heraus erstellen 213
Filme und Serienfolgen auf DVD brennen 215

Kapitel 8: Inhalte auf andere Geräte übertragen ... 217

Per Privatfreigabe Musik und Filme auf anderen Rechnern wiedergeben ... 217
Drahtlos Inhalte mit AirPort Express übermitteln ... 235
Mit Apple TV Filme und Musik auf das TV-Gerät übertragen ... 243
Fotos mit iTunes und Apple TV an das TV-Gerät senden ... 246
Die Remote-App nutzen ... 249

Kapitel 9: iTunes in der Cloud ... 255

iTunes Match abonnieren ... 254
iTunes Match auf einem anderen Gerät aktivieren ... 258
Fehlerbehebungsmaßnahmen für iTunes Match ... 262
Musiktitel aus der Cloud entfernen ... 266
iTunes Match kündigen ... 267
So funktionieren »automatische Downloads« ... 268
Das Backup Ihres Geräts in iCloud speichern ... 269
Einkäufe ein- und ausblenden ... 272
Familienfreigabe aktivieren ... 273

Nützliche Tastenkombinationen ... 277
Glossar ... 281
Stichwortverzeichnis ... 285

Kapitel 1
Erste Schritte mit iTunes

In diesem Kapitel werde ich Ihnen zeigen, wie Sie iTunes installieren und einrichten. Sie lernen, wo Sie was in iTunes finden und wie Sie die verschiedenen Ansichten des Programms nutzen. Sie erfahren außerdem, wie Sie eine Apple-ID einrichten und wozu Sie diese bei Verwendung von iTunes benötigen.

Bevor Sie iTunes verwenden können, müssen Sie das Programm zunächst auf Ihrem Rechner installieren. Dabei führt ein Installationsassistent Sie durch die gesamte Installation des kostenlosen Programms, so dass auch wenig erfahrene Benutzer in kurzer Zeit mit der Grundeinrichtung des Programms beginnen können. Auch hierbei unterstützt Sie der Installationsassistent.

Haben Sie das Programm erfolgreich auf Ihrem Rechner installiert, sollten Sie sich zuerst einmal mit der Oberfläche vertraut machen. Die gebotenen Möglichkeiten wirken zunächst vielleicht ein wenig unübersichtlich, aber haben Sie keine Sorge. In diesem Buch lernen Sie den Umgang mit iTunes von Grund auf kennen, ganz egal, ob Sie das Programm auf Ihrem PC oder auf dem Mac verwenden. Die Programmversionen unterscheiden sich in den beiden Betriebssystem nur in einigen wenigen Punkten, die ich Ihnen in den folgenden Abschnitten vorstellen werde. Im weiteren Verlauf des Buches finden Sie daher auch immer die Tastenkombinationen sowohl für die Windows- als auch für die Mac-Version des Programms. An den Stellen, an denen die Menübezeichnungen in der Menüleiste voneinander abweichen, weise ich ebenfalls darauf hin. Dazu gleich mehr.

Kapitel 1 – Erste Schritte mit iTunes

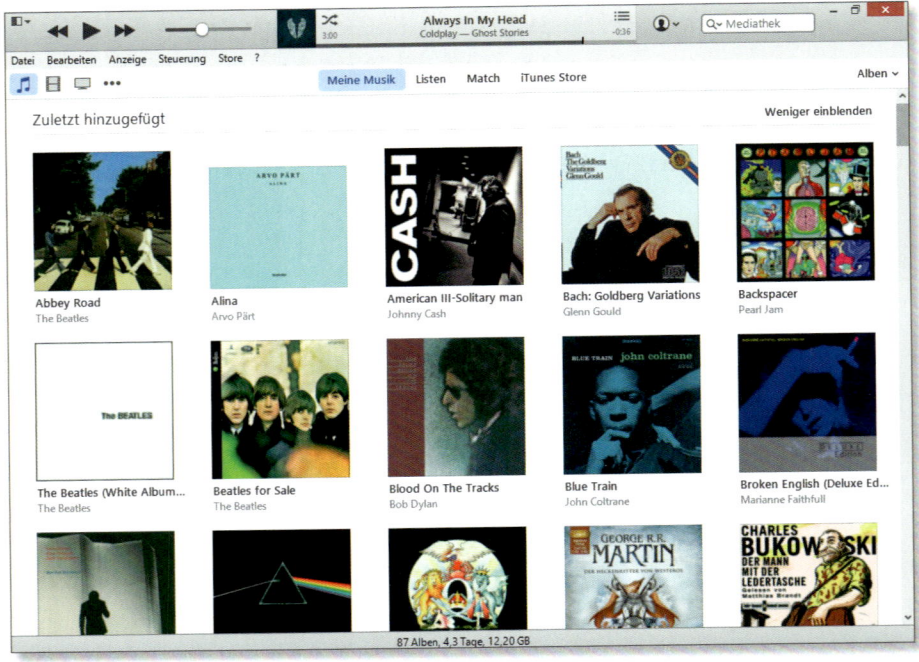

Die Programmoberfläche von iTunes

Sie werden sehen, iTunes ist ein spannendes Programm, das voller Möglichkeiten steckt, die es kennenzulernen gilt. Nutzen Sie iTunes, um Ihre Musik, Filme oder Serien zu genießen, Radio oder Podcasts zu hören und vieles mehr.

iTunes installieren

Im Folgenden stelle ich Ihnen den Download des Installationsprogramms von der Apple-Seite und den Installationsvorgang von iTunes unter Windows 8.1 vor. Auf älteren Windows-Versionen läuft die Installation in aller Regel genauso ab. Sollten Sie einen Macintosh-Rechner verwenden, brauchen Sie sich um die Installation gar keine Gedanken zu machen: Das Programm ist bereits auf Ihrem Rechner vorinstalliert, und Sie finden es im Ordner *Programme* oder können es gleich aus dem Dock starten.

iTunes installieren

1. Die Installation ist in wenigen Schritten erledigt. Öffnen Sie zunächst einen Webbrowser, und geben Sie die Adresse *http://www.apple.com/de/itunes/* ein.

2. Auf der Webseite erhalten Sie verschiedene Informationen zu dem Programm. Klicken Sie auf den Button **iTunes laden** ❶, um das Programm kostenlos herunterzuladen und anschließend auf Ihrem Rechner zu installieren.

3. Auf der nächsten Seite werden Ihnen links im Browserfenster die Systemvoraussetzungen des Programms angezeigt. Die beiden Optionskästchen können Sie ignorieren, wenn Sie keine Neuigkeiten und Angebote von Apple erhalten möchten. In dem Fall müssen Sie auch keine E-Mail-Adresse eingeben. Klicken Sie auf die Schaltfläche **Jetzt laden** ❷.

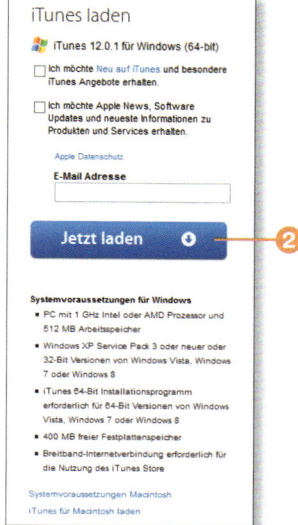

4. Speichern Sie die Datei *iTunesSetup.exe* in einem Verzeichnis Ihrer Wahl ab. Fragt Sie Ihr Browser erst gar nicht, wo Sie die Datei speichern möchten, legt er die Datei standardmäßig im Ordner *Downloads* ab.

5. Öffnen Sie nach dem Download den Explorer, und rufen Sie das Verzeichnis, in dem Sie die Datei zuvor gespeichert haben, auf. Starten Sie den Installationsassistenten, indem Sie die Datei mit einem Doppelklick öffnen.

Kapitel 1 – Erste Schritte mit iTunes

6. Im ersten Dialogfenster werden Sie zunächst willkommen geheißen. Bestätigen Sie mit einem Klick auf die Schaltfläche **Weiter**, und starten Sie so den eigentlichen Installationsassistenten, der Sie durch die Installation und Einrichtung des Programms führt.

7. Im folgenden Fenster können Sie nun einige Optionen wählen. Über die Checkbox **iTunes-Desktopverknüpfung erstellen** ❶ legen Sie fest, ob Sie zukünftig iTunes direkt über ein Programmicon auf dem Desktop öffnen wollen. Lassen Sie die Checkbox **iTunes als Standardplayer für Audiodateien verwenden** ❷ aktiviert, werden fortan alle Audiodateien auf Ihrem Computer mit iTunes wiedergegeben. Die Option **iTunes und weitere Apple-Software automatisch aktualisieren** ❸ sorgt dafür, dass Sie Aktualisierungen nicht selbst prüfen und vornehmen müssen, sondern dass das automatisch passiert. In der Voreinstellung sind diese Optionen aktiviert, und ich empfehle Ihnen auch, im Zweifel alle diese Kästchen aktiviert zu lassen. Mit einem Klick auf die entsprechende Checkbox können Sie die Optionen aber auch deaktivieren.

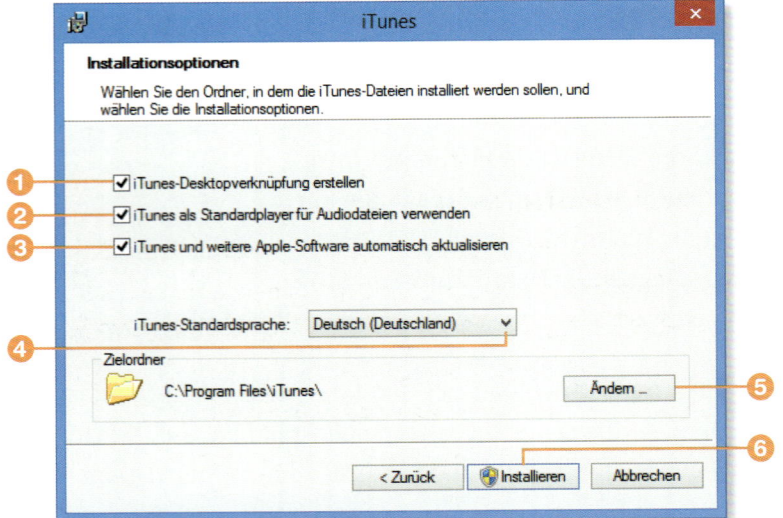

iTunes installieren

8. Über das Auswahlmenü **iTunes-Standardsprache** ❹ legen Sie die Sprache des Programms fest. Standardmäßig ist hier bereits **Deutsch (Deutschland)** eingestellt, sofern Sie auf Ihrem Rechner Deutsch als Systemsprache eingerichtet haben. Wenn Sie möchten, wählen Sie im Bereich **Zielordner** mit einem Klick auf die Schaltfläche **Ändern** ❺ ein anderes Installationsverzeichnis. Bestätigen Sie mit einem Mausklick auf den Button **Installieren** ❻.

9. Bestätigen Sie die Meldung der Benutzerkontensteuerung von Windows mit **Ja**. Im darauffolgenden Dialogfenster wird Ihnen über einen Statusbalken angezeigt, wie weit die Installation fortgeschritten ist.

10. Schließen Sie den Installationsassistenten mit einem Klick auf **Fertigstellen** ab.

> **Systemvoraussetzungen für iTunes**
>
> Um iTunes auf Ihrem PC installieren zu können, muss dieser mindestens eine Prozessorleistung von 1 GHz und einen Arbeitsspeicher von 512 MByte haben. iTunes erfordert mindestens Windows XP mit Service Pack 2. Das Programm benötigt 400 MByte freien Festplattenspeicher. Beachten Sie, dass Sie für den Kauf von Musik und Filmen weiteren Speicherplatz benötigen.

iTunes starten

Nach der Installation sehen Sie auf Ihrem Desktop das Schnellstartsymbol für iTunes. Ein Doppelklick darauf öffnet das Programm.

Natürlich können Sie iTunes unter Windows 8.1 auch vom Startbildschirm aus starten. Tippen Sie dazu einfach »iTunes« ein; an der rechten Seite wird die Suchleiste eingeblendet und Ihnen wird eine Verknüpfung zum Programm angezeigt – klicken Sie darauf.

Besitzer eines Macintoshs starten iTunes über das Programmicon ❶ im Dock. iTunes finden Sie aber natürlich auch im Finder im Verzeichnis *Programme*.

Starten Sie iTunes auf dem Mac aus dem Dock heraus.

1. Starten Sie das Programm das erste Mal, wird Ihnen im Dialogfenster **iTunes-Softwarelizenzvertrag** der Lizenzvertrag angezeigt, und Sie müssen diesem zustimmen, um iTunes auf Ihrem Rechner benutzen zu können. Sind Sie mit den Bedingungen einverstanden, bestätigen Sie den Vertrag mit einem Klick auf die Schaltfläche **Akzeptieren**.

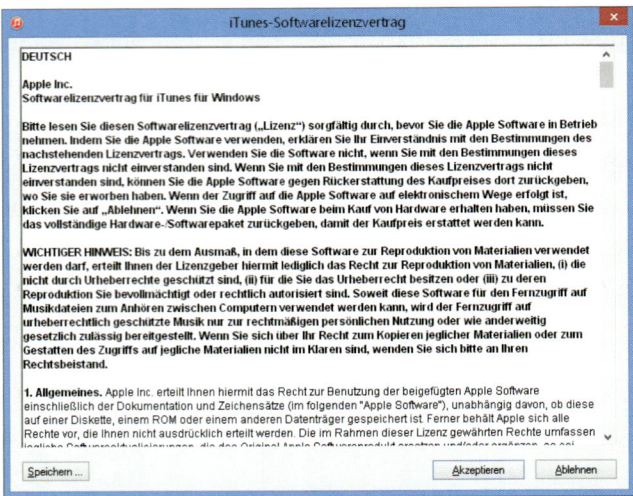

2. Haben Sie den Lizenztext bestätigt, wird iTunes gestartet. Nach dem ersten Programmstart werden Sie zunächst willkommen geheißen. Wenn Sie möchten, schauen Sie sich nun zunächst kurze Einführungsfilme von Apple zu iTunes an, indem Sie auf den Link **Einführung anzeigen** ❷ klicken. Überspringen Sie die Filme ruhig einfach, da ich Ihnen alles, was Sie zu iTunes wissen müssen, in diesem Buch zeigen werde.

3. Unter dem Link, der Sie zu den Einführungsvideos führt, können Sie sich entscheiden, ob Sie die Freigabe von Informationen zu Ihrer *Mediathek* erlauben möchten. Klicken Sie dazu auf die Schaltfläche **Akzeptieren** ❸. Möchten Sie sich zunächst über diesen Dienst informieren, klicken Sie auf den Link **Weitere Infos** ❹. Stimmen Sie dem Dienst zu, werden grundlegende Informationen zu Ihrer Musiksammlung, die in iTunes Mediathek genannt wird, über das Internet an Apple gesendet. Im Gegenzug werden fehlende Albumcover auf Ihren Rechner geladen und Ihnen daraufhin zusammen mit den gespeicherten Musiktiteln angezeigt. Apple wertet Ihre Musiksammlung aus und zeigt Ihnen verwandte Künstler und ähnliche Musik im iTunes Store an. Auf diese Weise finden Sie schnell die Musik, die zu Ihnen passt und die Sie mögen.

Sobald Sie sich per Mausklick für oder gegen die Freigabe der Daten entschieden haben, gelangen Sie zum nächsten Einrichtungsfenster. Hier haben Sie bereits die Möglichkeit, bequem Musiktitel oder Videodateien zu iTunes hinzuzufügen.

4. Haben Sie bereits Videodateien und Musiktitel auf Ihrem Rechner gespeichert, können Sie sie mit einem Klick auf die Schaltfläche **Computer durchsuchen** ❶ in Ihre iTunes-Mediathek einfügen. iTunes durchsucht daraufhin Ihren Rechner nach entsprechenden Dateien und fügt sie automatisch in Ihre Sammlung ein.

Sie können diesen Schritt aber auch ohne weiteres später nachholen oder wiederholen. Lesen Sie dazu den Abschnitt »Musikdateien vom Rechner hinzufügen« ab Seite 54.

> **INFO**
>
> **Was ist die Mediathek?**
>
> In der Mediathek sammelt iTunes Informationen zu allen Musik- und Filmdateien, die Sie in iTunes abspielen, kaufen oder verwalten. Es ist eine Datenbank, ein großes Verzeichnis. In der Mediathek befindet sich alles, was Sie an Medien in iTunes hinzugefügt haben. Wenn Sie eine Datei, ein Album oder ein Musikstück aus der Mediathek löschen, ist es aber weiterhin auf Ihrer Festplatte vorhanden. Es wird nur aus dem Verzeichnis gelöscht.

Die gefundenen Musikdateien werden Ihnen nach Abschluss des Suchlaufs im Programm angezeigt. Sie sollten dabei beachten: Wenn Sie über viele Dateien verfügen, nimmt der Suchlauf einige Zeit in Anspruch. Wenn Sie möchten, können Sie nach dem Suchlauf bereits in Ihre Musik hineinhören. Vielleicht warten Sie damit aber noch einen Moment. Schauen wir uns doch zunächst einmal ein wenig im Programm um.

Was ist wo in iTunes? – Alle Bedienelemente erklärt

Die Bedienung von iTunes ist recht einfach, und wenn Sie sich erst einmal an die Programmoberfläche gewöhnt haben, werden Sie keine Probleme haben, sich hier zurechtzufinden. In der Kopfzeile befinden sich das Programmmenü ❷, die Steuerelemente für die Wiedergabe ❸, die Titelanzeige ❹ und das Suchfeld ❺. In der Zeile darunter, noch über der Tabelle mit den Titeln, schalten Sie zwischen den einzelnen Bereichen Ihrer Mediathek, den verschiedenen Kategorien und dem iTunes Store um. Doch alles der Reihe nach. Schauen wir uns zunächst einmal die verschiedenen Elemente der Kopfzeile im Detail an.

Sie bedienen iTunes vor allem über die Schaltflächen der Kopfzeile.

In der linken oberen Ecke des Programmfensters öffnen Sie mit einem Klick auf das nach unten weisende Dreiecksymbol (❶ auf Seite 18) das Programmmenü. Über dieses Menü können Sie z. B. eine neue Wiedergabeliste erstellen, eine Datei zur Mediathek hinzufügen und die Information zu einer zuvor markierten Datei einblenden. Die Funktionen des Programmmenüs lernen Sie noch im weiteren Verlauf kennen. In iTunes auf dem Mac ist dieses Menü nicht vorhanden, statt dessen sind diese Befehle auf die verschiedenen Auswahlmenüs der Menüleiste verteilt.

Die Schaltflächen für die Steuerung der Wiedergabe kennen Sie sicher von Ihrem CD- oder DVD-Player. Mit einem Klick auf die Schaltfläche **Wiedergabe** ❷ starten Sie die Wiedergabe in iTunes, und der Button ändert sich daraufhin in eine **Pause**-Schaltfläche. Über den nach links zeigenden Doppelpfeil ❸ springen Sie einen Titel zurück. Klicken Sie mehrmals diese Taste, um mehrere Titel zurückzuspringen. Drücken Sie die Schaltfläche und halten Sie die Taste gedrückt, spult die Wiedergabe ein wenig zurück. Möchten Sie hingegen vorspulen oder den nächsten Titel abspielen, klicken Sie auf die Schaltfläche mit dem nach rechts weisenden Doppelpfeil ❹. Über den Schieberegler ❺ passen Sie die Lautstärke an. Klicken Sie ihn an, und ziehen Sie ihn nach links, um leiser zu stellen, nach rechts, um lauter zu stellen.

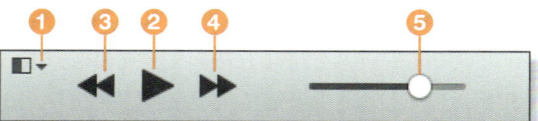

Rechts in der Kopfzeile befindet sich das Suchfeld. Sie erkennen es sehr gut an dem kleinen Lupensymbol. Tragen Sie in das Feld ein Suchwort ein, und bestätigen Sie mit ⏎. Ihnen werden aber bereits während der Eingabe des Suchbegriffs Treffer angezeigt. Sollte hier das Gesuchte schon zu sehen sein, können Sie es per Klick auswählen. So finden Sie schnell bestimmte Musiktitel, Künstler, Alben oder auch Filme.

Über ein Auswahlmenü, das Sie über die kleine Dreieckschaltfläche ❻ neben dem Lupensymbol öffnen, können Sie die Suche einschränken. Sie können beispielsweise ausschließlich Ihre Musiktitel, Interpreten oder Alben nach dem Suchwort durchsuchen. Nehmen Sie keine Veränderung vor, wird standardmäßig die komplette Mediathek durchsucht.

Die drei Schaltflächen in der rechten oberen Ecke des Programmfensters kennen Sie bestimmt bereits aus anderen Windows-Anwendungen. Mit ihnen können Sie das Programmfenster minimieren ❼, vergrößern ❽ oder auch komplett schließen ❾. Auf dem Mac sehen Sie diese Schaltflächen am linken Rand der Kopfzeile: Mit einem Klick auf die rote Schaltfläche ❿ schließen Sie das Programm, die gelbe Schaltfläche ⓫ minimiert das Programmfenster und legt es im Dock ab. Klicken Sie auf die grüne Schaltfläche ⓬, wird das Programm im Vollbildmodus ausgeführt.

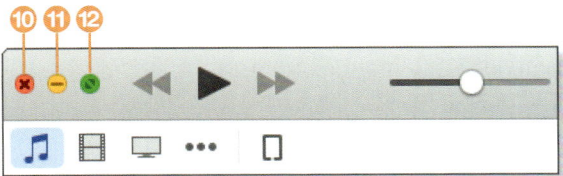

Im mittleren Bereich der Kopfzeile befindet sich die Titelanzeige. Diese ist nach dem Programmstart zunächst leer. Sie sehen dann nur das Logo der Firma Apple.

Starten Sie die Wiedergabe eines Audiotitels, Videos oder Podcasts, werden Ihnen hier einige weiterführende Informationen angezeigt, und Sie können über die Titelanzeige bestimmte Wiedergabeoptionen einstellen. Ich werde Ihnen daher im Folgenden die Elemente der Titelanzeige, die während der Wiedergabe eingeblendet werden, vorstellen.

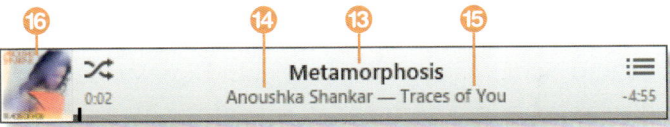

Im oberen Bereich der Titelanzeige wird Ihnen der aktuelle Titel ⓭ angezeigt und unmittelbar darunter der Interpret ⓮ sowie das Album ⓯. Links innerhalb der Titelanzeige blendet iTunes ein kleines Bild des Album- oder Film-Covers, sofern eines vorhanden ist, ein ⓰. Ist das nicht der Fall, wird stattdessen ein Notenschlüssel oder ein Videosymbol angezeigt. Rechts daneben befindet sich die Schaltfläche für **Zufallsmodus** und **Wiederholen** ❶. Klicken Sie sie mit der rechten Maustaste an, um auszuwählen, ob das aktuelle Album beziehungsweise die gewählte Wiedergabeliste wiederholt werden soll, nur der aktuelle Musiktitel oder ob gar keine Wiederholung stattfinden soll.

Der Verlauf der Wiedergabe wird am unteren Rand der Titelanzeige dargestellt ❷. Sie können mit Hilfe dieses Schiebereglers innerhalb der Wiedergabe vor- oder zurückspulen. Klicken Sie ihn dazu mit der Maus an, und halten Sie die linke Maustaste gedrückt. Bewegen Sie die Maus nun nach links oder rechts, spulen Sie die aktuelle Wiedergabe zurück beziehungsweise vor. Darüber hinaus wird Ihnen links des Statusbalkens die verstrichene und rechts des Balkens die verbleibende Wiedergabezeit angezeigt.

Mit einem Mausklick auf das **Zufallsmodus**-Symbol können Sie außerdem den Zufallsmodus einschalten. Die Titel werden dann in einer zufälligen Reihenfolge wiedergegeben. Ganz rechts in der Titelanzeige können Sie mit einem Klick auf die Schaltfläche **Nächste Titel** ❸ eine Liste sichtbar machen, in der Ihnen alle Titel des aktuell ausgewählten Albums, einer Wiedergabeliste oder die Sie für die Wiedergabe ausgewählt haben angezeigt werden. Sie können per Mausklick einen dieser Titel wählen und so die Wiedergabe wechseln.

Nicht alle Funktionen und Schaltflächen in iTunes sind immer sichtbar. Einige Steuerelemente werden erst eingeblendet, sobald Sie die Maus auf bestimmte Bereiche der Programmoberfläche bewegen oder wenn Sie eine bestimmte Aktion im Programm ausführen. Die veränderte Darstellung der Titelanzeige während der Wiedergabe ist dabei nur ein Beispiel von vielen. Bewegen Sie die Maus auf die Titelanzeige, wird eine die Schaltfläche **Mehr** (durch drei Punkte symbolisiert) ❹ unmittelbar neben dem Namen der aktuellen Wiedergabe eingeblendet.

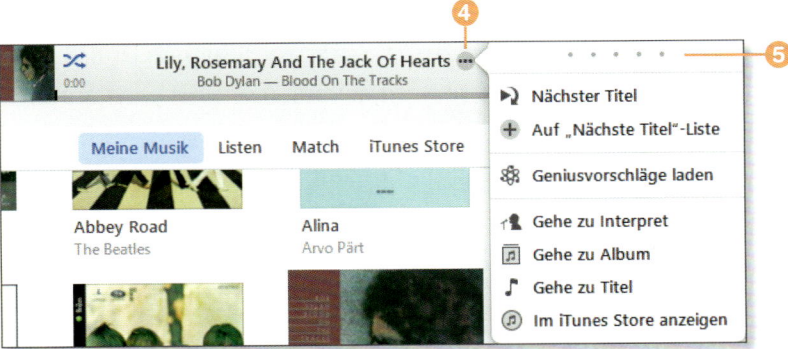

Klicken Sie auf diese Schaltfläche, wird Ihnen ein Kontextmenü zu der aktuellen Wiedergabe mit weiteren Optionen eingeblendet.

Beispielsweise können Sie hier bequem den aktuellen Musiktitel bewerten. Mit der Wertung können Sie jedem Titel sozusagen eine Note geben. Haben Sie noch keine Wertung abgegeben, finden Sie hier zunächst nur fünf graue Punkte ❺ vor. Klicken Sie ganz links auf den ersten Punkt, vergeben Sie für den Titel einen Stern. Klicken Sie hingegen ganz rechts auf den grauen Punkt, vergeben Sie fünf Sterne – es handelt sich also vermutlich um eines Ihrer Lieblingslieder. Die Bewertung können Sie übrigens später verwenden, um Ihre Titel zu filtern und beispielsweise nur Ihre Lieblingstitel wiederzugeben. Mit einem Klick auf die Option **Nächster Titel** springen Sie in der Liste Nächste Titel einen Titel weiter. Der Befehl **Auf „Nächste Titel"-Liste** überträgt den aktuellen Titel auf die Wiedergabeliste *Nächste Titel*. Ein besonders interessanter Befehl in diesem Menü ist **Geniusvorschläge laden**. Klicken Sie darauf, wird eine Wiedergabeliste mit ähnlichen Titeln geladen. Die Funktion *Genius* vergleicht Ihre Musiktitel und bietet Ihnen verwandte Musik, Künstler oder Gruppen an. Sie müssen sie allerdings vorher noch aktivieren. Lesen Sie dazu mehr im Abschnitt »Genius-Wiedergabelisten erstellen« ab Seite 77.

Die darauf folgenden drei Menüpunkte beeinflussen die Ansicht Ihrer Mediathek. Über die Option **Gehe zu Interpret** wechseln Sie zur Ansicht **Interpreten**. Alle Musiktitel werden Ihnen nach ihren Sängern und Gruppen sortiert. **Gehe zu Album** sortiert hingegen die Musiktitel nach dem Albumnamen. Mit dem Befehl **Gehe zu Titel** werden die Musiktitel schließlich nach ihrem Titelnamen sortiert, und Ihnen wird die Ansicht **Titel** angezeigt.

Zu guter Letzt wechseln Sie mit einem Klick auf den Befehl **Im iTunes Store anzeigen** in den iTunes Store, den Onlineshop von iTunes. Es wird automatisch die Seite des aktuellen Interpreten aufgerufen, so dass Sie weitere Alben und Singles anschauen und kaufen können. Wie das genau geht, erfahren Sie im Abschnitt »Musik im Store finden und kaufen« auf Seite 103. Übrigens steht Ihnen nahezu das gleiche Kontextmenü auch im Hauptbereich der Anwendung zur Verfügung, sobald Sie hinter den Titelnamen eines Musikstücks klicken. Hier fehlen nur die Befehle zum Vergeben der Wertung und zum Anzeigen des Albums und des Titels.

Das Kontextmenü und die Menüleiste verwenden

Natürlich steht Ihnen auch an anderen Stellen in iTunes ein Kontextmenü zur Verfügung. Sie haben bereits im Abschnitt »Was ist wo in iTunes? – Alle Bedienelemente erklärt« ab Seite 17 das Kontextmenü der Titelleiste kennengelernt. Aber auch wenn Sie im Hauptbereich einen Musiktitel mit rechts anklicken, wird ein Kontextmenü eingeblendet, und Sie sehen alle Funktionen, die Ihnen im Zusammenhang mit diesem Musiktitel zur Verfügung stehen. Auch hier gilt: Es werden Ihnen nur Funktionen angezeigt, die im Augenblick verwendet werden können, die im Kontext sinnvoll sind.

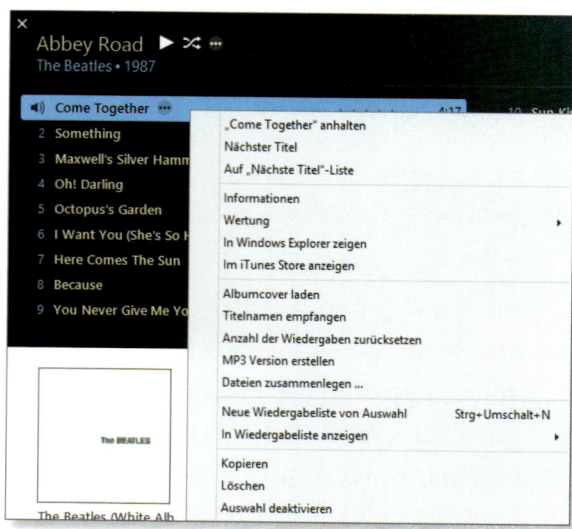

Auch zu jedem Musiktitel lässt sich ein Kontextmenü einblenden.

Das Kontextmenü und die Menüleiste verwenden

Die Menüleiste ist in der Vorgabeeinstellung von iTunes unter Windows nicht eingeblendet. Auf dem Mac finden Sie diese Leiste bei einem aktiven iTunes-Fenster immer am oberen Bildschirmrand ❶, ganz egal, wohin Sie das eigentliche Programmfenster ❷ verschieben.

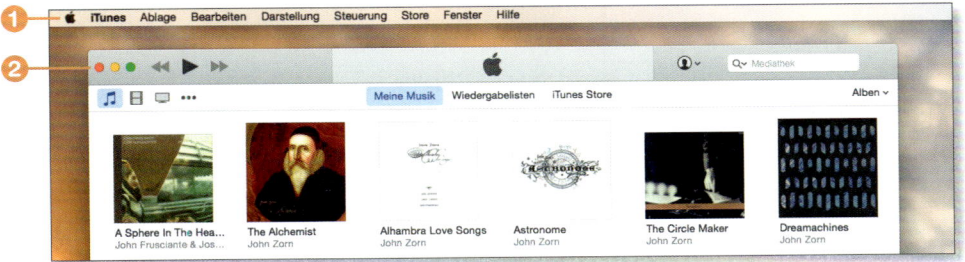

Die Menüleiste auf dem Mac ist immer am oberen Bildschirmrand zu sehen.

Um sie auch unter Windows zu verwenden, öffnen Sie mit einem Mausklick das Programmmenü ❸ in der linken oberen Ecke und wählen den Befehl **Menüleiste einblenden**. Mit der Tastenkombination ⌨Strg+⌨B können Sie die Menüleiste ebenfalls einblenden. Ich werde Ihnen einzelne Elemente der Menüleiste auf den folgenden Seiten immer wieder vorstellen, daher ist es sinnvoll, dass Sie sich diese Tastenkombination merken.

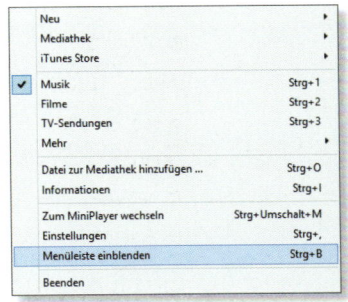

Über die Menüleiste rufen Sie die Auswahlmenüs **Datei**, **Bearbeiten**, **Anzeige**, **Steuerung**, **Store** mit weiteren Optionen auf. Über das Fragezeichen-Symbol steht Ihnen das Hilfe-Menü des Programms zur Verfügung.

Hier wurde die Menüleiste unter Windows eingeblendet.

Möchten Sie die Menüleiste nicht dauerhaft eingeblendet lassen, können Sie sie ganz bequem über das Programmmenü und den Befehl **Menüleiste ausblenden** wieder verbergen. Alternativ drücken Sie erneut die Tastenkombination ⌨Strg+⌨B.

Auf dem Mac weicht die Bezeichnung der Auswahlmenüs leicht ab, Sie finden hier die Menüs: **iTunes**, **Ablage**, **Bearbeiten**, **Darstellung**, **Steuerung**, **Store**, **Fenster** und **Hilfe**.

Abweichende Bezeichnungen der Menüleiste auf dem Mac.

> **TIPP**
>
> **Menüleiste einblenden**
>
> Die Menüleiste können Sie unter Windows bequem über die Tastenkombination [Strg]+[B] ein- und auch wieder ausblenden. Mit dieser Tastenkombination bleibt die Menüleiste bis zu ihrer Deaktivierung eingeblendet. Wissen Sie aber bereits, dass Sie nur einen Befehl über die Menüleiste ausführen möchten und sie danach nicht mehr brauchen, können Sie auch die Taste [Alt] drücken. Daraufhin wird ebenfalls die Menüleiste aufgerufen, und Sie können die gewünschte Aktion auswählen. Danach wird die Menüleiste automatisch ausgeblendet.

Die verschiedenen Ansichten

Über der Tabelle mit den Musiktiteln, Filmen und TV-Serien, also dem Hauptbereich von iTunes, sehen Sie eine weitere Menüleiste mit weiteren Schaltflächen, mit deren Hilfe Sie die Ansicht im Programm wechseln und verschiedene Programmbereiche aktivieren können, die *Mediathekleiste*. Neben den Mediathekbereichen rufen Sie über die Leiste aber auch den iTunes Store auf. Schauen wir sie uns in diesem Abschnitt daher einmal im Detail an.

Ganz links in der Mediathekleiste befinden sich zunächst vier Schaltflächen, über die Sie die verschiedenen Bereiche Ihrer gesamten Mediathek anwählen können. Sie bestimmen mit ihnen also, welche Inhalte Ihrer Mediathek Sie sehen und wiedergeben wollen.

Die verschiedenen Ansichten

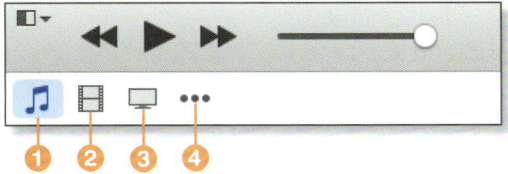

Für Audiodateien finden Sie hier beispielsweise den Bereich **Musik** ❶. Sie können über die Schaltflächen **Filme** ❷ und **TV-Sendungen** ❸ entsprechend Ihre Videodateien aufrufen. Mit einem Klick auf die Schaltfläche **Mehr** ❹ öffnen Sie ein Auswahlmenü, über das Sie weitere Bereiche Ihrer Mediathek erreichen. Klicken Sie in diesem Menü auf **Bearbeiten**, können Sie festlegen, welche Bereiche Ihnen dauerhaft mit einer Schaltfläche in der Mediathekleiste angezeigt werden sollen. Ansonsten werden die entsprechenden Symbole nur bei aktivem Bereich eingeblendet, das heißt, Sie sehen das Symbol **Podcasts** nur, wenn Sie sich im Mediathekbereich **Podcasts** befinden.

Haben Sie im Auswahlmenü den Bereich **Musik** aktiviert, können Sie mit Hilfe der Schaltflächen **Meine Musik**, **Listen**, **Match** und **iTunes Store** in der Mediathekleiste die verschiedenen Kategorien aufrufen.

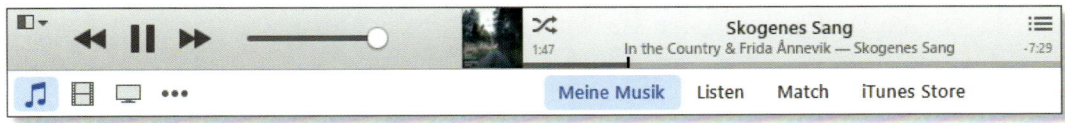

Am rechten Rand sehen Sie, auf welche Art Ihre Mediathek bisher sortiert ist, und können die Ansicht auch ändern. Zunächst steht dort **Alben** (wenn Sie sich aktuell im Bereich **Musik** finden). Klicken Sie darauf, stehen Ihnen nun mehrere Ansichten zur Auswahl. So werden nach einem Klick auf die Schaltfläche **Titel** ❺ die Audiodateien alphabetisch nach Titelnamen oder dem Namen des Künstlers sortiert. In gleicher Weise sortieren Sie die Ansicht nach Alben, Interpreten, Komponisten, Genres, oder aber Sie lassen sich die verschiedenen Wiedergabelisten, die Sie erstellt haben, in alphabetischer Reihenfolge anzeigen (lesen Sie dazu den Abschnitt »Wiedergabelisten erstellen« auf Seite 67).

Klicken Sie in der Mediathekleiste auf die Schaltfläche **Match**, können Sie die Funktion *iTunes Match* kostenpflichtig aktivieren. Mit dieser Funktion können Sie Ihre gesamte Musik online speichern und mit anderen Apple-Geräten darauf zugreifen. So können Sie Ihre Musik auch anhören, wenn Sie nicht zu Hause an Ihrem Rechner sind. Im Abschnitt »iTunes Match abonnieren« auf Seite 254 werde ich Ihnen die Funktion iTunes Match noch näher vorstellen.

Mit einem Klick auf die Schaltfläche **iTunes Store** wechseln Sie in den Onlineshop von iTunes und können beispielsweise Musik kaufen. Alle Möglichkeiten, die sich Ihnen mit dem iTunes Store bieten, stelle ich Ihnen in Kapitel 4, »Einkaufen im iTunes Store«, ab Seite 97 vor.

Die einzelnen Kategorien in der Mediathekleiste sind kontextabhängig. Das bedeutet, sie ändern sich je nachdem, welchen Bereich Ihrer Mediathek Sie im Auswahlmenü aktiviert haben. Das ist auch ganz logisch, da je nach Auswahl der Medienart eine andere Sortierungsweise sinnvoll ist. Bei der Auswahl der Mediathekbereiche **Filme** oder **TV-Sendungen** stehen Ihnen daher andere Kategorien in der Mediathekleiste zur Verfügung als beispielsweise im Mediathekbereich **Musik**.

Wählen Sie den Bereich **Filme**, so werden Ihnen hier die Schaltflächen **Meine Filme**, **Ungesehen**, **Listen** und **iTunes Store** zur Wahl angeboten. Schauen Sie sich eine Liste der noch nicht gesehenen Filme an, oder sortieren Sie alle Filme nach ihrem Genre. Aufnahmen, die Sie selbst erstellt oder aus dem Internet geladen und Ihrer Mediathek hinzugefügt haben, sehen Sie in der Kategorie **Eigene Videos**. Klicken Sie auf die Kategorie **Listen**, wird Ihnen eine Listenansicht aller Filme angezeigt.

Wählen Sie **TV-Sendungen**, können Sie die Kategorien **Meine TV-Sendungen**, **Ungesehen**, **Listen** und **iTunes Store** auswählen.

Die Ansicht anpassen

Aber damit sind die Ansichtsoptionen längst nicht erschöpft. Sie können die Ansicht Ihrer Inhalte auch sehr komfortabel und schnell weiter anpassen. Am besten geht das in der **Titel**-Ansicht. Wechseln Sie dazu zunächst zurück in den Mediathekbereich **Musik**. Die Audiodateien im Bereich **Musik** werden Ihnen standardmäßig in der Ansicht **Alben** angezeigt. Wechseln Sie in die **Titel**-Ansicht, indem Sie rechts oben auf **Alben** und dann auf **Titel** ❶ klicken.

In dieser Ansicht sehen Sie im Hauptbereich eine Art Tabelle, in der Ihre Musiktitel angezeigt werden. Nach der Installation von iTunes stehen Ihnen hier unterhalb der Mediathekleiste die Spalten **Name**, **Dauer**, **Interpret**, **Album**, **Genre**, **Wertung** und **Wiedergaben** ❷ zur Verfügung. Diese Spalten genügen in der Regel bereits, um die eigene Musiksammlung übersichtlich zu sortieren.

Sie können aber auch jederzeit nicht benötigte Spalten entfernen oder weitere hinzufügen, wenn Sie dies möchten.

1. Bewegen Sie dazu die Maus auf die Leiste mit den Spaltennamen ❸, und klicken Sie mit der rechten Maustaste darauf. Daraufhin wird ein Kontextmenü mit allen verfügbaren Spalten eingeblendet.

2. Ein Häkchen vor dem Namen einer Spalte (❶ auf Seite 28) bedeutet, dass diese Spalte ausgewählt ist und bereits im Hauptbereich verwendet wird. Klicken Sie auf das Häkchen, wird diese Spalte deaktiviert und verschwindet aus der Ansicht. Wenn Sie der Ansicht weitere Spalten hinzufügen möchten, klicken Sie im Kontextmenü auf den entsprechenden Eintrag. Daraufhin wird diesem ebenfalls ein Häkchen vorangestellt, und Sie sehen danach die gewählte Spalte im Hauptbereich von iTunes.

3. Die einzelnen Spalten lassen sich mit der Maus verschieben und nach Ihren Vorstellungen anpassen. Möchten Sie diese Aufgabe iTunes überlassen, wählen Sie im Kontextmenü der Spaltenleiste den Befehl **Alle Spaltenbreiten anpassen** ❷.

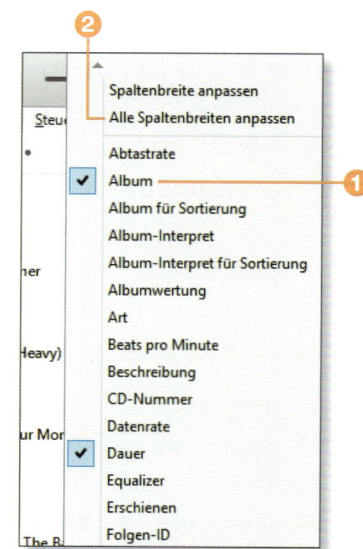

4. Um die Breite der Spalte selbst anzupassen, bewegen Sie den Mauszeiger auf einen Trennstrich zwischen zwei Spalten (der Mauszeiger wird daraufhin zu einem Doppelpfeil), und verschieben Sie diesen bei gedrückter Maustaste nach links oder rechts.

5. Gefällt Ihnen die Reihenfolge der einzelnen Spalten nicht, können Sie auch dies schnell anpassen, indem Sie auf den Spaltennamen klicken und bei gedrückter Maustaste die gesamte Spalte auf eine andere Position ziehen. Wie in der folgenden Abbildung zu sehen, verschiebe ich die Spalte **Wertung** ❸ vor die Spalte **Genre**.

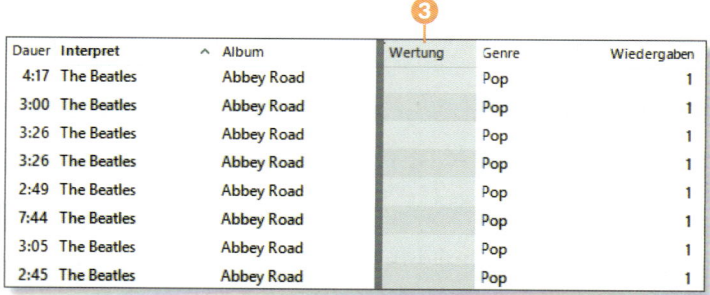

6. Die Sortierung der einzelnen Musiktitel ist anhand jeder beliebigen Spalte möglich. Klicken Sie einfach auf eine der Spalten, um die Sortierung zu verändern. Möchten Sie jedoch ein Album eines Musikers oder einer Gruppe am liebsten in der vorgesehenen Reihenfolge hören, sollten Sie die Sortierung anhand der Spalten **Interpret** oder **Album** vornehmen.

Die Ansicht anpassen

7. Auch die Richtung der Sortierung lässt sich verändern. Ein nach oben weisender Pfeil ❹ neben dem Spaltennamen bedeutet, dass die Titel alphabetisch sortiert werden. Klicken Sie auf den Spaltennamen, wenn Sie die Sortierreihenfolge umkehren möchten.

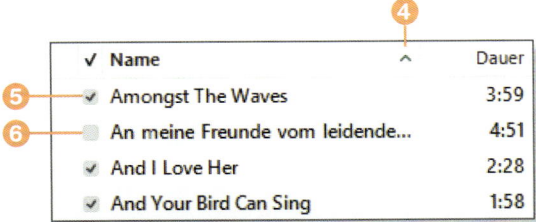

8. Ihnen wird auffallen, dass es links vor der Spalte **Name** eine weitere Tabellenspalte gibt. Darin ist in jeder Zeile eine Checkbox mit einem Häkchen ❺ zu sehen. Mit dieser Spalte können Sie einzelne Titel von der Wiedergabe ausschließen. Ein Mausklick auf die Checkbox vor einem Musiktitel entfernt das Häkchen ❻. Der Titel wird so von der Wiedergabe ausgeschlossen. Der Titel bleibt jedoch weiterhin in der Wiedergabeliste beziehungsweise in Ihrer Mediathek.

9. Wenn Sie erneut auf die Checkbox klicken, wird der zuvor von der Wiedergabe ausgeschlossene Titel bei der nächsten Wiedergabe wie gehabt abgespielt. Das ist ganz praktisch, wenn Sie bestimmte Musiktitel nicht immer hören möchten, sie aber auch nicht dauerhaft aus der Mediathek entfernen wollen.

Wenn Sie möchten, aktivieren Sie in der Ansicht **Titel** der Kategorie **Meine Musik** den sogenannten *Spaltenbrowser*. Dadurch können Sie noch schneller Ihre Mediathek nach bestimmten Inhalten filtern.

1. Blenden Sie zunächst die Menüleiste ein, am schnellsten geht das mit der Tastenkombination [Strg]+[B]. Klicken Sie hier auf **Anzeige**, und wählen Sie den Menüpunkt **Spaltenbrowser**. Auf dem Mac finden Sie diese Option unter dem gleichen Namen im Menü **Darstellung**.

2. Klicken Sie im Folgemenü auf **Spaltenanzeige einblenden**.

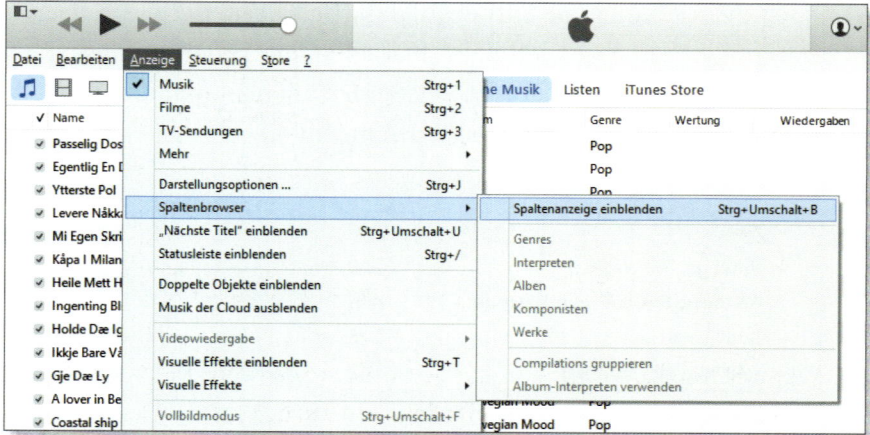

3. Daraufhin werden oberhalb des Hauptbereichs weitere Spalten eingeblendet, über die Sie die Titelliste weiter filtern und sich nur bestimmte Inhalte anzeigen lassen können. Klicken Sie beispielsweise einen bestimmten **Interpreten** ❶ an, werden Ihnen nur dessen Musikstücke im **Hauptbereich** ❷ angezeigt. Per Klick auf ein bestimmtes Album ❸ könnten Sie die Auswahl noch weiter eingrenzen.

4. Standardmäßig stehen Ihnen hier die Filterspalten **Genres**, **Interpreten** und **Alben** zur Verfügung. Klicken Sie mit rechts auf eine Spaltenbezeichnung ❹, können Sie in dem folgenden Kontextmenü weitere Filterspalten hinzufügen ❺ oder bestehende deaktivieren ❻ (aktive Spalten werden mit einem vorangestellten Häkchen dargestellt). Klicken Sie dazu auf den entsprechenden Eintrag.

Die Ansicht anpassen

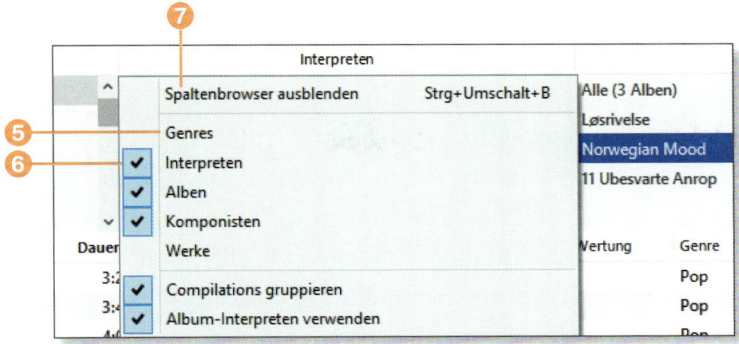

5. Wenn Sie im Kontextmenü auf den Befehl **Spaltenbrowser ausblenden** ❼ klicken, kehren Sie zur Standardansicht zurück.

Verwenden Sie gerne die Ansicht **Titel** zur Darstellung Ihrer Musiktitel, ist vor allem bei sehr umfangreichen Mediatheken der Spaltenbrowser äußerst hilfreich. Sie können so sehr bequem die Darstellung anpassen und Inhalte eingrenzen.

INFO: Wo ist die Seitenleiste?

Vielleicht kennen Sie noch eine frühere Programmversion von iTunes und vermissen die Seitenleiste, über die Sie verschiedene Bereiche in iTunes anwählen können? Es gibt sie noch, allerdings nicht mehr in derselben Form wie in den Vorversionen. Sie erscheint nur noch in der Kategorie **Listen**. Dort sehen Sie neben Ihren Listen auch angeschlossene Geräte.

Eine Apple-ID erstellen

Möchten Sie iTunes als reines Musikverwaltungs- und Wiedergabeprogramm nutzen, müssen Sie sich nicht zwangsläufig bei Apple registrieren. Um jedoch alle Funktionen von iTunes zu nutzen und beispielsweise auch Inhalte im iTunes Store herunterzuladen, brauchen Sie eine Identifikationsnummer bei Apple. Mit dieser werden Sie und Ihr Rechner eindeutig identifiziert. Diese *Apple-ID* müssen Sie einmalig erstellen. Die Apple-ID ist auch notwendig, um auf die Daten in dem Onlinespeicher iCloud zuzugreifen.

Besitzen Sie bereits eine Apple-ID, genügt es, sich mit dieser anzumelden (lesen Sie dazu den Abschnitt »Mit einer Apple-ID anmelden« auf Seite 36). Dann wird der PC Ihrem Konto zugeordnet. Sie können fünf Geräte einer Apple-ID zuordnen. Zu diesen Geräten zählen beispielsweise ein Windows-PC, ein Mac, ein iPhone, ein iPad und auch ein iPod. Natürlich sind auch mehrere Geräte eines Typs möglich. Eine neue Apple-ID ist schnell mit Hilfe von iTunes erstellt.

1. Öffnen Sie das Programmmenü von iTunes, und wählen Sie zunächst den Eintrag **iTunes Store**. Klicken Sie im Folgemenü auf den Befehl **Apple-ID erstellen**. Auf dem Mac wählen Sie dazu in der Menüleiste **Store ▸ Apple-ID erstellen**.

2. Sie werden daraufhin zum iTunes Store weitergeleitet, und Ihnen wird ein Begrüßungsfenster angezeigt. Klicken Sie hier auf die Schaltfläche **Weiter**, um die Anmeldung fortzuführen.

Eine Apple-ID erstellen

3. Nun sehen Sie die Geschäftsbedingungen und die Datenschutzrichtlinie von Apple. Lesen Sie sich den Text aufmerksam durch. Klicken Sie auf die Checkbox **Ich habe die allgemeinen Geschäftsbedingungen gelesen und akzeptiere diese** ❶. Klicken Sie danach auf die Schaltfläche **Akzeptieren**.

4. Tragen Sie im Dialogfenster **Apple-ID-Daten eingeben** Ihre E-Mail-Adresse (❶ auf Seite 34) und ein Kennwort ❷ ein. Bestätigen Sie das Kennwort mit einer erneuten Eingabe. Das Kennwort muss aus mindestens acht Zeichen bestehen und mindestens eine Zahl sowie Groß- und Kleinbuchstaben enthalten.

Mit Ihrer E-Mail-Adresse und dem Kennwort können Sie sich zukünftig im iTunes Store und bei dem Onlinespeicher iCloud anmelden. Im Bereich **Sicherheitsinfo** ❸ wählen Sie drei Fragen aus und geben die passenden Antworten in die nachstehenden Felder ein. Diese Fragen dienen dazu, Ihre Identität zu bestätigen, sollten Sie einmal Ihr Passwort vergessen haben. Mit den Sicherheitsfragen sorgen Sie also dafür, dass Ihre Apple-ID nicht von einem Fremden verwendet werden kann.

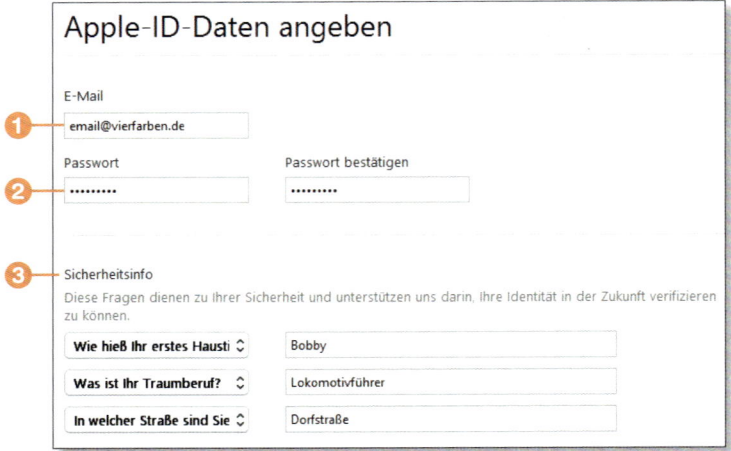

5. Im unteren Teil des Dialogfensters können Sie eine alternative E-Mail-Adresse ❹ eingeben. Diese wird verwendet, falls Sie Ihre Zugangsdaten vergessen haben. Auch wenn Ihnen die Antworten auf die Sicherheitsfragen nicht mehr einfallen, kommt die alternative E-Mail-Adresse zum Einsatz. Geben Sie außerdem über die Auswahlfelder darunter Ihr Geburtsdatum ❺ ein. Über zwei Optionsschaltflächen ❻ können Sie noch entscheiden, ob iTunes Ihnen Informationen per E-Mail zu Neuigkeiten und Sonderangeboten senden soll. Haben Sie alles ausgefüllt, klicken Sie auf **Weiter**.

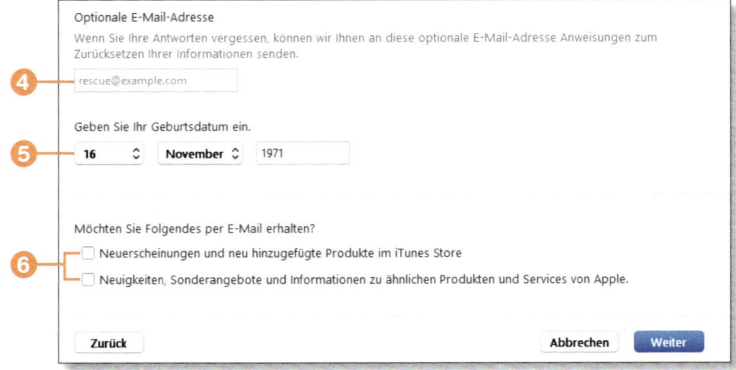

Eine Apple-ID erstellen

6. Damit Sie Musik und Videos im iTunes Store kaufen oder Podcasts laden können, müssen Sie im folgenden Dialogfenster eine Zahlungsoption angeben. Diese Information ist notwendig, um eine Apple-ID erstellen zu können. Ihr Konto bzw. Ihre Kreditkarte wird jedoch nur belastet, wenn Sie auch etwas im iTunes Store kaufen. Unterstützt werden die Kreditkarten Visa Card, MasterCard, American Express sowie die Zahlungsart ClickandBuy. Letzteres ist eine gute Möglichkeit, wenn Sie keine Kreditkarte besitzen. Sie finden weitere Informationen zu ClickandBuy auf der Internetseite *https://www.clickandbuy.com/DE_de/home.html*.

7. Im unteren Teil dieses Fensters geben Sie in den entsprechenden Feldern Ihre Adresse an. Diese wird von Apple als Rechnungsadresse verwendet, wobei Apple Rechnungen zu Käufen im iTunes Store in aller Regel per E-Mail versendet. Die Eingabe der Adresse ist dennoch verpflichtend. Geben Sie zuletzt Ihre Telefonnummer an, und bestätigen Sie mit einem Klick auf die Schaltfläche **Apple-ID erstellen**.

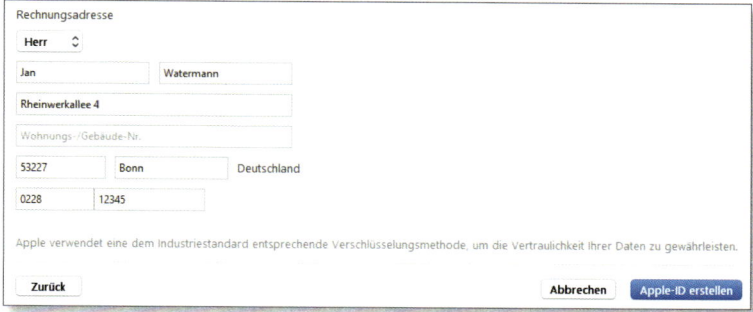

8. Sie erhalten nach dem Anmeldeprozess eine E-Mail mit einer Bestätigung der Registrierung. Bestätigen Sie ein letztes Mal die Einrichtung Ihrer Apple-ID, indem Sie auf den in der E-Mail eingefügten Hyperlink klicken. Daraufhin wird Ihre Apple-ID erstellt. Sie können sich nun mit dieser und dem zugehörigen Passwort bei iTunes anmelden und ab sofort Musik, Filme oder TV-Sendungen mit Hilfe Ihrer Apple-ID kaufen und laden. Lesen Sie dazu mehr in Kapitel 4, »Einkaufen im iTunes Store«, ab Seite 97.

> **INFO**
>
> **Die Apple-ID**
>
> Die Apple-ID ist Ihre E-Mail-Adresse, die Sie beim Erstellen der ID angegeben haben. Dazu gehört auch das Passwort, das Sie ebenfalls angegeben haben. Die Apple-ID benötigen Sie zum Einkaufen im iTunes Store und zum Verwenden des Onlinespeichers iCloud. Die Apple-ID können Sie auch für den Apple Online Store und die Support-Dienste von Apple nutzen.

Mit einer Apple-ID anmelden

Besitzen Sie bereits eine Apple-ID, können Sie sie in iTunes eingeben und sich so für den iTunes Store und weitere Funktionen anmelden. Klicken Sie dazu auf die **Account**-Schaltfläche rechts neben der Titelanzeige.

Tragen Sie in das folgende Dialogfenster Ihre Apple-ID und das zugehörige Passwort in die entsprechenden Felder des daraufhin eingeblendeten Dialogfensters ein. Bestätigen Sie Ihre Eingabe mit einem Klick auf die Schaltfläche **Anmelden**.

Daraufhin wird iTunes mit Ihrer Apple-ID verknüpft, und Sie können im iTunes Store nach Herzenslust stöbern und neue Inhalte kaufen oder leihen. Erfahren Sie mehr dazu in Kapitel 4, »Einkaufen im iTunes Store«, ab Seite 97.

Mit einer Apple-ID anmelden

Besitzen Sie eine Apple-ID und nutzen Sie sie bereits mit anderen Geräten oder haben Sie iTunes auf einen neuen Rechner installiert, so genügt es nicht, sich mit der Apple-ID anzumelden, um auf bereits zuvor gekaufte Musiktitel oder Filme zugreifen zu können. Dazu müssen Sie den Rechner, auf dem Sie iTunes neu installiert haben, zunächst autorisieren. Öffnen Sie dazu am PC das Programmmenü über die Dreieckschaltfläche ❶. Wählen Sie den Eintrag **iTunes Store** und im Folgemenü den Befehl **Diesen Computer autorisieren**. Auf dem Mac wählen Sie diesen Befehl im Menü **Store**.

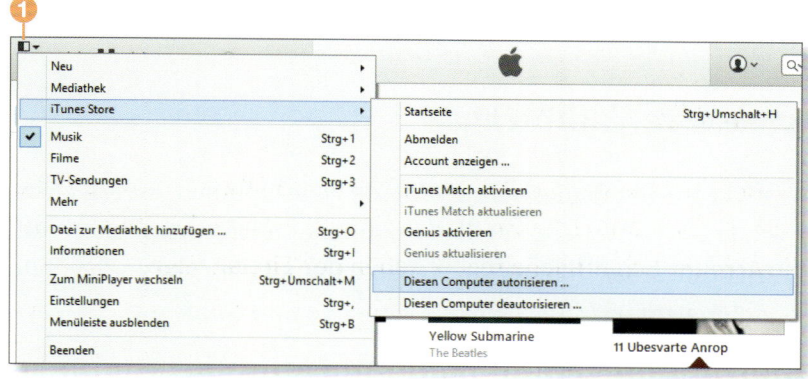

Durch das Autorisieren werden alle Musik- und Videotitel, die Sie zuvor auf anderen Geräten im iTunes Store gekauft haben, auch auf Ihrem aktuellen Gerät verfügbar.

Geben Sie im Dialogfenster Ihre Apple-ID und das dazugehörige Passwort ein. Bestätigen Sie mit einem Klick auf die Schaltfläche **Autorisieren**.

iTunes verbindet sich daraufhin mit dem iTunes Store. Ihre Apple-ID wird übermittelt und überprüft. Ist dies geschehen, wird ein Dialogfenster angezeigt, das Sie über die Aktivierung informiert.

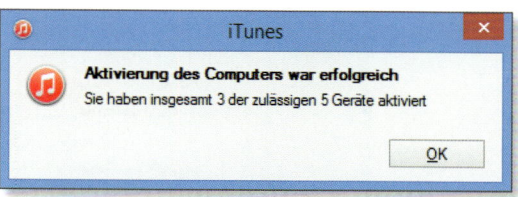

Musikdateien, Filme, Serien und Podcasts, die Sie mit anderen Geräten erworben haben, werden zunächst in der iCloud abgelegt. Sie können direkt darauf zugreifen und die Daten als Stream abrufen und wiedergeben. Oder Sie laden die Daten auf Ihren Rechner herunter. Wie das funktioniert, erfahren Sie im Abschnitt »Gekaufte Artikel erneut laden« auf Seite 142.

INFO Was tun, wenn bereits fünf Geräte autorisiert sind?

Mit einer Apple-ID können Sie fünf Geräte verwalten. Bei jeder neuen Aktivierung wird eine dieser Möglichkeiten verbraucht. In Ihren persönlichen Einstellungen können Sie aber Aktivierungen zurücksetzen. Das ist z. B. notwendig, wenn Sie eines der Geräte verkaufen wollen oder alle fünf Aktivierungen verwenden, nun aber lieber ein neues Gerät aktivieren und dafür ein älteres deaktivieren möchten.

Die Einstellungen aufrufen

In den Einstellungen von iTunes verbergen sich viele Optionen, deren Funktionsweise ich Ihnen im weiteren Verlauf des Buches noch vorstellen werde. In diesem Abschnitt gebe ich Ihnen aber schon einmal einige grundlegende Informationen und ein paar Beispiele für sinnvolle Einstellungen.

Um das Dialogfenster **Einstellungen** aufzurufen, klicken Sie links oben auf das Programmmenü beziehungsweise auf dem Mac auf **iTunes** in der Menüleiste und wählen den Befehl **Einstellungen**. Möchten Sie dazu lieber eine Tastenkombination verwenden, drücken Sie [Strg]+[,]/[⌘]+[,]. Sie sehen hier sieben Register: **Allgemein**, **Wiedergabe**, **Freigabe**, **Store**, **Kindersicherung**, **Geräte** und **Erweitert**.

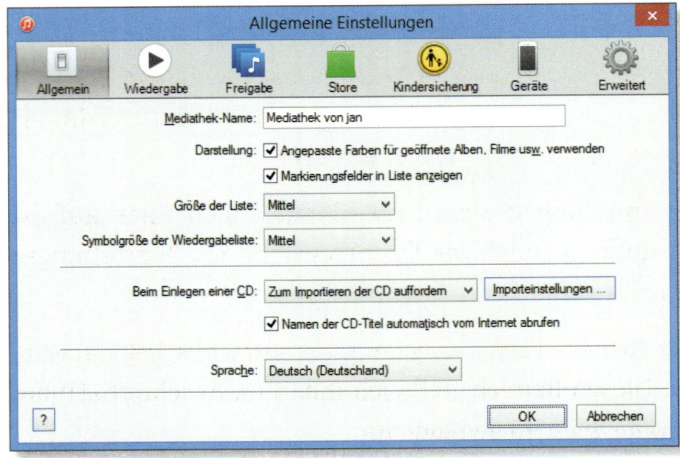

Das Überblenden von Musiktiteln können Sie im Register **Wiedergabe** ❶ einstellen, so dass Ihre Musik ohne Unterbrechungen wiedergegeben wird und die Musiktitel ineinander übergehen. In diesem Register lässt sich auch eine automatische **Klangverbesserung** ❷ einschalten.

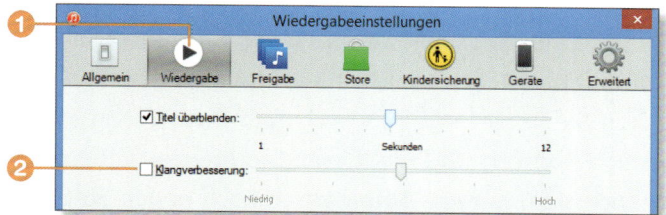

Zu guter Letzt können Sie im Register **Erweitert** ❸ nachschauen, in welchem Ordner Ihre iTunes-Daten gespeichert werden. Den Speicherort der Multimediadaten können Sie hier auch anpassen, indem Sie auf die Schaltfläche **Ändern** ❹ klicken und im Folgedialog **Speicherort des iTunes-Medienordners ändern** einen neuen Ordner auswählen.

Sie sollten außerdem im Register **Erweitert** die Option **iTunes-Medienordner automatisch verwalten** ❺ aktivieren, dann werden Ihre Dateien beim Importieren automatisch benannt. Für jedes Album und jeden Künstler wird ein eigener Ordner angelegt. Diese Option ist ganz praktisch.

Bestätigen Sie Ihre Änderungen abschließend mit einem Klick auf die Schaltfläche **OK** am unteren Rand des Dialogfensters. Die Einstellungen werden daraufhin wieder geschlossen.

Sehr nützlich können auch die Einstellungsmöglichkeiten des Registers **Kindersicherung** ❻ sein. Diesen Bereich stelle ich Ihnen im Abschnitt »iTunes kindersicher machen« ab Seite 93 genauer vor.

iTunes aktualisieren

In den Einstellungen von iTunes können Sie mit einer Option außerdem dafür sorgen, dass das Programm automatisch nach Updates sucht. Daraufhin überprüft iTunes bei jedem Programmstart, ob neue Programmversionen zur Verfügung stehen. Öffnen Sie dazu zunächst die Einstellungen, indem Sie auf das Programmmenü klicken und den Menüpunkt **Einstellungen** auswählen, oder drücken Sie [Strg]+[,]/[⌘]+[,] auf Ihrer Tastatur. Wechseln Sie in das Register **Erweitert**, und aktivieren Sie hier mit einem Mausklick die letzte Checkbox ganz unten, **Automatisch nach neuen Software-Updates suchen**. Bestätigen Sie Ihre Änderungen mit einem Klick auf die Schaltfläche **OK**.

Steht eine neue Programmversion zur Verfügung, wird Ihnen diese auf Ihrem Mac im App Store im Register **Updates** angezeigt. Am PC wird das Dialogfenster **Apple Software Update** eingeblendet. Dort lesen Sie die Details zum Update ❶ und erfahren, welche Neuerungen oder Verbesserungen an der Software vorgenommen wurden. Im folgenden Beispiel wurden unter anderem die Bedienungshilfen optimiert, und es gibt eine bessere Unterstützung für erweiterte Untertitel. Der Umgang mit der Wunschliste wurde verbessert, und neue Sprachinhalte wurden hinzugefügt.

1. Um die neue Version zu installieren, klicken Sie auf die Schaltfläche **2 Objekte installieren** ❷ (die vorangestellte Zahl variiert gegebenenfalls von Update zu Update, je nachdem, welche Komponenten Sie installiert haben und welche davon aktualisiert wurden). Optionale Pakete, wie z. B. Aktualisierungen der iCloud-Steuerung ❸, wählen Sie in einem separaten Bereich des Dialogfensters über eine Checkbox an oder ab.

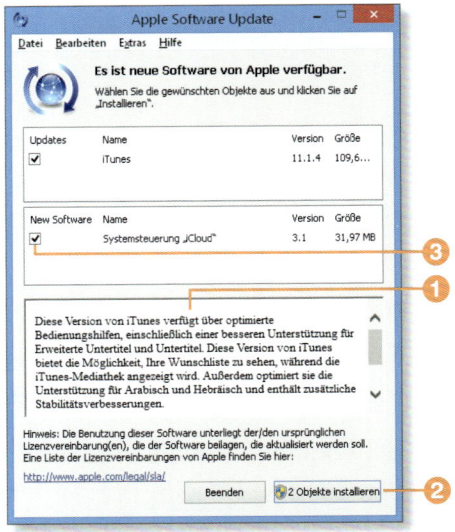

iTunes aktualisieren

Nach Ihrer Bestätigung wird das Update auf Ihren Rechner geladen. In einem kleinen Dialogfenster können Sie den Ladefortschritt der Datenpakete verfolgen.

2. Sobald die Datenpakete vollständig auf Ihrem Rechner gespeichert wurden, startet die Installation automatisch. Sie werden jedoch je nach Update aufgefordert, den Rechner neu zu starten. Bestätigen Sie diesen Vorgang mit einem Klick auf die Schaltfläche **Ja**.

Haben Sie die automatische Suche nach Updates nicht eingeschaltet, können Sie natürlich auch manuell nach neuen Programmversionen suchen. Um diesen Vorgang zu starten, blenden Sie zuerst die Menüleiste ein, beispielsweise über die Tastenkombination [Strg]+[B]. Auf dem Mac klicken Sie hierzu in der Menüleiste am oberen Bildschirmrand auf **iTunes**.

1. Klicken Sie in der Menüleiste am PC auf das Fragezeichensymbol, und wählen Sie den Befehl **Nach Updates suchen**. Daraufhin startet der Suchvorgang.

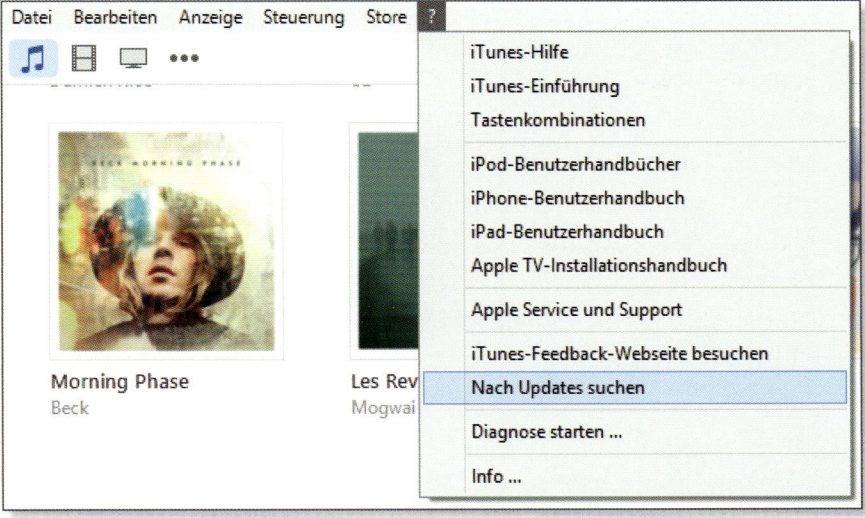

Steht ein Update zur Verfügung, wird Ihnen ebenfalls das Dialogfenster **Apple Software Update** mit den entsprechenden Informationen angezeigt. Am Mac öffnet sich bei einem verfügbaren Update nach der Suchanfrage automatisch der App Store. Bestätigen Sie den Download und die Installation der Aktualisierung.

iTunes wieder deinstallieren

Gefällt Ihnen iTunes nicht oder möchten Sie aus einem anderen Grund das Programm von Ihrem Rechner deinstallieren, ist das auch nicht aufwendig.

1. Rufen Sie zunächst die Systemsteuerung auf. Klicken Sie dazu auf einem Windows 8.1-Rechner mit rechts auf die Windows-Schaltfläche und auf **Systemsteuerung**.

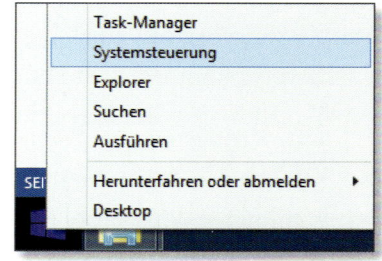

2. Wählen Sie in der Kategorie **Programme** den Link **Programme deinstallieren**.

3. Suchen Sie im Dialogfenster **Programme und Features** in der Liste das Programm **iTunes**. Markieren Sie es mit einem Mausklick, und klicken Sie danach auf **Deinstallieren** ❶.

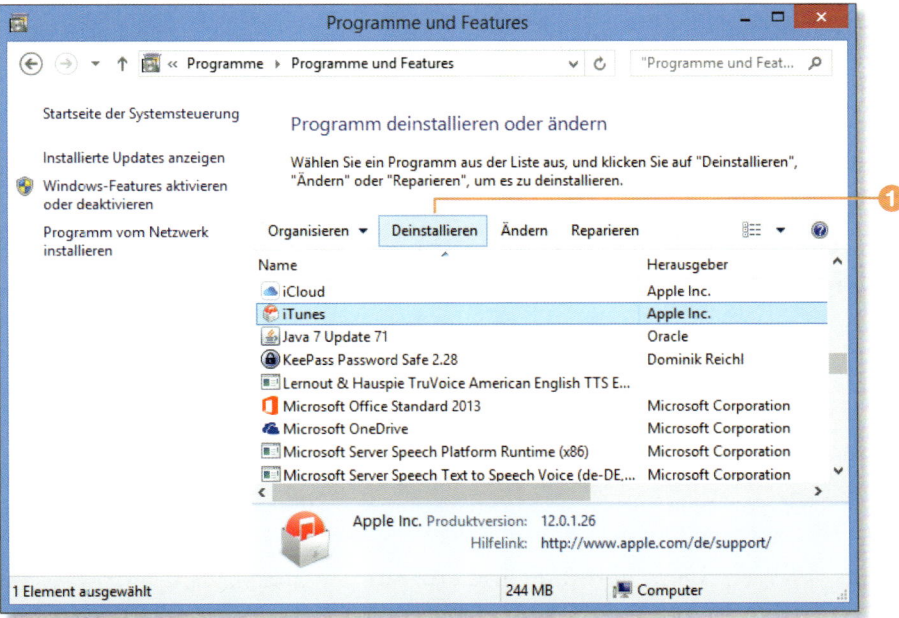

Bestätigen Sie abschließend die Sicherheitsfrage, um die Deinstallation der Software zu starten. Daraufhin wird iTunes vollständig von Ihrem Rechner entfernt.

Auf dem Mac lässt sich iTunes nicht löschen. Wenn Sie das Programm aber nicht mehr ständig im Dock sehen möchten, ziehen Sie das Programmicon bei gedrückter Maustaste auf das Papierkorbsymbol bis Sie den Befehl **Aus dem Dock entfernen** sehen. Lassen Sie nun los.

Kapitel 2
Musik laden

Eine der wichtigsten Aufgaben von iTunes ist es, Musik wiederzugeben. Sie können mit iTunes Ihre CD-Sammlung digitalisieren und verwalten. Doch vorher benötigen Sie natürlich Musikdateien, die auf Ihrem Rechner gespeichert sind. Daher erkläre ich Ihnen in diesem Kapitel, wie Sie Musikdateien in iTunes übertragen. Sie können natürlich auch neue Musik direkt über den iTunes Store kaufen und in iTunes importieren. Diesem Themenbereich werde ich mich allerdings erst in Kapitel 4, »Einkaufen im iTunes Store«, ab Seite 97 widmen. Auch mit der Funktion iTunes Match können Sie bequem Ihre iTunes-Mediathek mit Musik füllen. Diese Funktion stelle ich Ihnen im Abschnitt »iTunes Match abonnieren« auf Seite 254 ausführlich vor.

Sie sehen, iTunes bietet Ihnen jede Menge Möglichkeiten über die bloße Musikverwaltung und Abspielfunktion hinaus. Doch ich will nicht vorgreifen, schauen wir uns daher in diesem Kapitel zunächst die verschiedenen Importmöglichkeiten an.

Die richtigen Importeinstellungen vornehmen

Mit iTunes können Sie ganz leicht all Ihre Musik, die Sie bisher über Ihren CD-Spieler abgespielt haben, direkt auf Ihrem Rechner hören oder auf andere Geräte wie Ihr iPhone, Ihren iPod oder Ihr iPad übertragen (siehe dazu auch Kapitel 7, »Musik, Filme und andere Daten übertragen und sichern«, ab Seite 195). Ich zeige Ihnen zunächst, welche Einstellungen Sie vorab

Kapitel 2 – Musik laden

vornehmen sollten und wie Sie danach die Musikstücke einer Audio-CD in Ihre iTunes-Mediathek übertragen.

1. Rufen Sie zunächst die iTunes-Einstellungen auf, um die Einstellungen für den Import vorzunehmen. Klicken Sie dazu auf die nach unten weisende Dreieckschaltfläche ❶, und wählen Sie im Programmmenü **Einstellungen**. Klicken Sie am Mac hierzu in der Menüleiste auf **iTunes**.

2. Aktivieren Sie gegebenenfalls das Register **Allgemein**, und klicken Sie danach auf die Checkbox **Namen der CD-Titel automatisch vom Internet abrufen** ❷, um diese Option einzuschalten. Damit verbindet sich iTunes automatisch mit einer Musikdatenbank – sie heißt *Gracenote* –, um die Titel und den Interpreten der eingelegten CD abzurufen. Diese Informationen werden beim Übertragen der Musik in iTunes übernommen.

3. Klicken Sie auf die Schaltfläche **Importeinstellungen** ❸.

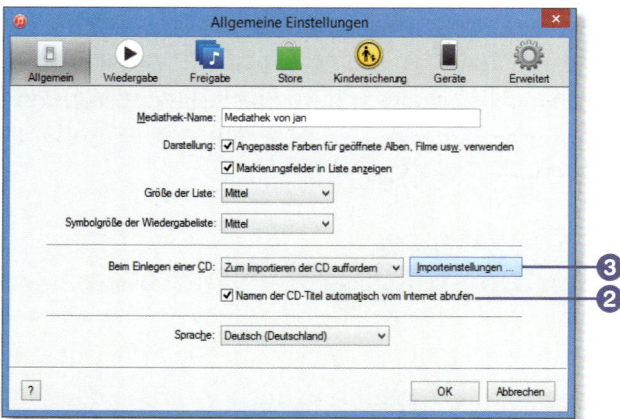

4. In dem gleichnamigen Dialogfenster legen Sie unter anderem fest, in welchem Dateiformat die importierten Dateien gespeichert werden sollen. Verwenden Sie hauptsächlich iTunes und möchten Ihre Musik

Die richtigen Importeinstellungen vornehmen

auf andere Apple-Geräte übertragen, können Sie es im Auswahlfeld **Importieren mit** ❹ bei der Einstellung **AAC-Codierer** belassen. Möchten Sie Ihre Musikdateien aber auch auf Geräten nutzen, die dieses Dateiformat nicht unterstützen, sollten Sie hier **MP3-Codierer** wählen.

5. Im Auswahlfeld **Einstellung** ❺ legen Sie fest, in welcher Qualität Ihre Musik gespeichert werden soll. Standardmäßig ist hier **iTunes Plus** gewählt. Dies ist bereits eine gute Voreinstellung und reicht für den täglichen Bedarf aus.

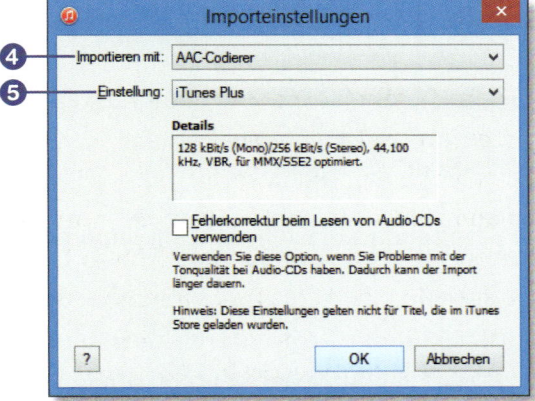

6. Sie können in diesem Auswahlfeld jedoch auch **Benutzerdefiniert** wählen und im Folgedialog **AAC-Codierer** eigene Einstellungen vornehmen. Sie sollten dabei allerdings beachten, dass die Datei umso größer wird, je höher die gewählte Datenrate ❻ ist.

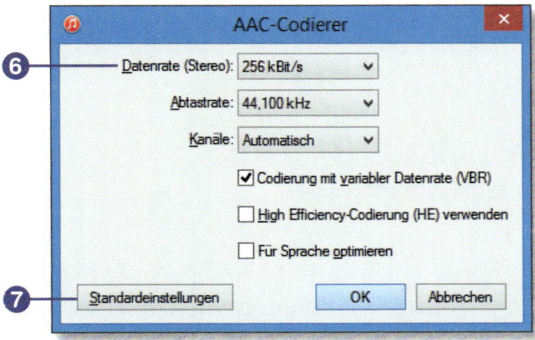

47

Per Klick auf die Schaltfläche **Standardeinstellungen** (**7** auf Seite 47) können Sie Ihre Änderungen wieder rückgängig machen.

7. Schließen Sie die Dialogfenster **AAC-Codierer** und **Importeinstellungen** jeweils mit einem Klick auf die Schaltfläche **OK**.

8. Legen Sie nun im Dialog **Allgemeine Einstellungen** über das Auswahlmenü **Beim Einlegen einer CD** ❶ die Aktion fest, die ausgeführt werden soll, wenn Sie eine CD in das Laufwerk einlegen und iTunes geöffnet ist.

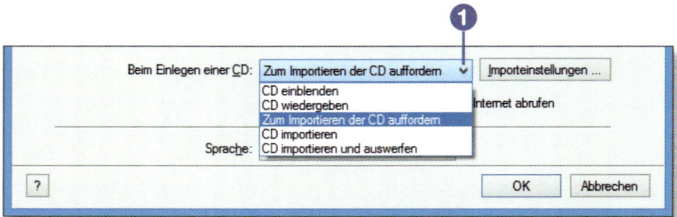

Sie können es hier ruhig bei der Standardeinstellung **Zum Importieren der CD auffordern** belassen.

9. Wechseln Sie mit einem Mausklick in das Register **Erweitert**, um festzulegen, wo Ihre importierten Dateien gespeichert werden. Im Bereich **Speicherort von »iTunes Media«** wird Ihnen der aktuelle Speicherort angezeigt. Möchten Sie Ihre Dateien in einem anderen Ordner speichern, klicken Sie auf **Ändern** ❷. Wenn Sie wollen, können Sie die gesamte Verwaltung Ihrer Musik auch dem Programm überlassen; aktivieren Sie dazu per Mausklick die beiden Checkboxen **iTunes-Medienordner automatisch verwalten** ❸ und **Beim Hinzufügen zur Mediathek Dateien in den iTunes-Medienordner kopieren** ❹.

Schließen Sie zu guter Letzt das Dialogfenster mit einem Klick auf **OK**. Ihre Änderungen werden daraufhin gespeichert und beim nächsten Import angewendet.

Audio-CDs einlesen

Nachdem Sie im vorherigen Abschnitt die nötigen Einstellungen für das Hinzufügen von Musikdateien in iTunes getroffen haben, erkläre ich Ihnen nun, wie Sie Ihre CDs einlesen.

1. Legen Sie die CD in das CD-ROM-Laufwerk Ihres Rechners ein, und bestätigen Sie die folgende Frage, ob Sie die CD importieren möchten, mit **Ja**.

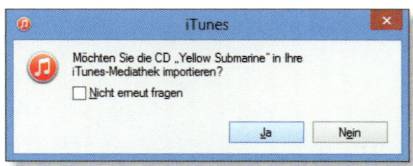

2. iTunes untersucht nun die eingelegte CD. Das Programm verbindet sich im Hintergrund mit der Musikdatenbank *Gracenote* und sucht darin den passenden Datenbankeintrag, so dass Ihnen bei Verfügbarkeit kurz danach Informationen wie Interpret, Albumtitel, Titel der Musikstücke usw. zu der eingelegten CD angezeigt werden. Danach beginnt iTunes automatisch mit dem Import der Musikdateien.

    Sie können den Fortschritt nicht nur in der Titelanzeige ❺ verfolgen, Sie sehen auch am linken Rand, welcher Titel derzeit importiert wird ❻. Vor bereits importierten Titeln wird Ihnen ein grüner Kreis mit weißem Häkchen angezeigt ❼, noch zu importierende Titel haben keine Markierung ❽.

Nachdem alle Titel von der CD importiert wurden, erklingt ein Hinweiston, und Sie können das Album in Ihrer Mediathek aufrufen. Wählen Sie dazu in der Mediathekleiste den Bereich **Musik**.

Die CD wurde erfolgreich der Mediathek hinzugefügt und kann abgespielt werden.

Nachdem Sie nun den automatischen Importvorgang kennen, werde ich Ihnen aber noch kurz die Oberfläche von iTunes nach dem Einlegen einer Audio-CD vorstellen. Klicken Sie dazu auf das CD-Symbol in der Mediathekleiste ❶.

Im oberen Bereich werden Ihnen generelle Informationen ❷ zu der eingelegten Audio-CD angezeigt. Sie sehen den Titel der CD, die Anzahl der Stücke auf der CD und die Wiedergabezeit. Klicken Sie auf den Titel, wenn Sie ihn ändern möchten. Gleich neben diesen Informationen starten Sie die Wiedergabe der CD ❸ oder aktivieren über die Schaltfläche mit den sich kreuzenden Pfeilen ❹ die zufällige Wiedergabe. So werden die Titel nicht in ihrer Reihenfolge, wie sie auf der CD sind, wiedergegeben, sondern »gemischt«. Über die Schaltfläche **Auswerfen** ❺ brechen Sie die Wiedergabe ab, das CD- oder DVD-Laufwerk des Rechners wird geöffnet, und Sie können die CD herausnehmen.

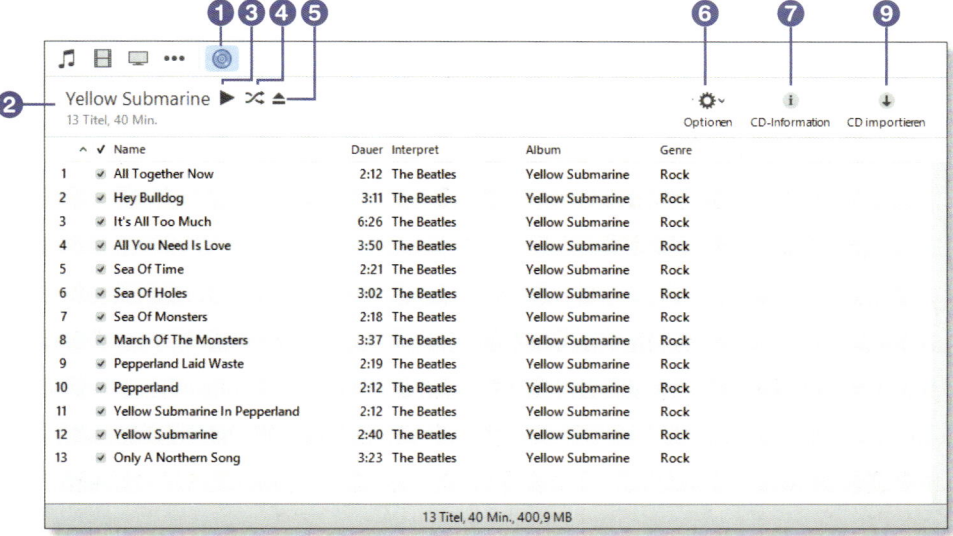

Die Oberfläche von iTunes passt sich an, sobald Sie eine CD einlegen.

Die drei Schaltflächen am rechten Rand der Bedienleiste sind vor allem für den manuellen Import der CD interessant, wenn Sie also die Musik der CD auf Ihrem Rechner speichern möchten. Klicken Sie auf die Schaltfläche **Optionen** ❻, stehen Ihnen die beiden Funktionen **Titelnamen empfangen** und **CD-Titelnamen senden** in einem Menü zur Verfügung. Mit der ersten nehmen Sie Verbindung mit der *Gracenote*-Titeldatenbank auf. Hier wird die eingelegte CD gesucht. In dem Dialogfenster **CD-Suchergebnis** sehen Sie die Treffer, die diese Datenbanksuche erzielt hat. Wir haben die Titelnamen ja bereits zu Beginn dieses Abschnitts unmittelbar nach dem Einlegen der CD importiert. Sollten Sie das einmal vergessen haben und die Titelinformationen nicht gleich beim Einlegen der CD über die Onlinedatenbank eingelesen haben, können Sie das jederzeit über diesen Befehl nachholen. In seltenen Fällen ist eine CD nicht in der Titeldatenbank enthalten. Sie können dann die Titelnamen selbst eintragen und die eingegebenen Informationen in die Onlinedatenbank *Gracenote* übertragen, so dass andere Anwender von Ihren Informationen profitieren können. Verwenden Sie hierzu den Befehl **CD-Titelnamen senden**.

Möchten Sie die Titelnamen für eine CD selbst eingeben oder die empfangenen Informationen überarbeiten, klicken Sie auf die Schaltfläche **CD-Information** (❼ auf Seite 51). Daraufhin wird das Dialogfenster **CD-Information** geöffnet. Darin sehen Sie verschiedene Informationen zur eingelegten CD: der Name des Interpreten und des Komponisten, der Name des Albums, Genre und Jahr der Herausgabe. Bei einer Sammlung wird angezeigt, welche CD-Nummer von wie vielen CDs die aktuelle ist. Gehört die CD zu einer Compilation, ist die gleichnamige Checkbox aktiviert. Sollte eine CD nach dem Einlegen nicht erkannt worden sein, geben Sie die Informationen über dieses Fenster manuell ein. Klicken Sie dazu in das entsprechende Eingabefeld, und ändern Sie die Daten ab. Bestätigen Sie mit einem Klick auf **OK**. Um die Titelnamen anzugeben, markieren Sie jeweils den Titel ❽ in der Spalte Name und klicken ihn daraufhin erneut an. Nun können Sie die Bezeichnung ändern.

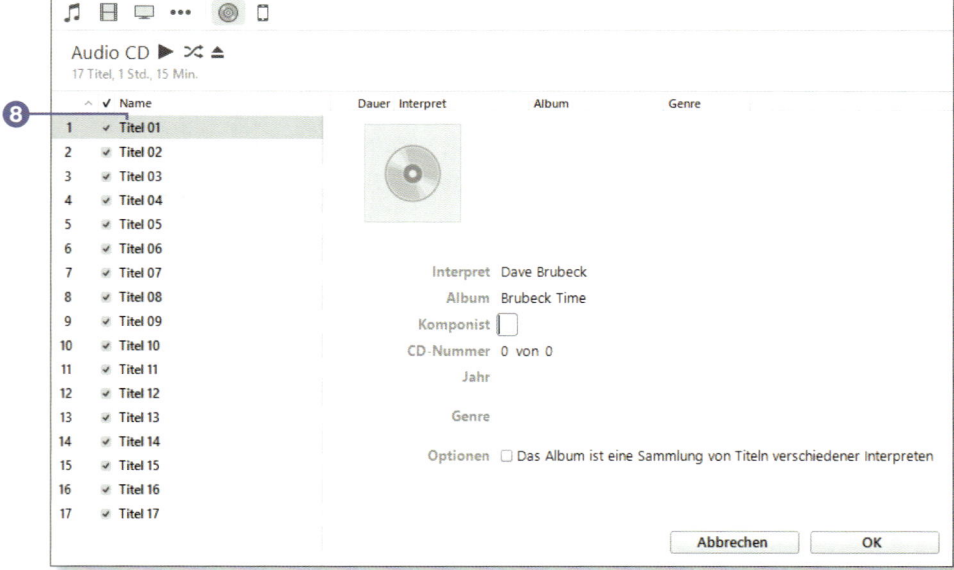

Geben Sie bei Bedarf die CD-Informationen manuell ein.

Zu guter Letzt werden mit einem Klick auf die Schaltfläche **CD importieren** (❾ auf Seite 51) die Musiktitel einer CD eingelesen und als Daten in Ihre Mediathek importiert. Während die Titel der CD übertragen werden, können Sie den Fortschritt des Imports einerseits in der Titelanzeige verfolgen, andererseits wird Ihnen im Hauptbereich anhand eines kleinen Symbols angezeigt, welcher Titel derzeit übertragen wird. Bereits importierte Titel werden mit einem Häkchen markiert.

> **INFO**
>
> **Einzelne Musikstücke vom Import ausschließen**
>
> Möchten Sie nicht alle Musiktitel einer Audio-CD in Ihre Mediathek einfügen, können Sie sie ganz leicht vom Import ausschließen. Sie sollten in dem Fall den automatischen Import mit einem Klick auf die Schaltfläche **Importieren abbrechen** beenden und zunächst vor den entsprechenden Musiktiteln das Häkchen mit einem Klick auf die Checkbox entfernen. Dadurch werden diese Titel nach einem Klick auf CD importieren nicht in Ihre Mediathek übernommen.
>
>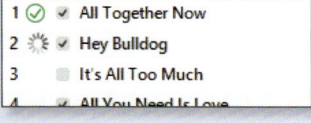

Sollten Sie iTunes einmal nicht geöffnet haben und eine Audio-CD in das CD-ROM-Laufwerk einlegen, wird diese von Windows erkannt, und es wird Ihnen vom System eine entsprechende Meldung am oberen rechten Bildschirmrand eingeblendet.

Windows hat die Audio-CD erkannt und fragt nach, was geschehen soll.

Klicken Sie auf die Meldung, und wählen Sie im folgenden Fenster eine Aktion aus. Sie können sich hier zwischen den Optionen **Titel anzeigen/iTunes**, **Audio-CD abspielen/iTunes** und **Titel importieren/iTunes** entscheiden.

Mit jeder dieser Optionen wird iTunes automatisch geöffnet und die von Ihnen gewählte Aktion ausgeführt.

Musikdateien vom Rechner hinzufügen

Sie können aber auch bereits auf Ihrem Rechner vorhandene Musik ohne große Umstände in Ihre iTunes-Mediathek übertragen. Diese Dateien sollten allerdings als *.mp3-*, *.m4a-*, *.mp4-*, *.aac-*, *.aif-* oder *.wav*-Dateien vorliegen, da sie andernfalls von iTunes nicht unterstützt und folglich nicht wiedergegeben werden können.

1. Klicken Sie auf das Programmmenü, und wählen Sie den Befehl **Datei zur Mediathek hinzufügen**. Auf dem Mac finden Sie den Befehl **Zur Mediathek hinzufügen** im Menü **Ablage**. Alternativ können Sie auch die Tastenkombination `Strg`+`O`/`⌘`+`O` verwenden. Übrigens können Sie auf dem Mac in diesem Dialogfenster auch gleich ganze Ordner auswählen und hinzufügen. Unter Windows müssen Sie dazu etwas anders vorgehen, aber dazu gleich mehr.

2. Daraufhin wird das Dialogfenster **Zur Mediathek hinzufügen** aufgerufen. Navigieren Sie zu der Musikdatei, die sich bislang noch nicht in Ihrer Mediathek befindet und die Sie hinzufügen möchten. Mehrere Dateien markieren Sie, indem Sie die Taste `Strg`/`⌘` gedrückt halten. Markieren Sie die Datei oder die Dateien mit der Maus, und klicken Sie auf die Schaltfläche **Öffnen** ❶.

Musikdateien vom Rechner hinzufügen

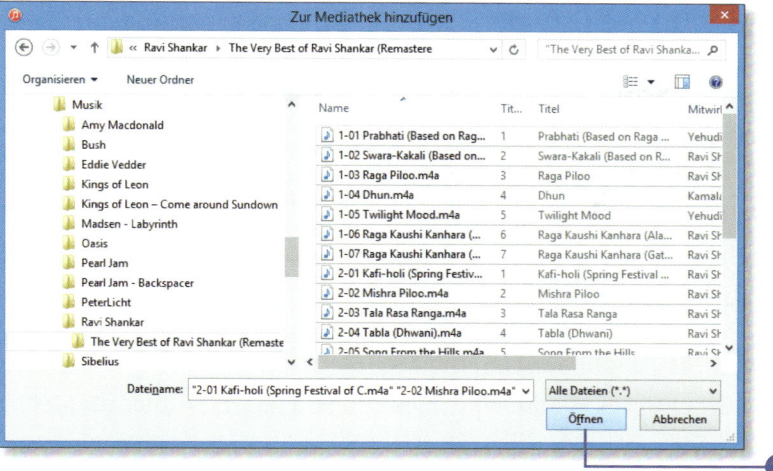

3. Die Dateien werden daraufhin automatisch in Ihre Mediathek geladen, und Sie können sie dort aufrufen.

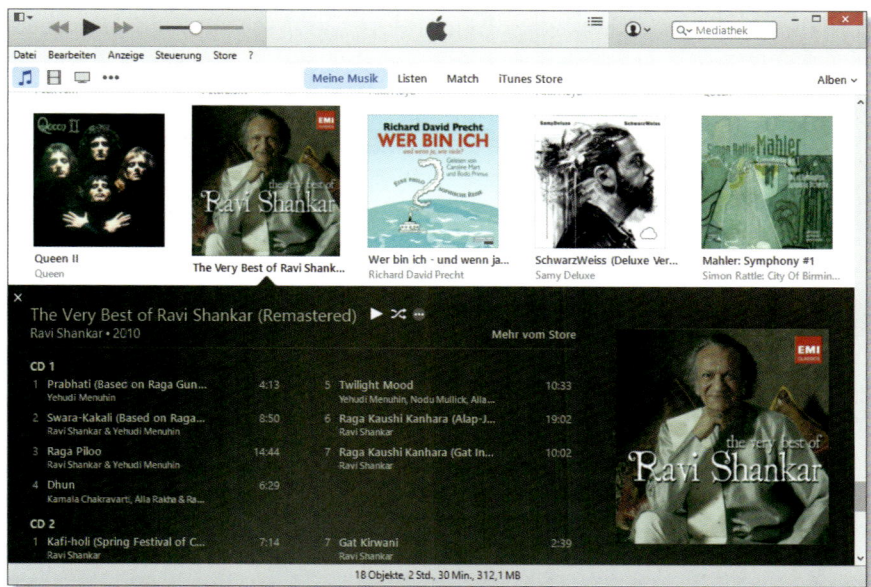

Möchten Sie gleich einen größeren Schwung Audiodateien in Ihre Mediathek einfügen, bietet Ihnen iTunes eine noch praktischere Funktion, mit der iTunes die Hauptarbeit erledigt.

1. Zunächst sollten Sie sicherstellen, dass sich die Dateien, die Sie Ihrer Mediathek hinzufügen möchten, alle in einem Ordner oder auf einem Laufwerk befinden. Dieser Ordner kann auch Unterordner enthalten, auch diese werden bei dem Vorgang von iTunes berücksichtigt.

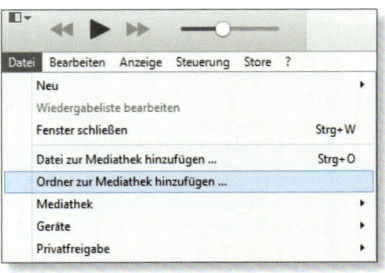

2. Blenden Sie gegebenenfalls die Menüleiste ([Strg]+[B]) ein, und klicken Sie auf **Datei**. Wählen Sie im Menü den Befehl **Ordner zur Mediathek hinzufügen**.

3. Daraufhin wird Ihnen das Dialogfenster **Zur Mediathek hinzufügen** angezeigt, in dem Sie den Ordner ❶ auswählen, dessen Inhalt Sie zu Ihrer Mediathek hinzufügen möchten. Wenn Sie möchten, können Sie auch gleich das ganze Laufwerk ❷ markieren und so sämtliche Dateien Ihrer Mediathek auf einmal hinzufügen. Bedenken Sie aber bitte, dass der Import je nach Größe des Laufwerks recht lange dauern kann. Klicken Sie danach auf die Schaltfläche **Ordner auswählen**.

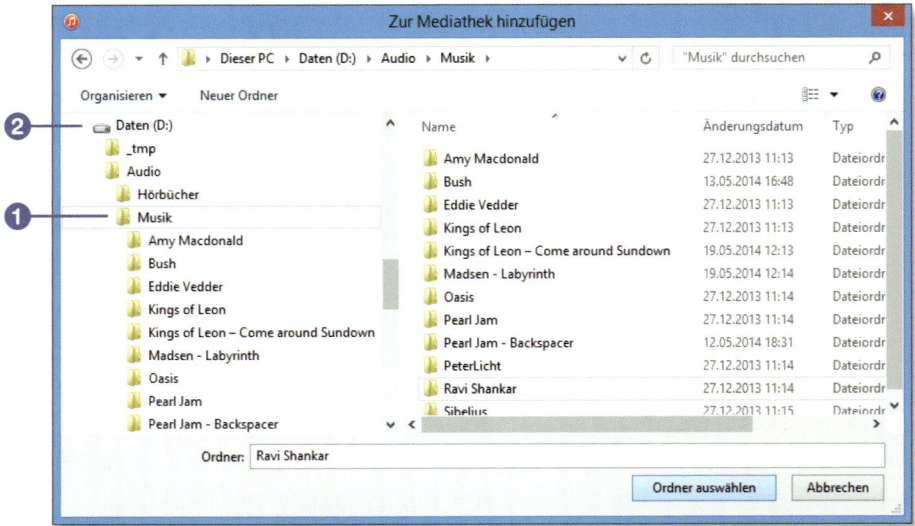

Musikdateien vom Rechner hinzufügen

4. Daraufhin durchsucht iTunes den entsprechenden Ordner (oder das Laufwerk) nach Dateien, die in iTunes wiedergegeben werden können. Das heißt, sollten sich in diesem Ordner auch Videodateien oder andere  unterstützte Dateiformate befinden, werden auch diese in Ihre Mediathek aufgenommen und in iTunes automatisch des entsprechenden Mediathekbereichs zugeordnet.

Sobald der Vorgang abgeschlossen ist, finden Sie die hinzugefügten Dateien in Ihrer Mediathek, und Sie können sie abspielen. Möchten Sie Ihre privaten Urlaubsfilme oder in Onlineshops gekauften Videodateien in iTunes verwalten und abspielen, können Sie sie ebenfalls auf die zuvor beschriebene Weise Ihrer Mediathek hinzufügen. Beachten Sie allerdings, dass iTunes nicht mit allen Videoformaten kompatibel ist. Unterstützt werden die Formate MOV (*.mov*), M4V (*.m4v*) und MP4 (*.mp4*).

> **ACHTUNG**
>
> **Import von Laufwerksinhalten**
>
> Wenn Sie über den Befehl **Ordner zur Mediathek hinzufügen** ein Laufwerk auswählen, sollten Sie beachten, dass unter Umständen auch unerwünschte Audiodateien aufgenommen werden. Wählen Sie beispielsweise das Laufwerk *C:*, auf dem sich in der Regel Ihr Betriebssystem und sämtliche Programme befinden, für den Import aus, werden auch alle Hinweistöne in Ihre Mediathek aufgenommen. Sie sollten daher vorher sicherstellen, dass die Auswahl sinnvoll ist und sich nur Dateien auf dem Laufwerk befinden, die Sie auch in iTunes vorfinden möchten und die von iTunes unterstützt werden.

Kapitel 3
Musik und Filme abspielen

Musiktitel mit iTunes abzuspielen, wird Sie vor keine großen Probleme stellen, wenn Sie erst einmal die verschiedenen Wiedergabemöglichkeiten des Programms kennengelernt haben. In Kapitel 2, »Musik laden«, ab Seite 45 haben Sie bereits erfahren, wie Sie Musik von einer Audio-CD oder von Ihrem Rechner in iTunes übertragen. Genauso einfach funktioniert auch die Wiedergabe von Musik mit dem Programm; dabei spielt es keine Rolle, ob Sie nur einzelne Titel, ein gesamtes Album oder von Ihnen selbst erstellte Wiedergabelisten Ihrer Lieblingstitel abspielen möchten. Aber auch das Abspielen von Musikvideos und anderen Videoformaten werde ich Ihnen auf den folgenden Seiten vorstellen.

Musik wiedergeben

Öffnen Sie Ihre Mediathek, und wählen Sie den Musiktitel, den Sie gerne hören möchten. Schon können Sie sich zurücklehnen und Ihre Musik genießen.

1. Starten Sie iTunes zunächst mit einem Mausklick auf das Programmicon in der Metro-Ansicht oder auf dem Desktop von Windows. Auf Ihrem Mac finden Sie das Programmicon im Dock.

2. Sollten Sie nach dem Programmstart im iTunes Store landen, wechseln Sie mit einem Klick auf die Schaltfläche **Musik** ❶ links oben in Ihre Mediathek und anschließend in die Kategorie **Meine Musik** ❷.

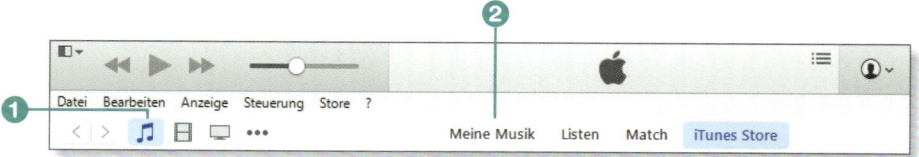

3. Wählen Sie rechts oben mit einem Klick auf das Auswahlmenü die Ansicht **Titel** ❸ aus und dann einen der Titel im Hauptbereich des Programms ❹. Klicken Sie auf die Schaltfläche **Wiedergabe** ❺. Der markierte Titel wird daraufhin abgespielt.

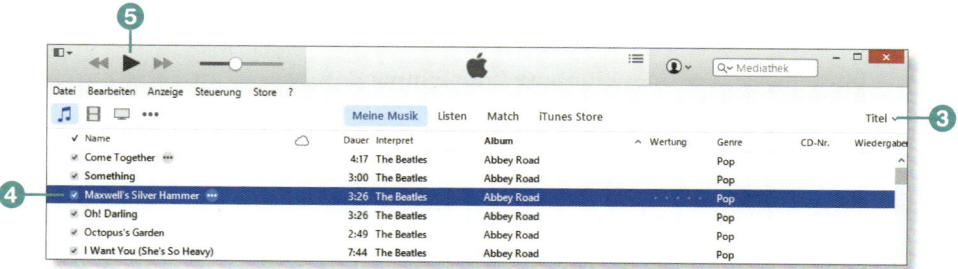

Am Ende des Titels setzt iTunes mit dem folgenden Musiktitel die Wiedergabe automatisch fort. Auf diese Weise wird der gesamte Inhalt Ihrer Mediathek, einer Wiedergabeliste, eines Verzeichnisses oder einer Audio-CD wiedergegeben. Sie sollten daher, je nachdem, was Sie hören möchten, die entsprechende Ansicht im Auswahlmenü der Mediathekleiste wählen.

4. Möchten Sie beispielsweise nur die Titel eines bestimmten Albums abspielen, wählen Sie zunächst rechts in der Mediathekleiste die Ansicht **Alben** ❻.

5. Wählen Sie mit einem Mausklick das Album aus, das Sie abspielen möchten, markieren Sie den ersten Titel, und klicken Sie auf die Schaltfläche **Wiedergabe**. Alternativ können Sie die Wiedergabe mit einem Doppelklick auf den entsprechenden Titel starten. Nachdem alle Titel des Albums abgespielt wurden, endet die Wiedergabe bei Wahl dieser Ansicht automatisch.

Sie sehen also, auch die Wiedergabe ist in gewisser Weise kontextabhängig. Je nachdem, welche Ansicht Sie in der Mediathekleiste wählen, wird auch die Wiedergabe der Musiktitel an Ihre Wahl angepasst. Möchten Sie übrigens alle Musiktitel eines Interpreten oder einer Gruppe hören, sollten Sie in der Mediathekleiste auf die Ansicht **Interpreten** klicken und in der folgenden Seitenleiste den gewünschten Interpreten auswählen. Im Hauptbereich rechts werden Ihnen dann alle Titel dieses Musikers angezeigt, und Sie können die Wiedergabe wie gewohnt starten.

> **INFO**
>
> **iTunes weiß, was Sie zuletzt gemacht haben**
>
> Wundern Sie sich bitte nicht: iTunes »merkt« sich, welches Programmelement Sie zuletzt verwendet haben. Starten Sie das Programm später neu, wird automatisch wieder der zuletzt geöffnete Bereich geladen.

Den MiniPlayer verwenden

Bei der Musikwiedergabe benötigen Sie nicht ständig alle Elemente des Programms. Sie brauchen eigentlich nur die Schaltflächen für die Wiedergabe der Musiktitel, die Schaltflächen, mit denen Sie einen Titel vor- und zurückspringen, und natürlich den Lautstärkeregler. Deshalb kann sich iTunes verkleinern und zeigt dann nur noch den *MiniPlayer* an, in dem Sie genau diese Elemente auf Ihrem Bildschirm immer griffbereit haben. Das Programmfenster wird ausgeblendet, so dass Sie Ihre Musik bequem steuern können, während Sie mit anderen Programmen arbeiten.

Möchten Sie den MiniPlayer verwenden, klappen Sie das Programmmenü über die Dreieckschaltfläche in der linken oberen Ecke auf. Wählen Sie den Befehl **Zum MiniPlayer wechseln**. Am Mac rufen Sie den MiniPlayer aus der Menüleiste mit einem Klick auf **Fenster ▸ Zum Miniplayer wechseln** auf. Mit der Tastenkombination Strg + ⇧ + M / alt + ⌘ + M können Sie ebenfalls den MiniPlayer einblenden.

Sie sehen das verkleinerte Fenster des MiniPlayers mit den Schaltflächen für die Wiedergabe ❶ und zum **Schließen** ❷. Ganz unten befindet sich ein Schieberegler ❸, der die Wiedergabeposition zeigt. Mit einem Klick auf das Lautsprechersymbol ❹ blenden Sie einen Lautstärkeregler ein, und über das Lupensymbol ❺ rufen Sie ein Suchfeld auf. Hier können Sie Ihre Mediathek nach Inhalten durchsuchen und diese mit einem Doppelklick zur Liste

Nächste Titel hinzufügen. Klicken Sie auf die Listenschaltfläche ❻, wird Ihnen die Liste **Nächste Titel** eingeblendet. Hier sind alle Titel aufgeführt, die zur Wiedergabe vorgesehen sind. Klicken Sie auf **Wiedergabe**, startet sofort der erste Titel in der Liste.

Mit einem Klick auf das kleine Uhrensymbol ❼ in der Liste **Nächste Titel** blenden Sie den Verlauf ein oder aus. Die Liste heißt daraufhin **Zuletzt Gespieltes** und enthält die Titel, die Sie zuletzt wiedergegeben haben. Per Mausklick auf die Schaltfläche **Löschen** ❽ leeren Sie den Verlauf oder aber die Liste **Nächste Titel**, je nachdem, welchen Bereich Sie derzeit aktiviert haben.

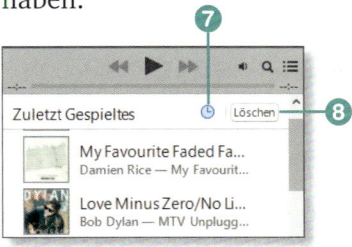

Mit dem Kreuz (❶ auf Seite 64) in der linken oberen Ecke schließen Sie den MiniPlayer und gelangen zurück zum großen Programmfenster von iTunes. Dasselbe gelingt Ihnen auch über die Tastenkombination [Strg]+[⇧]+[M]/ [alt]+[⌘]+[M]. Klicken Sie auf das darunterliegende Symbol ❷, wird das

Cover des Albums, aus dem Sie gerade einen Titel spielen, ein- oder ausgeblendet.

Wird ein Cover angezeigt, verschwinden die Schaltflächen, sobald Sie mit der Maus das Coverbild verlassen. Um sie wieder einzublenden, fahren Sie einfach mit der Maus über das Cover.

Den Equalizer nutzen

Mit dem **Equalizer** steuern und verändern Sie die Tonausgabe in iTunes. Es lassen sich Höhen und Tiefen mit Reglern anpassen, und Sie können für verschiedene Musikrichtungen Voreinstellungen auswählen, die für das jeweilige Genre erstellt wurden.

1. Falls die Menüleiste nicht bereits eingeblendet ist, holen Sie das zunächst nach. Am schnellsten geht das über die Tastenkombination Strg + B.

2. Klicken Sie in der Menüleiste auf **Anzeige**, und wählen Sie im Menü den Befehl **Equalizer anzeigen**. Auf dem Mac klicken Sie auf **Fenster ▶ Equalizer**. Daraufhin wird der Equalizer in einem separaten Fenster eingeblendet. Alternativ blenden Sie den Equalizer über die Tastenkombination Strg + ⇧ + 2 / alt + ⌘ + E ein.

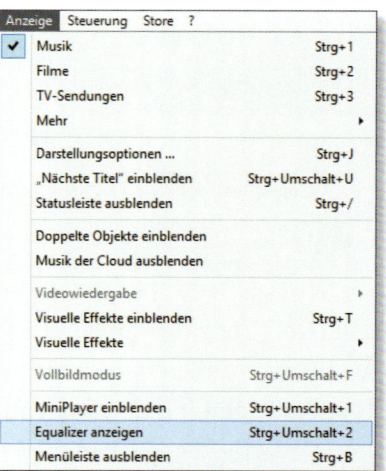

3. Starten Sie als Nächstes die Wiedergabe eines Musiktitels. Markieren Sie dazu den gewünschten Titel, und klicken Sie auf **Wiedergabe**.

4. Verändern Sie mit den Schiebereglern die Klangausgabe nach Ihrem Geschmack. Aktivieren Sie gegebenenfalls den Vorverstärker über die entsprechende Checkbox ❸.

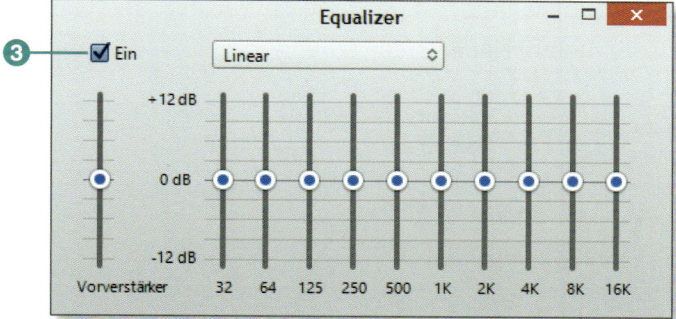

5. Wenn Sie die Einstellungen nicht selbst vornehmen möchten, können Sie auch eine der Voreinstellungen wählen, um ganz bestimmte Equalizer-Einstellungen zu nutzen. Klicken Sie auf das Auswahlmenü ❹, und wählen Sie per Mausklick eine der Voreinstellungen. Die derzeit aktive Einstellung wird durch ein vorangestelltes Häkchen ❺ ausgewiesen.

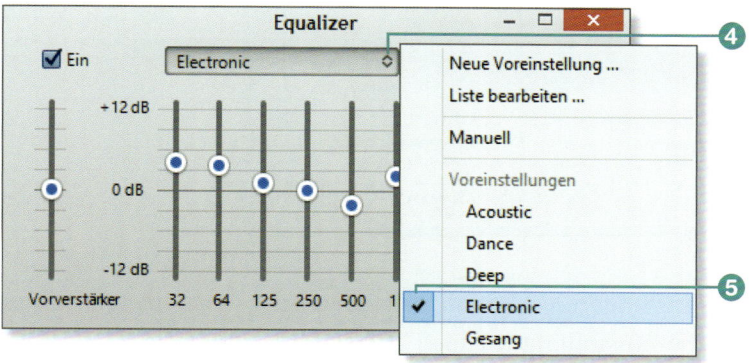

Eine interessante Funktion des Equalizers ist die Möglichkeit, die manuell vorgenommenen Einstellungen als Voreinstellung zur erneuten Auswahl abzuspeichern. Sie können so beispielsweise Ihre persönlichen Klangeinstellungen für bestimmte Alben oder Wiedergabelisten erstellen, unter einem treffenden Namen abspeichern und sie beim nächsten Abspielen aus der Liste der Voreinstellungen wählen.

1. Nehmen Sie zunächst die Klangeinstellungen im Equalizer vor.

2. Öffnen Sie danach das Auswahlmenü im **Equalizer**-Fenster, und wählen Sie per Mausklick den Befehl **Neue Voreinstellung**.

3. Geben Sie im Dialogfenster **Als Voreinstellung sichern** einen Namen für Ihre Voreinstellung ein; unter diesem werden Ihre Einstellungen im Auswahlmenü zukünftig angezeigt. Sie sollten daher einen Namen wählen, unter dem Sie sich etwas vorstellen können. Speichern Sie die Voreinstellung mit einem Klick auf die Schaltfläche **OK**.

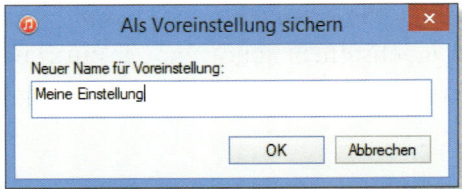

Sobald Sie Änderungen am Equalizer vornehmen, wird im Auswahlmenü automatisch die Einstellung **Manuell** angezeigt. Öffnen Sie das Listenfeld, und wählen Sie **Linear**, um wieder zur Vorgabeeinstellung von iTunes zurückzukehren.

Wiedergabelisten erstellen

Mit einer Wiedergabeliste fassen Sie von Ihnen gewählte Musiktitel zu einer Liste zusammen. Wenn Sie eine Wiedergabeliste gespeichert haben, können Sie sie, wann immer Sie möchten, aufrufen und abspielen. Sie können außerdem jederzeit weitere Titel zu bestehenden Wiedergabelisten hinzufügen oder daraus entfernen. Auf diese Weise gestalten Sie Ihre Mediathek noch individueller, und es bleibt dabei Ihnen überlassen, nach welchen Kriterien Sie Ihre Wiedergabelisten zusammenstellen.

Es gibt verschiedene sinnvolle Anwendungsbereiche für Wiedergabelisten. Ich möchte Ihnen hier nur einige Beispiele vorstellen; Sie werden sicherlich schnell feststellen, wie praktisch der Einsatz von Wiedergabelisten sein kann. Sicherlich am häufigsten werden Wiedergabelisten zum Zusammenstellen der persönlichen Lieblingstitel verwendet. Wählen Sie von verschiedenen Interpreten oder Alben nur die Titel aus, die Ihnen am besten gefallen, und fügen Sie sie in Wiedergabelisten zusammen. Oder erstellen Sie eine spezielle Liste für eine bestimmte Gelegenheit, beispielsweise für eine Geburtstagsfeier oder eine kleine private Party. Sie können auch die Musiktitel in einer Wiedergabeliste zusammenstellen, die Sie dann auf eine CD brennen, mit einem anderen Gerät synchronisieren oder über ein Netzwerk freigeben. Auf diese Weise können Sie mit Hilfe der Wiedergabelisten sehr genau bestimmen, welchen Teil Ihrer Mediathek Sie weitergeben möchten.

Wiedergabeliste ist jedoch nicht gleich Wiedergabeliste. iTunes unterscheidet verschiedene Arten von Wiedergabelisten. Schauen wir uns kurz einmal die verschiedenen Typen an und werfen einen Blick auf das, was Sie mit ihnen machen können:

- **Einfache Wiedergabeliste:** Dies ist die Standardwiedergabeliste. Sie wählen selbst, welche Musiktitel sich in dieser Wiedergabeliste befinden sollen, und stellen sie nach Ihrem Geschmack zusammen.

- **Intelligente Wiedergabeliste:** Bei dieser Wiedergabelistenart überlassen Sie iTunes die Auswahl der Musiktitel. Sie erstellen lediglich eine Regel, die die Auswahl der Musik auf bestimmte Titel, Künstler oder Genres eingrenzt. Fügen Sie Ihrer Mediathek neue Titel hinzu, die der Regel einer intelligenten Wiedergabeliste entsprechen, werden sie automatisch der Wiedergabeliste hinzugefügt.

- **Genius-Wiedergabeliste:** Auch bei dieser Wiedergabeliste wird die Musik automatisch von iTunes ausgewählt. Sie wählen einen Musiktitel aus der Mediathek aus, und das Programm sucht basierend auf Ihrer Wahl ähnliche Musiktitel und fügt diese zu einer Wiedergabeliste zusammen.

- **Genius-Mixe:** Das Programm wertet Ihre Mediathek aus und erstellt automatisch eine Wiedergabeliste. Dabei wird die Musik eines bestimmten Genres ausgewählt. Das Besondere hierbei ist, dass bei diesem Typ der Wiedergabeliste der Inhalt immer aktualisiert wird.

Um eine neue einfache Wiedergabeliste zu erstellen, gehen Sie wie folgt vor:

1. Öffnen Sie das Programmmenü, und wählen Sie **Neu**. Wählen Sie auf dem Mac in der Menüleiste **Ablage**. Klicken Sie im Folgemenü auf den Befehl **Neue Wiedergabeliste**.

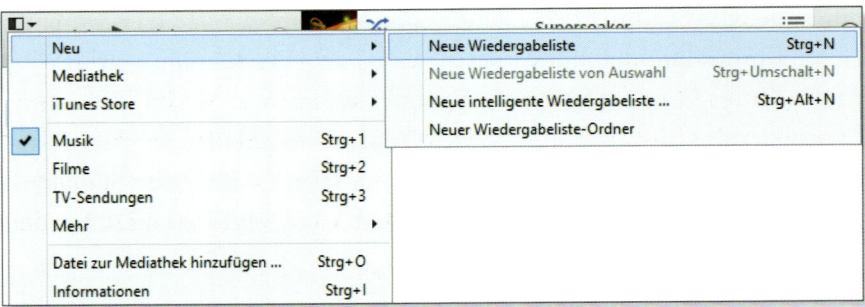

2. Auf der rechten Seite des Programmfensters wird nun eine eigene Spalte für die Wiedergabeliste eingeblendet. Zu Beginn ist diese noch leer. Das Feld zur Namenseingabe ❶ ist bereits aktiviert, so dass Sie den Platzhaltertext durch eine eigene Bezeichnung ersetzen können. Bestätigen Sie Ihre Namenseingabe mit ⏎.

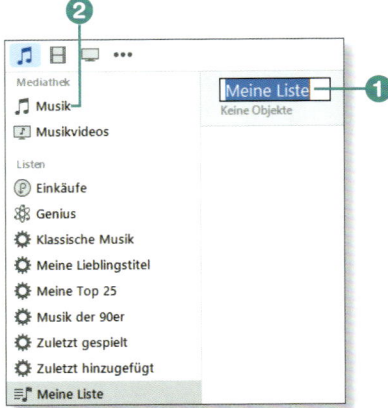

Wiedergabelisten erstellen

3. In die neue Wiedergabeliste können Sie einzelne Titel oder auch ganze Alben einfügen. Klicken Sie zunächst auf die Schaltfläche **Musik** ❷.

4. Markieren Sie nun per Mausklick einen Musiktitel in Ihrer Mediathek. Halten Sie die linke Maustaste gedrückt, und bewegen Sie den Mauszeiger auf die Wiedergabeliste. Lassen Sie, dort angekommen, die Maustaste los. Der Titel wurde der Wiedergabeliste hinzugefügt. Man nennt dieses Verfahren *Drag & Drop,* zu Deutsch in etwa *Ziehen und Fallenlassen*. Wiederholen Sie diesen Vorgang, bis sich alle gewünschten Musiktitel in der Wiedergabeliste befinden.

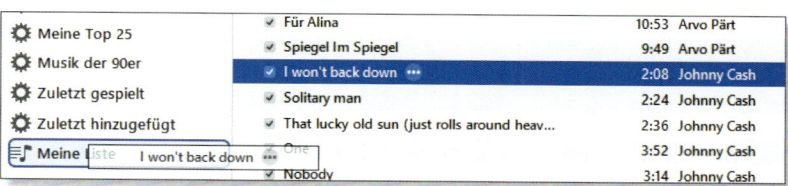

5. Möchten Sie auf diese Weise gleich mehrere Musiktitel hinzufügen, drücken und halten Sie, nachdem Sie den ersten Titel markiert haben, [Strg]/[⌘] und markieren weitere Titel in Ihrer Mediathek. Lassen Sie [Strg]/[⌘] los, sobald alle gewünschten Musiktitel markiert sind. Klicken Sie nun auf einen der markierten Titel, und verschieben Sie sie wie beschrieben. Die Zahl der markierten Titel zeigt Ihnen iTunes dabei in einem roten Kreis ❸ an.

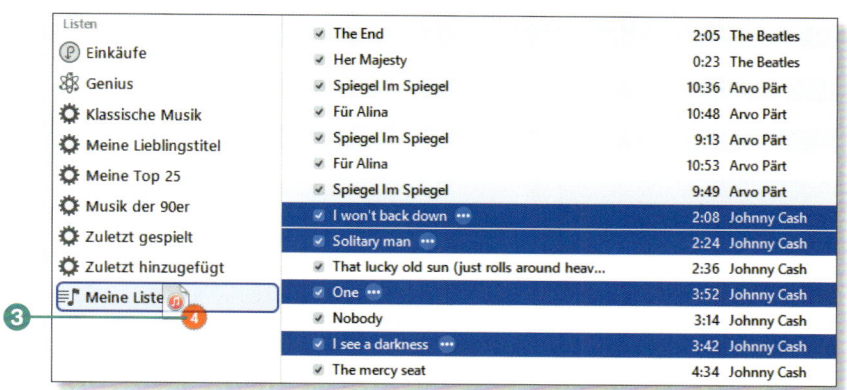

69

Halten Sie statt `Strg`/`⌘` die `⇧`-Taste gedrückt, können Sie auch mehrere aufeinanderfolgende Titel markieren und »in einem Rutsch« in die Wiedergabeliste einfügen.

6. Es kommt auch vor, dass Sie einen Titel in eine Wiedergabeliste verschieben wollen, der sich bereits dort befindet. In diesem Fall gibt das Programm einen Hinweis aus, so dass Duplikate glücklicherweise vermieden werden, sofern Sie auf die Schaltfläche **Überspringen** klicken.

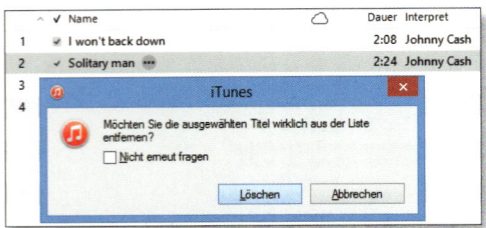

Sie müssen die Liste nicht abspeichern, das geschieht automatisch. Möchten Sie einen Titel wieder aus der Liste entfernen, markieren Sie ihn per Mausklick und drücken die Taste `Entf`/`←`. Bestätigen Sie die folgende Frage mit **Löschen**. Der gewählte Titel wird dann aus der Wiedergabeliste entfernt, befindet sich aber weiterhin in Ihrer Mediathek.

Einfügen lässt sich ein Titel in die Wiedergabeliste auch über das Kontextmenü eines Musikstücks. Markieren Sie dazu einen Titel, und drücken Sie die rechte Maustaste. Wählen Sie im Kontextmenü den Befehl **Zur Wiedergabeliste hinzufügen**, und wählen Sie im Folgemenü die gewünschte Wiedergabeliste aus.

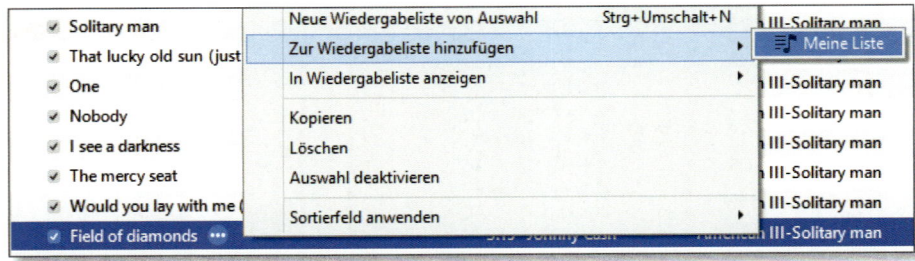

In dem Folgemenü werden Ihnen alle selbsterzeugten Wiedergabelisten zur Auswahl angeboten. Auf diese Weise lassen sich die Titel Ihrer Mediathek nach dem Erstellen der Wiedergabelisten bequem in verschiedene Wiedergabelisten verteilen.

Wiedergabelisten erstellen

> **INFO**
>
> **Musiktitel müssen sich auf dem Rechner befinden**
>
> Sollten Sie beim Zusammenstellen einer Wiedergabeliste Musiktitel wählen, die sich derzeit nicht auf Ihrem Rechner befinden, sondern in Ihrem Cloud-Speicher (lesen Sie dazu auch den Abschnitt »iTunes Match auf einem anderen Gerät aktivieren« ab Seite 258), werden Sie darauf hingewiesen, dass zunächst eine Kopie der ausgewählten Musiktitel auf den Rechner geladen werden muss. Aktivieren Sie die Checkbox **Nicht erneut fragen**, und bestätigen Sie mit einem Klick auf **Zur Wiedergabeliste hinzufügen**. Beim nächsten Mal wird iTunes die Meldung nicht mehr ausgeben, sondern gleich den Titel aus Ihrem Cloud-Speicher laden und in Ihre Wiedergabeliste kopieren.

Nachdem Sie nun mehrere Wiedergabelisten in iTunes erstellt haben, können Sie sie sich in einer eigenen Kategorie anzeigen lassen. Klicken Sie dazu auf die Schaltfläche **Listen** ❶/**Wiedergabelisten** in der Mediathekleiste. Neben den eigenen Wiedergabelisten ❷ finden Sie hier die Genius-Wiedergabeliste ❸ und sechs vorinstallierte intelligente Wiedergabelisten ❹ (lesen Sie dazu auch den Abschnitt »Intelligente Wiedergabelisten nutzen« auf Seite 72). Markieren Sie die selbsterstellte Wiedergabeliste. Nun sehen Sie auch deren Inhalt. Um die Musik aus der Liste wiederzugeben, drücken Sie die **Wiedergabe**-Schaltfläche.

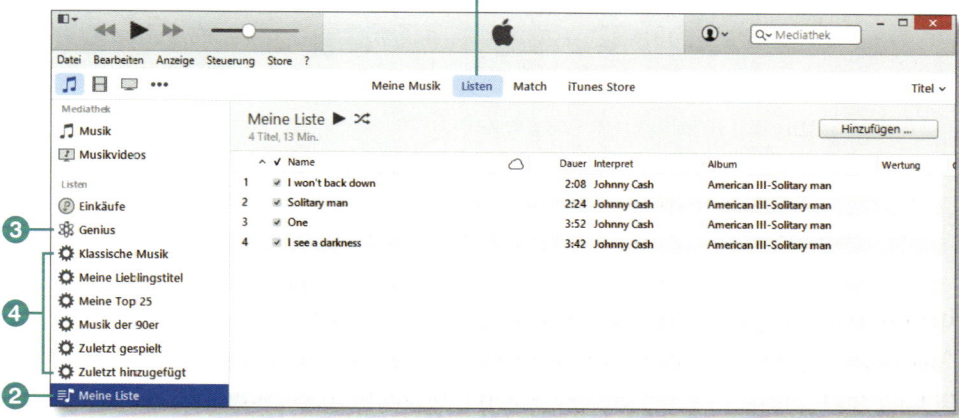

> **TIPP**
>
> **Eine Wiedergabeliste aus einer Auswahl erstellen**
>
> Interessant ist die Möglichkeit, eine neue Wiedergabeliste aus einer Auswahl zu erstellen. Markieren Sie mehrere Titel in Ihrer Mediathek. Öffnen Sie nun mit einem Rechtsklick das Kontextmenü, und wählen Sie **Neue Wiedergabeliste von Auswahl**. Auf diese Weise werden zwei Schritte auf einmal ausgeführt: Eine neue Wiedergabeliste wird erstellt, und die markierten Musiktitel aus der Mediathek werden in die Wiedergabeliste eingefügt.

Intelligente Wiedergabelisten nutzen

Neben der Möglichkeit, selbst Wiedergabelisten zu erstellen, können Sie auch iTunes die Auswahl der Musiktitel überlassen. Sie erstellen eine einfache Regel und begrenzen die Auswahl der Musiktitel nach bestimmten Kriterien. Alles andere übernimmt das Programm für Sie. Erfassen Sie so beispielsweise alle Titel eines bestimmten Interpreten oder eines bestimmten Genres in einer Wiedergabeliste. Es ist also nicht notwendig, Titel eigenhändig auszuwählen und mit der Maus in die neue Wiedergabeliste zu verschieben.

1. Öffnen Sie das Programmmenü, und wählen Sie zunächst **Neu** und im Folgemenü den Befehl **Neue intelligente Wiedergabeliste**. Auf dem Mac klicken Sie in der Menüleiste auf **Ablage** und wählen **Neu**. Klicken Sie im Folgemenü auf **Intelligente Wiedergabeliste**.

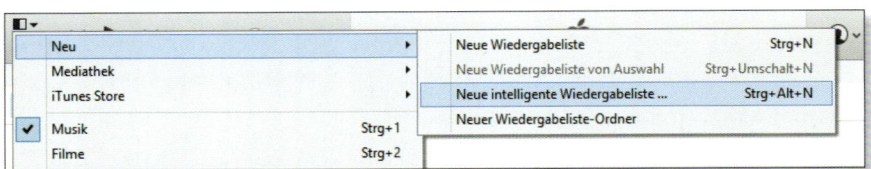

2. Geben Sie nun an, welchen Kriterien die Wiedergabeliste entsprechen soll. In meinem Beispiel wähle ich im ersten Auswahlmenü das Kriterium **Interpret** ❶ und trage den Namen der Gruppe »The Beatles« ❷ ein. Beachten Sie: iTunes »weiß«, welche Musiktitel Sie in der Mediathek haben. Bereits bei Eingabe der ersten Buchstaben bietet Ihnen das Programm passende Einträge an. Sie können diese mit ⏎ übernehmen.

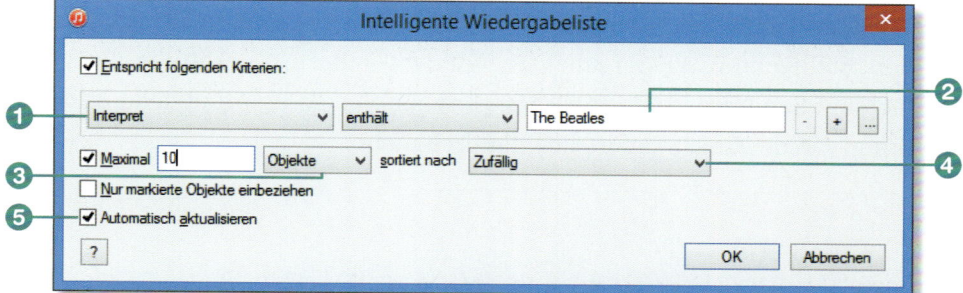

3. Aktivieren Sie die Checkbox **Maximal**, wenn Sie die Anzahl der Titel in der neuen Wiedergabeliste begrenzen möchten. Löschen Sie den Vorgabewert »25«, und geben Sie beispielsweise »10« ein. In dem nachstehenden Auswahlmenü können Sie die Größe der Wiedergabeliste auf eine Titelanzahl, auf eine Laufzeit oder eine Größe in Megabyte oder Gigabyte beschränken. Lassen Sie die Vorgabe **Objekte** ❸ hier stehen. Auf diese Weise begrenzen Sie die Anzahl der Musiktitel auf 10.

4. Wenn Sie möchten, können Sie die Sortierung über das Auswahlmenü **sortiert nach:** verändern. Möglich ist eine Sortierung nach Alben, Interpreten, Genre, Name und Wertung. Auch nach dem Zeitpunkt, an dem die Musiktitel zuletzt gespielt wurden, können Sie sortieren. Belassen Sie es in diesem Beispiel bei der Vorgabe **Zufällig** ❹.

5. Wenn Sie die Checkbox **Nur markierte Objekte einbeziehen** deaktiviert lassen, werden alle Musiktitel, die sich in Ihrer Mediathek befinden, in die Auswahl einbezogen.

6. Lassen Sie die Option **Automatisch aktualisieren** ❺ aktiviert, so dass die intelligente Wiedergabeliste automatisch aktualisiert wird, sollten Sie beispielsweise Musiktitel, die Ihrem in Schritt 2 gewählten Kriterium entsprechen, Ihrer Mediathek hinzufügen oder entfernen.

Kapitel 3 – Musik und Filme abspielen

7. Bestätigen Sie alle getroffenen Angaben mit einem Mausklick auf die Schaltfläche **OK**.

Nach dem Bestätigen erstellt iTunes die Wiedergabeliste nach den angegebenen Kriterien. Der Name des Interpreten wird als Bezeichnung der neuen Wiedergabeliste übernommen. Wenn Sie möchten, können Sie den Namen der intelligenten Wiedergabeliste jederzeit ändern. Klicken Sie dazu einfach auf den Namen ❶, und überschreiben Sie die ursprüngliche Bezeichnung – an der Regel ändert sich dadurch nichts.

Die soeben erstellte intelligente Wiedergabeliste wird Ihnen, wie auch die herkömmlichen Wiedergabelisten, in der Seitenleiste der Kategorie **Listen/ Wiedergabelisten** angezeigt. Die beiden Wiedergabelistenarten können Sie einfach an dem vorangestellten Symbol unterscheiden: Eine normale Wiedergabeliste wird mit einem Notenschlüssel markiert. Die intelligente Wiedergabeliste erkennen Sie an einem Zahnradsymbol. Eine Genius-Auswahl wird mit dem Genius-Symbol gekennzeichnet.

Aber neben der beschriebenen Funktion, selbst intelligente Wiedergabelisten zu erstellen, besitzt iTunes bereits eine Reihe vorgefertigter intelligenter Wiedergabelisten, die Sie ebenfalls in der Seitenleiste **Listen** vorfinden. Diese können Sie sofort nutzen. Die Liste **Klassische Musik** enthält Musiktitel und Musikvideos, die dem Genre Klassik zugehören. Die Anzahl der Titel ist nicht begrenzt, und sobald Sie neue Titel dieses Genres in Ihre Mediathek importieren, werden Sie Ihnen auch in der Wiedergabeliste angezeigt. Die Auswahl der Wiedergabeliste **Meine Lieblingstitel** erfolgt im Gegensatz zu der vorangegangenen nicht anhand eines Genres, sondern anhand Ihrer Bewertung. Nur Titel mit einer Wertung von 3, 4 oder 5 Sternen werden in die Liste aufgenommen. iTunes hält fest, wann Sie einen Musiktitel wiedergeben. So kann iTunes bestimmen, welche Titel Sie am häufigsten wiedergeben. Daraus wird eine Top-25-Liste gebildet, die Ihnen in der intelligenten Wiedergabeliste **Meine Top 25** angezeigt werden. Diese Wiedergabeliste ist im Gegensatz zu den vorangegangenen intelligenten Wiedergabelisten auf 25 Titel beschränkt. In der Wiedergabeliste **Musik der 90er** werden Musiktitel und Musikvideos, die in den Jahren 1990 bis 1999 veröffentlicht wurden, aufgenommen. Auch hier ist die Anzahl der Musiktitel nicht begrenzt. Alle Musiktitel, die Sie innerhalb der letzten zwei Wochen angehört haben, sind in der Liste **Zuletzt gespielt** vorhanden. Zu guter Letzt werden in der Wiedergabeliste **Zuletzt hinzugefügt** Musiktitel gespeichert, die Sie in den letzten zwei Wochen Ihrer Mediathek hinzugefügt haben. Diese Liste kann ebenfalls beliebig viele Titel enthalten.

Die Eigenschaften aller vorgegebenen Wiedergabelisten können Sie einsehen und verändern. Dazu markieren Sie die intelligente Wiedergabeliste, deren Eigenschaften Sie einsehen und verändern wollen. Öffnen Sie mit einem Rechtsklick das Kontextmenü, und wählen Sie **Intelligente Wiedergabeliste bearbeiten**.

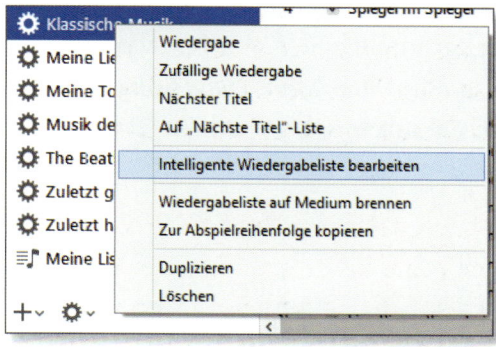

Intelligente Wiedergabelisten können viele unterschiedliche Filtereigenschaften haben. Sie können über die Auswahlmenüs sehr komplexe Filter festlegen und so ganz bestimmte Inhalte für Ihre intelligenten Wiedergabelisten auswählen.

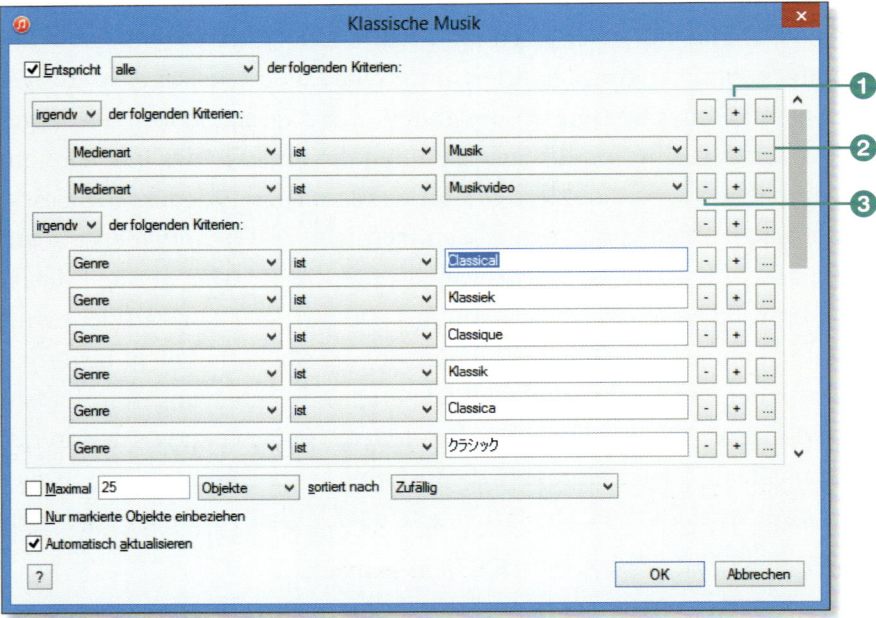

Intelligente Wiedergabelisten können eine ganze Reihe von Kriterien zur Filterung enthalten.

Genügen Ihnen die vorhandenen Filterfelder im Dialogfenster **Intelligente Wiedergabeliste** nicht (bearbeiten Sie eine bestehende Wiedergabeliste, trägt das Dialogfenster den Namen der intelligenten Wiedergabeliste), fügen Sie dem Dialog mit einem Klick auf die Plus-Schaltfläche ❶ weitere Felder hinzu. Per Klick auf die Schaltfläche mit den drei Punkten ❷ erweitern Sie den Filterdialog ebenfalls und können mit zusätzlichen Kriteriengruppen Ihre Filter weiter eingrenzen. Dazu wird eine weitere Zeile mit dem Auswahlfeld **alle/irgendwelche der folgenden Kriterien** hinzugefügt. Über die Minus-Schaltfläche ❸ können Sie nicht benötigte Filterfelder wieder entfernen. Schauen Sie sich die Kriterien in den Auswahlmenüs an, und überlegen Sie, wie Sie sie am geeignetsten verwenden.

Genius-Wiedergabelisten erstellen

Bei einer Genius-Wiedergabeliste überlassen Sie iTunes die Auswahl der Musiktitel für Ihre Wiedergabeliste. Um Genius zu verwenden, aktivieren Sie die Funktion und wählen danach einen Titel aus Ihrer Mediathek aus. Diesen nimmt das Programm als Grundlage zum Erstellen einer Genius-Wiedergabeliste. Ihnen werden daraufhin ähnliche Titel, die zum Genre des ausgewählten Titels passen, angeboten und in die Genius-Wiedergabeliste eingefügt. Schauen wir uns zunächst an, wie Sie die Genius-Funktion in iTunes aktivieren. Beachten Sie dabei, dass Sie für das Aktivieren von Genius eine Apple-ID besitzen und mit Ihrer Apple-ID in iTunes eingeloggt sein müssen.

1. Klicken Sie in der Mediathekleiste auf die Schaltfläche **Listen** ❹/**Wiedergabelisten**.

2. Wählen Sie in der Seitenleiste die Wiedergabeliste **Genius** ❺ aus. Dieser Menüpunkt erscheint nur, wenn Sie mit Ihrer Apple-ID eingeloggt sind. Erscheint der Menüpunkt nicht, blenden Sie über ⌈Strg⌉+⌈B⌉ die Menüleiste ein und wählen **Store ▸ Genius aktivieren**.

3. Klicken Sie danach unten rechts auf die Schaltfläche **Genius aktivieren** ❻.

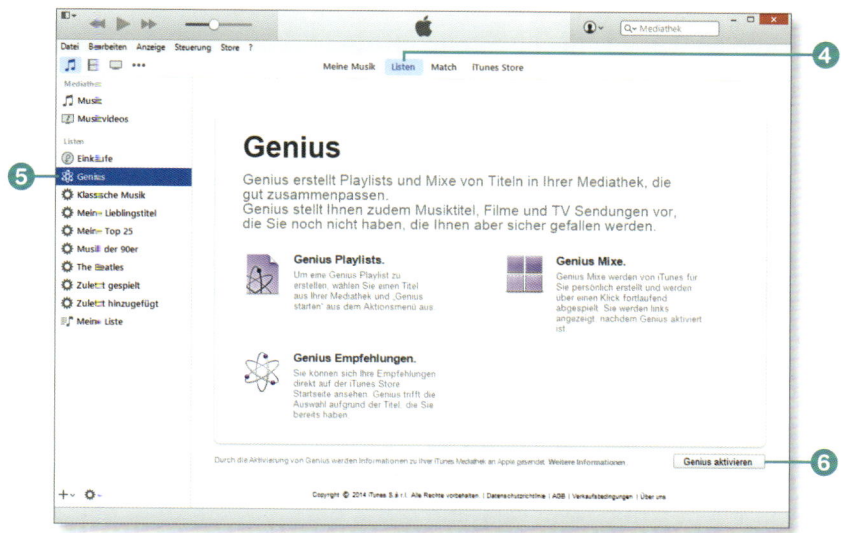

Daraufhin wird die Genius-Funktion aktiviert. Dazu sind drei Schritte notwendig, die automatisch von iTunes durchgeführt werden: Die Funktion überprüft zunächst Ihre Mediathek. Danach werden die ermittelten Daten an Apple gesendet. Sie erhalten eine Bestätigung, dass Ihre Daten übermittelt wurden, und Genius wird aktiviert. Der Fortgang dieser drei Schritte wird Ihnen angezeigt; ein grünes Häkchen zeigt an, wenn ein Schritt abgeschlossen ist.

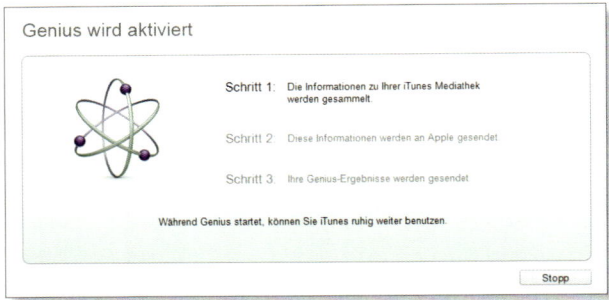

Dieser Vorgang geht in aller Regel recht schnell. Nur bei einer sehr großen Mediathek und einer schlechten oder langsamen Internetverbindung sollten Sie sich etwas gedulden, die Übermittlung Ihrer Daten und die Aktivierung kann in diesem Fall etwas länger dauern. Sie können währenddessen aber iTunes anderweitig verwenden, wenn Sie möchten. Sind alle drei Arbeitsschritte abgeschlossen, wird Ihnen dies in einem weiteren Fenster angezeigt. Nun können Sie die Funktion nutzen.

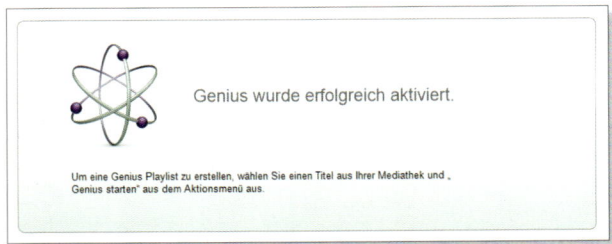

Darüber hinaus steht Ihnen die Wiedergabeliste **Genius-Mixe** ❶ zur Verfügung. Diese Funktion stelle ich Ihnen im Abschnitt »Genius-Mixe verwenden« auf Seite 81 näher vor. Sehen wir uns nun aber an, wie Sie Genius zum Erstellen von Wiedergabelisten verwenden:

Genius-Wiedergabelisten erstellen

1. Überlegen Sie sich, was für eine Art Musik Sie hören wollen. Suchen Sie sich dann einen passenden Musiktitel aus Ihrer Mediathek aus, und markieren Sie ihn. Er wird als Vorlage zum Erstellen der Wiedergabeliste dienen. Befinden Sie sich derzeit noch in der Kategorie **Listen/Wiedergabelisten**, können Sie den Musiktitel natürlich auch aus Ihren Wiedergabelisten wählen. Öffnen Sie mit einem Rechtsklick das Kontextmenü, und wählen Sie den Befehl **Genius-Liste erstellen**.

2. iTunes erstellt nun aufgrund Ihrer Wahl eine Liste mit ähnlichen Musiktiteln. Dazu wird eine neue Wiedergabeliste angelegt, die nach dem zuvor gewählten Musiktitel benannt wird ❷. Markieren Sie den ersten Titel ❸, und starten Sie die Wiedergabe ❹.

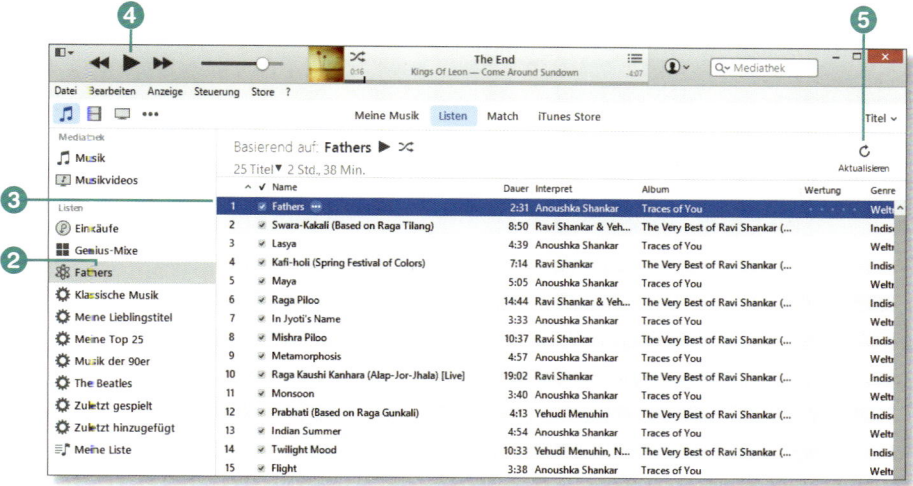

Besonders praktisch ist, dass Sie die erstellte Genius-Wiedergabeliste immer wieder abspielen können. Selbst nachdem Sie iTunes beendet und neu gestartet haben, stehen Ihnen die zuvor erstellten Genius-Wiedergabelisten zur Verfügung. Sind Sie mit der Titelauswahl einer Genius-Wiedergabeliste nicht mehr zufrieden, können Sie sie über die gleichnamige Schaltfläche aktualisieren (❺ auf Seite 79). Es wird dann basierend auf dem gewählten Lied eine neue Liste erstellt. Gefällt Ihnen eine Genius-Wiedergabeliste gar nicht mehr, löschen Sie sie genauso wie die normalen Wiedergabelisten: Markieren Sie sie zunächst mit einem Mausklick in der Seitenleiste, und öffnen Sie mit einem Rechtsklick das Kontextmenü. Wählen Sie hier den Befehl **Löschen**, wird die Wiedergabeliste entfernt.

Sie können mit Genius aber auch eine einmalige Wiedergabeliste erstellen. Klicken Sie dazu am markierten Musiktitel auf die Schaltfläche **Mehr** ❶ in der Titelanzeige oder im Hauptbereich Ihrer Mediathek, und wählen Sie im Kontextmenü den Befehl **Genius starten**.

Erstellen Sie eine einmalige Genius-Liste über das Kontextmenü.

Daraufhin wird eine Genius-Liste basierend auf dem gewählten Titel in der Liste **Nächste Titel** erstellt.

Sobald diese Titel alle wiedergegeben wurden, ist die Zusammenstellung nicht mehr verfügbar. Im Gegensatz zum Befehl **Genius-Liste erstellen** im Kontextmenü wird bei dem Befehl **Genius starten** keine Wiedergabeliste in der Kategorie **Listen/Wiedergabelisten** gespeichert.

Genius-Mixe verwenden

Haben Sie Genius in iTunes aktiviert, steht Ihnen auch die Funktion *Genius-Mixe* zur Verfügung. Sie sehen dazu einen entsprechenden Eintrag in der Kategorie **Listen/Wiedergabelisten**. iTunes wertet Ihre Musik aus und stellt Ihnen zu einem bestimmten Genre Wiedergabenlisten zusammen. Der Inhalt wird laufend aktualisiert, so dass auch Ihrer Mediathek neu hinzugefügte Musiktitel berücksichtigt werden. Wählen Sie **Genius-Mixe** ❷, und starten Sie die Wiedergabe mit einem Mausklick auf die entsprechende Zusammenstellung ❸.

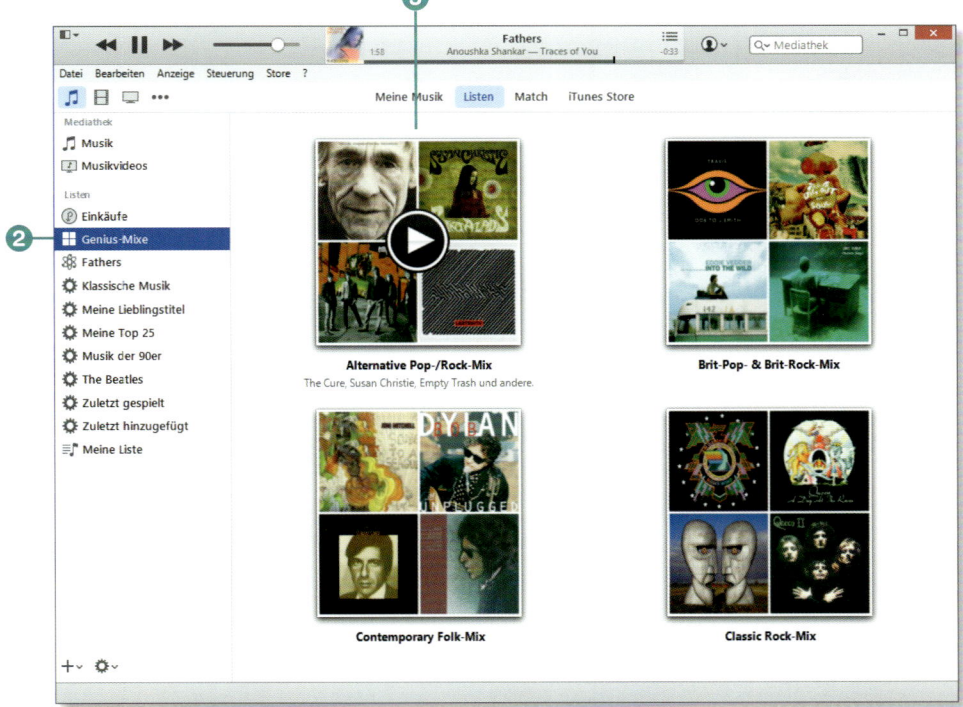

Genius-Mixe können vor allem dann für Sie interessant sein, wenn Sie nicht immer wieder ein bestimmtes Album in der gleichen Reihenfolge anhören möchten, aber doch gerne nur Musiktitel einer bestimmten oder zumindest verwandter Musikrichtungen hören wollen.

Internetradio hören

Möchten Sie mit iTunes Musik hören, müssen Sie diese nicht unbedingt gleich kaufen. Während die zuvor im Abschnitt »Genius-Mixe verwenden« beschriebene Funktion Musikzusammenstellungen aus Titeln, die in Ihrer Mediathek vorhanden sind, erstellt, können Sie mit iTunes auch Internetradiosender empfangen und so Musik genießen, die Sie selbst bislang noch nicht gekauft haben. Dabei stehen Ihnen viele internationale Sender zur Verfügung. iTunes sortiert die Radiosender nach Musikrichtungen: Klassischer Rock, Country, elektronische Musik, Hip-Hop, Jazz und Oldies gehören unter anderem dazu. Für jeden Musikgeschmack findet sich der richtige Sender.

1. Wählen Sie in der Mediathekleiste im Auswahlmenü der Schaltfläche **Mehr** ❶ – das sind die drei Punkte links oben – den Menüeintrag **Internetradio** aus.

2. Links sehen Sie nun in der Spalte **Stream** ❷ eine Liste der verschiedenen Genres. Mit einem Klick auf die vorangestellte Pfeilschaltfläche ❸ öffnen Sie die Auswahl der Sender, die zu diesem Genre verfügbar sind.

3. Scrollen Sie durch die Liste der Radiosender. Alle Sender sind alphabetisch sortiert und mit einer kleinen Beschreibung versehen. Haben Sie sich für einen entschieden, doppelklicken Sie darauf. Der Stream wird geladen und die Wiedergabe gestartet.

Internetradio hören

Leider ist es in iTunes nicht möglich, selbst Radiostreams zu der Liste im Bereich **Internetradio** hinzuzufügen. Das heißt aber nicht, dass Sie nicht auch andere Internetradiostationen, die in dieser Liste nicht vorhanden sind, in iTunes abspielen können. Nur müssen Sie dazu etwas anders vorgehen.

1. Öffnen Sie zunächst die Internetseite des Radiosenders, den Sie per Internet hören möchten, und suchen Sie auf der Seite nach einem entsprechenden Link zu einem MP3-Stream. Für dieses Beispiel habe ich die Seite des WDR, *http://www1.wdr.de/radio/webradio/index.html*, aufgerufen. Hier klicken Sie mit rechts auf den entsprechenden Link des Radiosenders ❹ und wählen im Kontextmenü den Befehl **Link-Adresse kopieren** ❺.

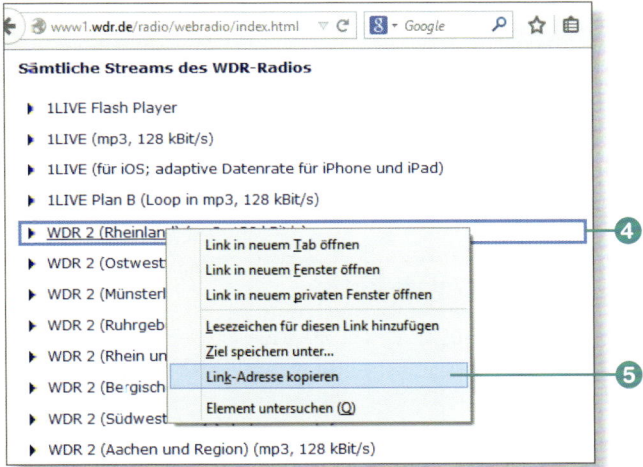

2. Öffnen Sie in iTunes das Dateimenü (drücken Sie gegebenenfalls zunächst `Strg`+`B`, um die Menüleiste einzublenden), und klicken Sie hier auf **Stream öffnen**. Am Mac finden Sie diesen Befehl im Menü **Ablage**. Alternativ dazu können Sie auch die Tastenkombination `Strg`+`U`/`⌘`+`U` verwenden, um das Dialogfenster aufzurufen.

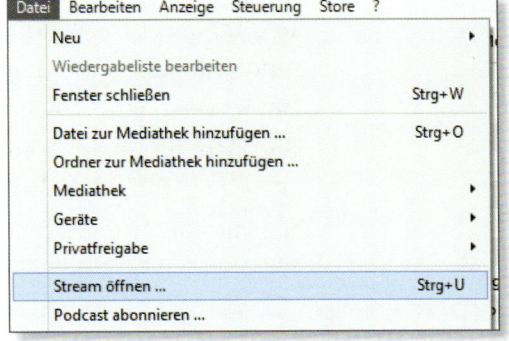

83

3. Im folgenden Dialogfenster klicken Sie mit rechts in das Feld **URL** und wählen im Menü **Einfügen**. Oder Sie klicken in das Feld und drücken danach die Tastenkombination [Strg]+[V]/[⌘]+[V], um den kopierten Link einzufügen. Haben Sie eine bestimmte Internetadresse, die auf einen Radiostream verweist, können Sie sie auch direkt über Ihre Tastatur in das Feld eintragen. Bestätigen Sie mit einem Klick auf **OK**.

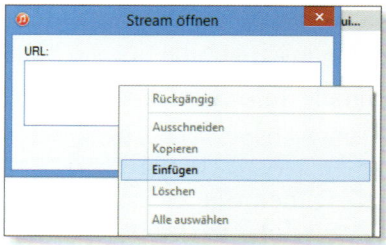

4. Daraufhin wird der Stream geladen und Ihrer Mediathek hinzugefügt. Die Wiedergabe startet unmittelbar nach dem Laden. Von iTunes wird außerdem in der Kategorie **Listen** eine neue Wiedergabeliste namens **Internettitel** ❶ angelegt.

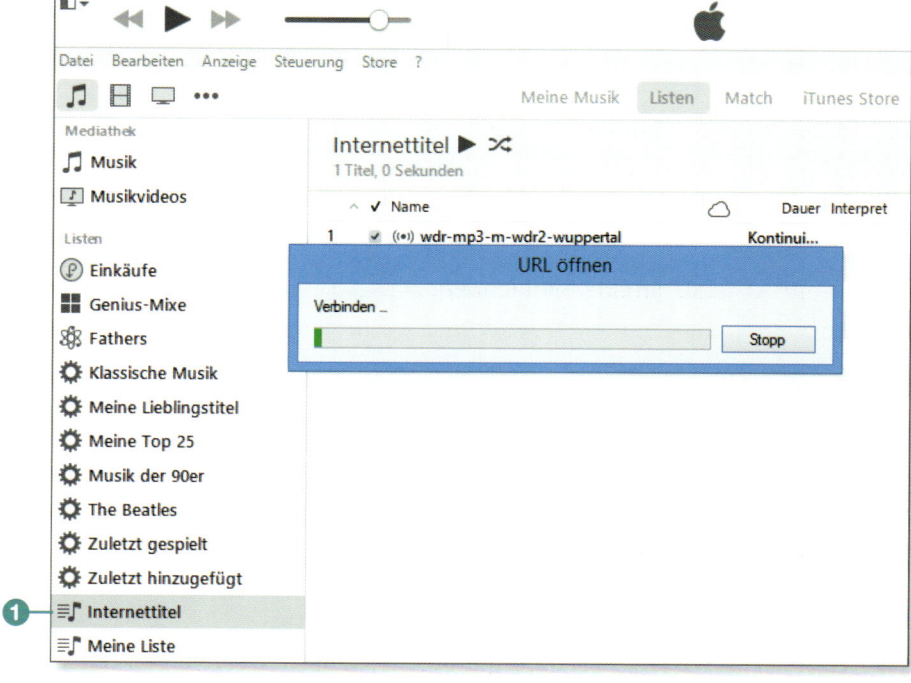

Sämtliche Radiostreams, die Sie auf diese Weise zu iTunes hinzufügen, finden Sie zukünftig gesammelt in der Wiedergabeliste **Internettitel** und können Sie jederzeit abspielen.

> **INFO**
>
> **Radiostream-Formate**
>
> Achten Sie bei der Wahl des Links des Internetradiosenders darauf, dass dieser im MP3-Format vorliegt. Zum Teil wird auch das Flash-Format angeboten. Dieses Format kann jedoch in iTunes nicht verwendet werden.

Visuelle Effekte einblenden

Die visuellen Effekte in iTunes sorgen für einen echten Hingucker während der Wiedergabe Ihrer Musik. Wenn Sie sie einblenden, sehen Sie anstelle des Hauptbereichs von iTunes mit der Titelliste bei der Wiedergabe interessante grafische Effekte.

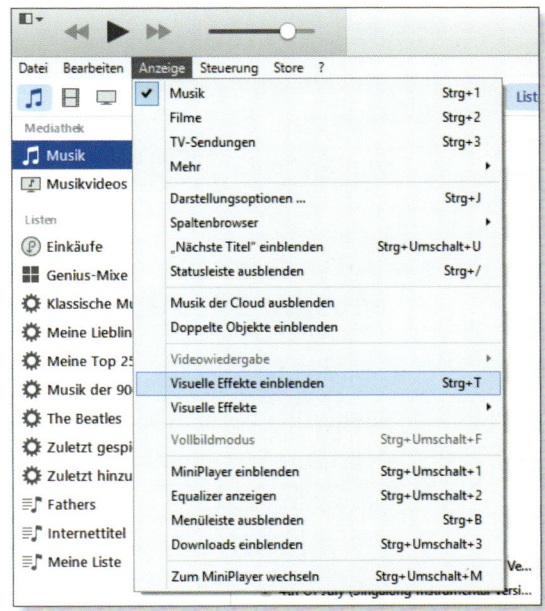

Um sich die visuellen Effekte anzeigen zu lassen, blenden Sie als Erstes die Menüleiste ein. Klicken Sie in der Menüleiste auf **Anzeige**, und wählen Sie im Menü den Befehl **Visuelle Effekte einblenden**. Am Mac blenden Sie die visuellen Effekte über das Menü **Darstellung** ein. Alternativ drücken Sie [Strg]+[T]/[⌘]+[T] auf Ihrer Tastatur.

Auch wenn noch keine Musik abgespielt wird, werden Ihnen bereits Effekte im Programmfenster angezeigt. Es gibt zwei Effekte. Wählen Sie im Menü **Anzeige**/**Darstellung** die Option **Visuelle Effekte**, können Sie im Folgemenü zwischen den beiden Darstellungsmethoden **iTunes Visualizer** und **iTunes Classic Visualizer** ❶ wechseln.

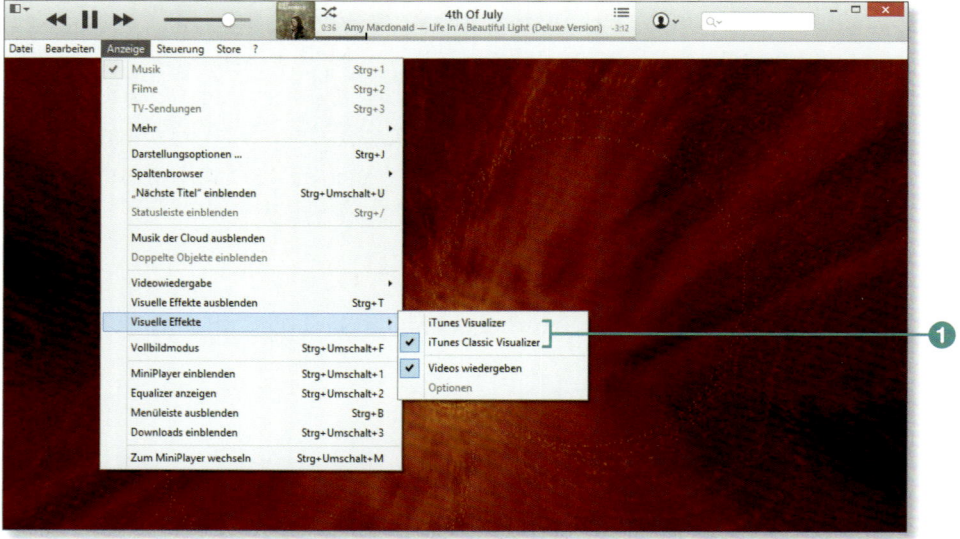

Sollten Sie iTunes auf dem Mac verwenden, stehen Ihnen in diesem Menü drei weitere Darstellungseffekte zur Verfügung: **Stix**, **Drehbank** und **Gelee**. Um die visuellen Effekte wieder auszuschalten, klicken Sie im Menü **Anzeige** auf den Befehl **Visuelle Effekte ausblenden**, oder drücken Sie die Tastenkombination Strg + T / ⌘ + T. Daraufhin kehren Sie wieder zur vorherigen Ansicht in iTunes zurück.

Musikvideos abspielen

Musikvideos finden Sie, vielleicht entgegen Ihrer Annahme, ebenfalls im Mediathekbereich **Musik** – sie werden also in iTunes zusammen mit Ihren Musiktiteln und nicht mit Ihren Filmen verwaltet. Das leuchtet insofern ein, als Sie in manchen Fällen beim Kauf eines Musikalbums im iTunes Store als Bonus ein oder mehrere Musikvideo erhalten. Aber auch die Musikvideos, die Sie einzeln im iTunes Store erwerben, werden im Mediathekbereich **Mu-**

Musikvideos abspielen

sik gespeichert. Die Bedienung bei der Wiedergabe weicht dabei auch nicht allzu sehr von der eines Musiktitels ab.

1. Wählen Sie, wenn Sie sich derzeit in einem anderen Bereich Ihrer Mediathek befinden, im Auswahlmenü der Mediathekleiste den Bereich **Musik**, und klicken Sie auf die Kategorie **Listen/Wiedergabelisten** und anschließend auf **Musikvideos**. Diese Kategorie wird nur eingeblendet, sofern Musikvideos in Ihrer Mediathek vorhanden sind oder Sie diese Kategorie in den iTunes-Einstellungen aktiviert haben.

2. Führen Sie nun die Maus auf das Video, das Sie sich ansehen möchten, wird unmittelbar eine kleine **Wiedergabe**-Schaltfläche ❷ eingeblendet. Ein Mausklick darauf startet die Wiedergabe des Videos.

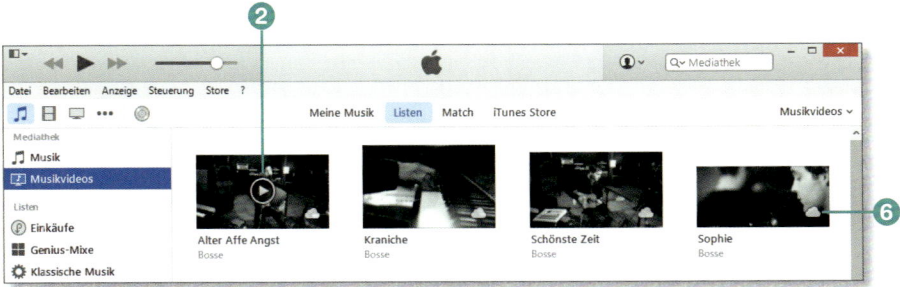

3. Sie können das Video sowohl über die Schaltflächen in der Kopfzeile steuern als auch über die Bedienleiste ❸, die eingeblendet wird, sobald Sie die Maus auf das Bild bewegen. Über die Doppelpfeil-Schaltfläche ❹ können Sie den Vollbildmodus einschalten, so dass das Video in voller Bildschirmgröße angezeigt wird.

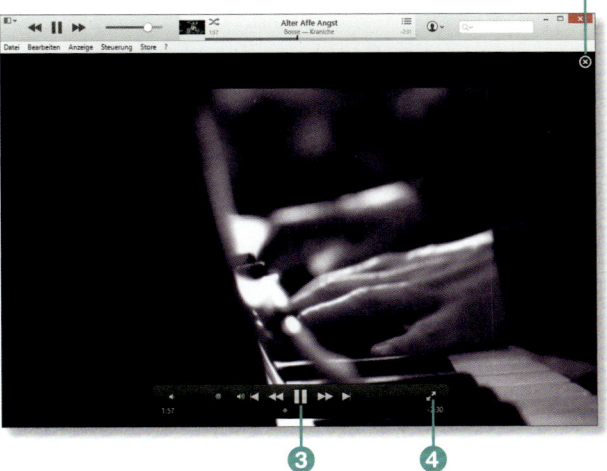

4. Möchten Sie die Wiedergabe des Videos beenden, bewegen Sie die Maus auf das Video und klicken auf das daraufhin eingeblendete Schließkreuz (❺ auf Seite 87).

Sie gelangen daraufhin zurück in Ihre Mediathek und können die Wiedergabe eines weiteren Videos starten oder in einen anderen Bereich wechseln.

> **INFO**
>
> **In iCloud gespeicherte Videos abspielen**
>
> Ist das gewünschte Video derzeit nicht auf Ihrem Rechner gespeichert, sondern befindet sich in Apples Cloud-Speicher iCloud, muss es, anders als beispielsweise bei Musiktiteln, vor der Wiedergabe zunächst auf Ihren Rechner geladen werden. Videos, die derzeit in iCloud gespeichert sind, sind mit einem kleinen Wolkensymbol in der rechten unteren Ecke des Vorschaubildes ❻ markiert. Sie können die Wiedergabe aber in den meisten Fällen bereits während des Ladevorgangs starten. In diesem Fall blendet iTunes einen entsprechenden Hinweis ein.

Filme abspielen

iTunes unterscheidet zwischen Filmen und TV-Sendungen. Letztere Kategorie umfasst Serien, Dokumentationen und andere TV-Produktionen. Lesen Sie, wie Sie Filme aus dem iTunes Store aussuchen und kaufen oder leihen, im Abschnitt »Filme im iTunes Store kaufen oder leihen« auf Seite 112. In diesem Abschnitt möchte ich Ihnen aber bereits die Mediathekbereiche **TV-Sendungen** und **Filme** vorstellen und Ihnen das Abspielen von Videos erläutern.

1. Wählen Sie in der Mediathekleiste den Bereich **TV-Sendungen** aus. Ihnen wird, sobald Sie die Maus auf die Schaltfläche bewegen, in einem kleinen Fenster die Anzahl neuer, noch nicht angesehener Folgen angezeigt.

Filme abspielen

2. Auf der folgenden Seite sehen Sie bei aktiver Kategorie **Meine TV-Sendungen** ❶ alle Serien, für die Sie Folgen erworben haben. Dazu gehören auch Serien, für die Sie nur eine oder eine Anzahl Folgen gekauft haben, aber bislang noch keine vollständige Staffel. Unter dem Namen der Serien sehen Sie, zu welchen Staffeln Sie Folgen besitzen. Klicken Sie in der Mediathekleiste auf die Kategorie **Ungesehen** ❷, werden Ihnen nur die Folgen angezeigt, die Sie bisher noch nicht gesehen haben, so dass Sie sehr leicht den Überblick behalten.

3. Klicken Sie auf das Titelbild der Serie, von der Sie sich eine Folge anschauen möchten.

4. Daraufhin werden Ihnen die einzelnen Folgen mit ihrem Titel aufgelistet. Klicken Sie auf die Schaltfläche **Mehr** ❸, und wählen Sie im Menü den Befehl **Im iTunes Store anzeigen**, um eine komplette Beschreibung der Serie im Store aufzurufen.

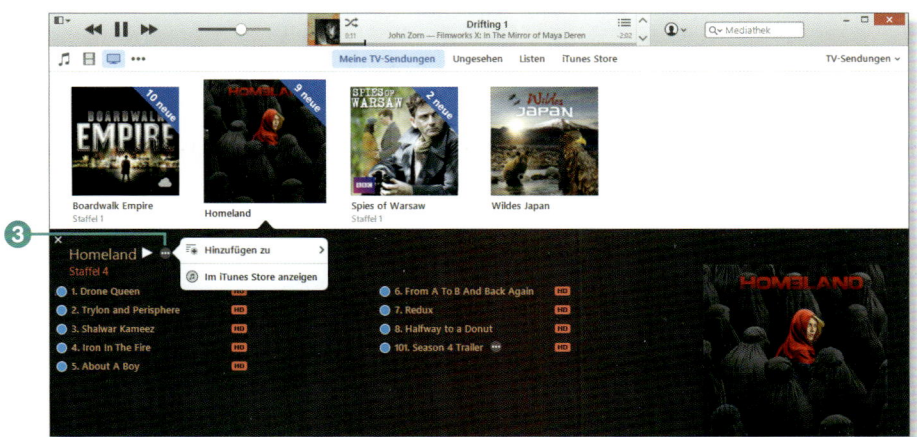

5. Um sich eine Folge anzuschauen, markieren Sie sie mit einem Mausklick in der Liste und klicken danach auf **Wiedergabe**.

Die einzelnen Serienfolgen werden in der Kategorie **Meine TV-Sendungen** mit kleinen Kreissymbolen vor dem Folgennamen gekennzeichnet, so dass Sie auch hier schnell erkennen, ob Sie eine Folge bereits angeschaut haben oder nicht. Ein ausgefüllter Kreis bedeutet: Diese Folge ist bislang ungesehen ❶. Ist nur ein Teil des Kreises ❷ ausgefüllt, haben Sie sich die Folge zu einem Teil angeschaut. Eine nicht markierte Serienfolge haben Sie bereits vollständig gesehen.

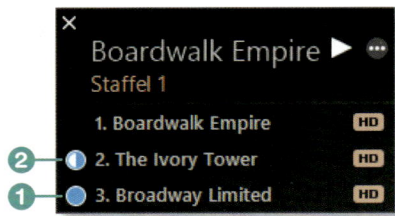

Noch nicht angeschaute Folgen werden mit einem Kreissymbol markiert.

Es bestehen zwar keine großen Unterschiede zwischen den Mediathekbereichen **TV-Sendungen** und **Filme**, dennoch möchte ich Ihnen anhand des Bereichs **Filme** noch einige Besonderheiten bei der Wiedergabe von Videos in iTunes vorstellen, die Sie größtenteils auch im Mediathekbereich **TV-Sendungen** anwenden können.

1. Möchten Sie sich einen Film in iTunes anschauen, klicken Sie in der Mediathekleiste auf die Schaltfläche **Filme**.

2. Daraufhin wird Ihnen dieser Mediathekbereich mit der aktiven Kategorie **Ungesehen** angezeigt (oder mit der Kategorie, die Sie zuletzt aktiviert hatten). Klicken Sie auf eines der Filmcover, um sich weitere Details zu dem Film anzeigen zu lassen.

3. Sie können nun per Klick auf **Wiedergabe** neben dem Filmtitel oder in der Kopfzeile den Film starten. Alternativ dazu starten Sie den Film mit einem Doppelklick auf das Filmcover. Mit einem Klick auf das Schließkreuz ❸ beenden Sie diese Vorschau.

Filme abspielen

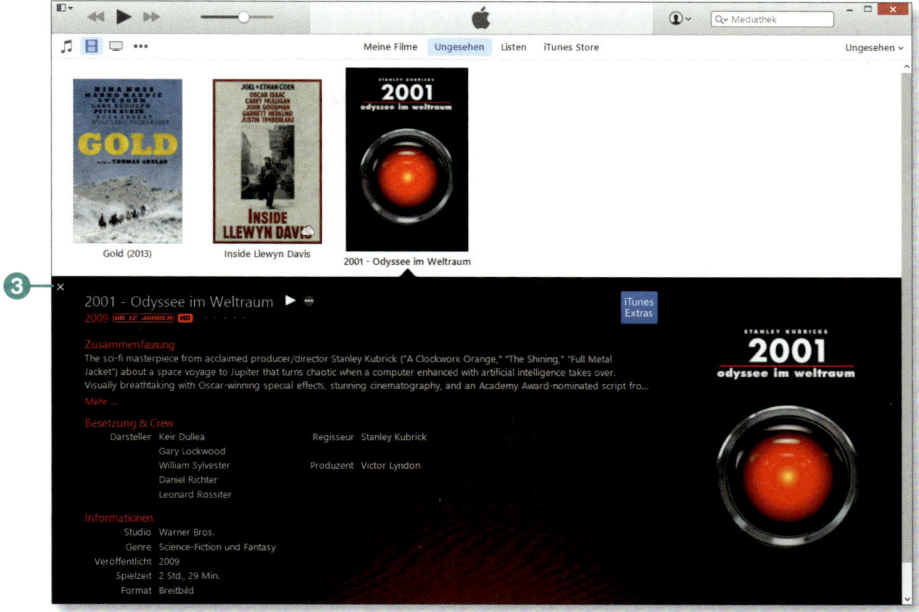

Haben Sie die Wiedergabe gestartet, können Sie sich zurücklehnen und den Film genießen. Sie können aber auch noch schnell ein paar sinnvolle Feineinstellungen vornehmen.

4. Möchten Sie beispielsweise während der Wiedergabe weiterhin Zugriff auf Ihre Mediathek haben, verschieben Sie die Wiedergabe in ein eigenes Fenster. Klicken Sie dazu in der Menüleiste auf **Anzeige**/**Darstellung** und im Menü auf **Videowiedergabe**. Wählen Sie im Folgemenü die Option **In separatem Fenster**. Wenn Sie in diesem Menü auf **Bildschirmfüllend** klicken, schalten Sie den Vollbildmodus ein.

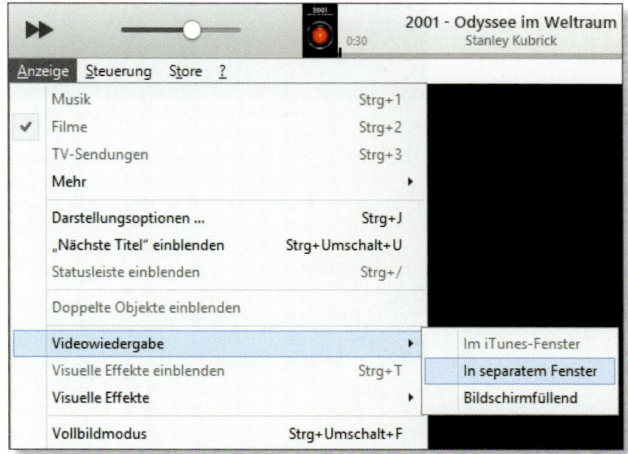

5. Wenn Sie die Wiedergabe im separaten Fenster wieder beenden möchten, klicken Sie mit rechts auf das Wiedergabefenster und wählen die Option **Video im iTunes-Fenster wiedergeben**.

6. Während des Films können Sie die Wiedergabe über die Schaltflächen der eingeblendeten Bedienleiste steuern. Klicken Sie auf das Sprechblasensymbol ❶, um in einem Menü die Sprache und Untertitel festzulegen (sofern der Film dies unterstützt). Mit einem Klick auf die Schaltfläche mit dem Doppelpfeil ❷ aktivieren Sie die Wiedergabe des Films im Vollbildmodus.

Beenden Sie die Wiedergabe mit einem Klick auf das Schließkreuz ❸, und kehren Sie zurück in den Mediathekbereich **Filme**.

iTunes kindersicher machen

Gerade wenn Ihr Rechner auch von Ihren Kindern genutzt wird, ist die Funktion, die ich Ihnen nun vorstellen möchte, sicherlich sehr praktisch. Mit iTunes haben Sie nämlich die Möglichkeit, bestimmte Programmbereiche zu sperren, so dass beispielsweise niemand ohne weiteres im iTunes Store stöbern oder einkaufen kann. So verhindern Sie, dass Ihre Kinder für sie nicht geeignete Inhalte nutzen können.

1. Öffnen Sie per Mausklick das Programmmenü, und wählen Sie **Einstellungen**. Am Mac klicken Sie in der Menüleiste auf **iTunes** und wählen **Einstellungen**.

2. Wechseln Sie in das Register **Kindersicherung**. Deaktivieren Sie mit einem Mausklick auf die vorangestellte Checkbox Inhalte, die nicht zugänglich sein sollen, z. B. **iTunes Store** (❶ auf Seite 94). Wenn Sie möchten, können Sie aber mit einem Klick auf die Checkbox **Zugriff auf iTunes U erlauben** die Inhalte von iTunes U zulassen, denn dabei handelt es sich vorrangig um Bildungsthemen.

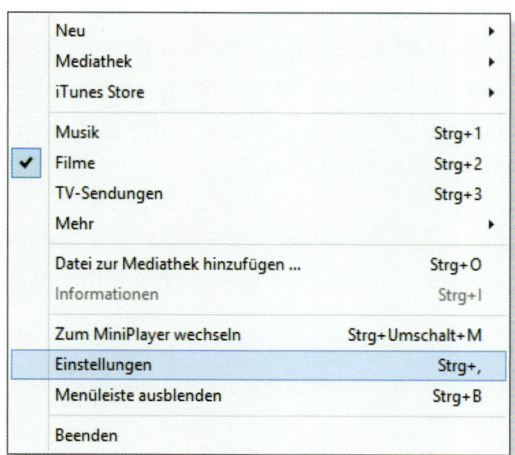

3. Im Feld **Altersfreigaben für** stellen Sie **Deutschland** ❷ ein, so dass die Angaben im Bereich **Verbieten** den Altersfreigaben für Deutschland entsprechen.

4. Schalten Sie darunter **Altersfreigaben in Mediathek anzeigen** mit einem Mausklick ein, werden Ihnen die Altersfreigaben von Filmen und Musiktiteln in Ihrer Mediathek angezeigt.

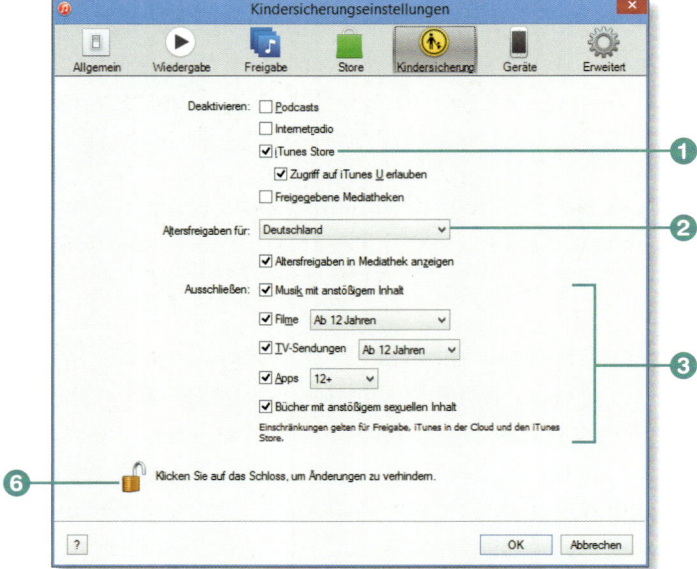

5. Aktivieren Sie bei Bedarf die Checkboxen **Musik mit anstößigem Inhalt**, **Filme** und **TV-Sendungen**, **Apps** und **Bücher mit anstößigem sexuellen Inhalt** ❸, um die entsprechenden Inhalte im iTunes Store zu unterdrücken, sollten Sie diesen nicht generell gesperrt haben.

6. Wählen Sie in den Listenfeldern bei **Filme** und **TV-Sendungen** jeweils **Ab 12 Jahren** oder eine geringere oder höhere Freigabe je nach Ihrem familiären Umfeld.

Haben Sie den iTunes Store in der Kindersicherung grundsätzlich nicht deaktiviert (siehe Schritt 2), jedoch die Einstellungen dieses Schritts vorgenommen, können Sie den abgebildeten Film leider nicht kaufen. Er entspricht nicht der gestatteten Altersfreigabe ❹, und die Schaltfläche **Kaufen** ist deaktiviert ❺. Auch der Trailer des Films wird mit dieser Einstellung ausgeblendet.

iTunes kindersicher machen

7. Klicken Sie abschließend auf das Schlosssymbol ❻, um Veränderungen an den Einstellungen zu verhindern. Bestätigen Sie die Meldung der Benutzerkontensteuerung von Windows.

8. Schließen Sie nun die iTunes-Einstellung und Ihre Änderungen mit einem Klick auf die Schaltfläche **OK** ab.

Achten Sie darauf, dass Sie auch unter Windows bzw. Mac OS X geeignete Kinderschutzeinstellungen vornehmen.

> **HINWEIS**
>
> **Kindersicherungseinstellungen überprüfen**
>
> Verbieten Sie in den Einstellungen von iTunes Filme mit bestimmten Altersfreigaben oder Musik mit anstößigem Inhalt, können Sie im iTunes Store keine Inhalte kaufen, abonnieren oder anhören, die vom Anbieter mit »Explicit« markiert wurden.

Kapitel 4
Einkaufen im iTunes Store

Der iTunes Store ist so etwas wie der zentrale Dreh- und Angelpunkt von iTunes. In diesem integrierten Shop kaufen Sie Musik, Filme, Serien oder Bücher. Sie können nicht nur kaufen, sondern einige Produkte auch leihen oder kostenlos herunterladen. Aktuelle Neuerscheinungen oder bestimmte Themenschwerpunkte werden Ihnen auf der Startseite der jeweiligen Kategorie präsentiert, so dass Sie gleich hier mit dem Stöbern beginnen können. Oder Sie durchsuchen mit Hilfe des Suchfelds den iTunes Store nach bestimmten Inhalten.

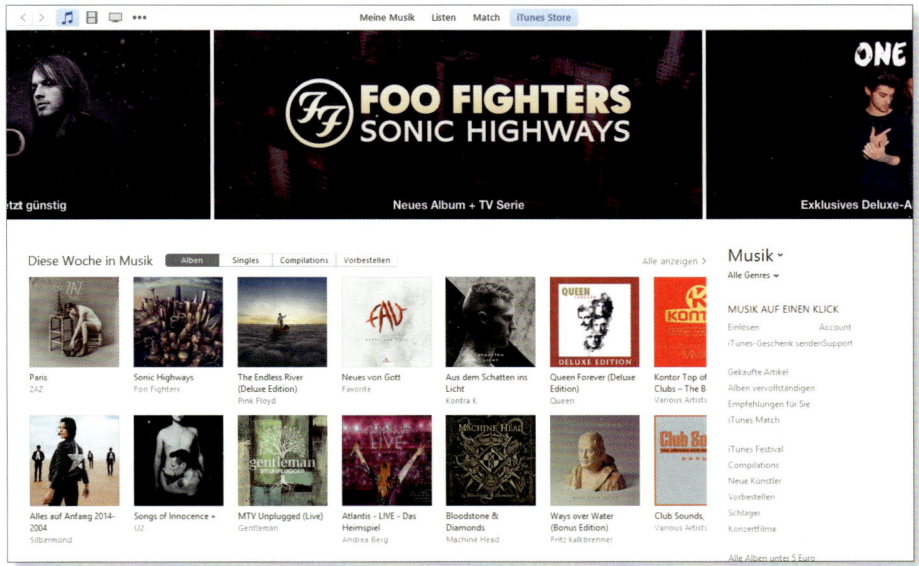

iTunes bietet eine unglaubliche Auswahl an Büchern, Filmen, Apps und Serien.

Kapitel 4 – Einkaufen im iTunes Store

In diesem Kapitel stelle ich Ihnen die einzelnen Bereiche des iTunes Store vor und verrate Ihnen, wie Sie dort einkaufen. Sie erfahren aber auch, wie Sie Ihr Wissen mit den interessanten und dazu noch größtenteils kostenfreien Bildungsangeboten in den Bereichen **Podcasts** und **iTunes U** erweitern können. Sie werden sich im iTunes Store schnell zurechtfinden und von der gebotenen Vielfalt begeistert sein. Im letzten Teil dieses Kapitels gebe ich Ihnen einige Hinweise zu weiteren Funktionen des iTunes Store.

> **ACHTUNG**
>
> **Apple-ID notwendig**
>
> Für die Anmeldung und Nutzung des iTunes Store ist eine Apple-ID notwendig. Mit ihr weisen Sie sich sozusagen bei Apple aus. Wie Sie eine Apple-ID anlegen, erfahren Sie im Abschnitt »Eine Apple-ID erstellen« ab Seite 32. Sie müssen ein Zahlungsverfahren angeben und Ihren Rechner aktivieren.

Ein erster Blick in den iTunes Store

Um in den iTunes Store zu gelangen, müssen Sie zunächst iTunes geöffnet haben. Vielleicht benutzen Sie ein iPhone oder iPad und kennen von diesen Geräten bereits die separate App iTunes Store. Auf dem Computer oder Mac steht Ihnen diese separate Funktion nicht zur Verfügung, sondern der Weg in den iTunes Store führt immer über das Programm iTunes und immer über eine der iTunes-Mediathekbereiche, also z. B. **Musik**, **Filme**, **TV-Sendungen** oder **Apps**.

1. Öffnen Sie zunächst das Programm mit einem Klick auf die entsprechende Kachel in der Metro-Ansicht unter Windows 8.1, oder doppelklicken Sie auf das Programmicon auf Ihrem Desktop.

2. Nach dem Programmstart klicken Sie in der Mediathekleiste auf die Schaltfläche **Musik** ❶ und anschließend auf **iTunes Store** ❷.

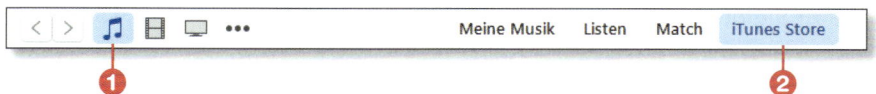

Ein erster Blick in den iTunes Store

3. Daraufhin wird die Startseite des iTunes Store für den Bereich **Musik** geöffnet. Wählen Sie in Schritt 2 eine andere Kategorie als **Musik**, z. B. **Filme**, wird die Startseite des iTunes Store für Filme geöffnet. Sie können auch im Store noch zwischen den einzelnen Shopkategorien wechseln, indem Sie in der Mediathekleiste auf einen anderen Bereich Ihrer Mediathek ❸ oder auf der Startseite des Store auf das Auswahlmenü ❹ klicken.

4. Über einen Klick auf die Pfeilschaltflächen ❺ bewegen Sie sich durch die bereits von Ihnen besuchten Shopseiten vor oder zurück. Wählen Sie beispielsweise den Bereich **Filme** und möchten danach wieder in den Bereich **Musik** zurückgelangen, klicken Sie einfach auf den nach links weisenden Pfeil.

5. Mit einem Klick auf **Meine Musik** ❻ oder eine andere Kategorie, die Ihnen je nach Bereich derzeit angezeigt wird, gelangen Sie jederzeit zurück in Ihre Mediathek.

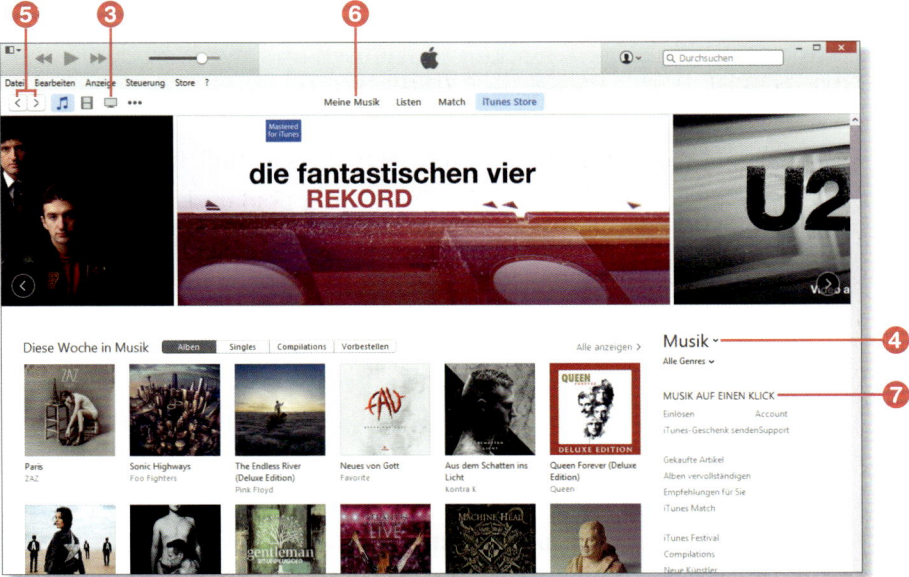

Auf der Startseite des iTunes Store werden Ihnen bereits aktuelle Angebote und Neuerscheinungen aus der aktuellen Kategorie des Shops angezeigt. Wenn Sie nach unten scrollen, finden Sie weitere Angebote.

Kapitel 4 – Einkaufen im iTunes Store

> **INFO**
>
> **Inhalte nur für iPhone und iPad verfügbar**
>
> Bestimmte Inhalte aus dem iTunes Store können Sie nicht nutzen, wenn Sie kein iOS-Gerät – also ein iPhone, iPad oder iPod touch – besitzen. Die Produkte aus dem Zeitungskiosk und die Angebote für iOS-Geräte aus dem App Store stehen ausschließlich für diese Geräte zur Verfügung.

Auf der rechten Seite des iTunes Store befindet sich der Bereich **auf einen Klick** (❼ auf Seite 99), je nach ausgewähltem Bereich **Musik auf einen Klick** oder **Filme auf einen Klick** usw., über den Sie bestimmte Inhalte und Einstellungen erreichen. Schauen wir uns diese daher einmal etwas genauer an.

Mit einem Klick auf den Link **Account** können Sie, nach Eingabe Ihrer Apple-ID und des zugehörigen Passworts, Ihren Apple-Account verwalten und bearbeiten. Ich stelle Ihnen diesen Bereich des iTunes Store im Abschnitt »Ihre persönlichen Account-Daten ändern« auf Seite 148 vor. Klicken Sie auf **Einlösen**, um einen iTunes-Gutschein einzulösen und den Wert des Gutscheins Ihrem Konto gutzuschreiben. Auch hierzu geben Sie Ihre Apple-ID und das Passwort ein. Lesen Sie mehr zum Umgang mit Gutscheinen im Abschnitt »Einen iTunes-Gutschein versenden oder einlösen« ab Seite 143. Klicken Sie auf **iTunes-Geschenk senden**, wenn Sie jemandem einen Gutschein für einen Einkauf im iTunes Store schenken möchten (lesen Sie auch hierzu den Abschnitt » Einen iTunes-Gutschein versenden oder einlösen« ab Seite 143). Vorher müssen Sie noch eine Verifizierung durchführen und die Sicherheitsfragen beantworten, die Sie beim Anlegen Ihrer Apple-ID festgelegt haben. Lesen Sie dazu auch den Abschnitt »Eine Apple-ID erstellen« ab Seite 32. Über den Link **Support** wird die Internetseite *http://www.apple.com/de/support/itunes/* in Ihrem Standardbrowser geöffnet, und Sie sehen verschiedene Anleitungen, Hilfen und Ansprechpartner bei Problemen mit iTunes.

Die Links darunter variieren je nach Bereich des iTunes Store. In der Abbildung sehen Sie z.B. den Bereich **Musik auf einen Blick**. Die Links sind in aller Regel selbsterklärend. Ich gehe daher nur auf die wichtigsten ein.

Mit einem Klick auf den Link **Gekaufte Artikel** erhalten Sie eine Übersicht über alle Artikel, die Sie bisher im iTunes Store gekauft haben. Musik, Apps, Bücher, Filme und TV-Sendungen werden Ihnen in eigenständigen Bereichen aufgelistet. Lesen Sie dazu den Abschnitt »Einkäufe ein- und ausblenden« auf Seite 272.

Eine Besonderheit von iTunes ist, dass Sie nicht ein ganzes Musikalbum oder eine komplette Serienstaffel kaufen müssen. Sie können zunächst einzelne Titel oder Folgen heraussuchen und nur diese kaufen. Mit **Alben vervollständigen** beziehungsweise **Staffeln vervollständigen** machen Sie Ihre Musik- und Serienensammlung später komplett und holen sich die von den Alben oder Serien fehlenden Titel. Der bereits gekaufte Musiktitel oder die gekaufte Folge wird dann angerechnet, so dass Sie nicht mehr den vollen Preis bezahlen müssen.

MUSIK AUF EINEN KLICK	
Einlösen	Account
iTunes-Geschenk senden	Support
Gekaufte Artikel	
Alben vervollständigen	
Empfehlungen für Sie	
iTunes Match	
iTunes Festival	
Compilations	
Neue Künstler	
Vorbestellen	
Schlager	
Konzertfilme	
Alle Alben unter 5 Euro	
Alle Alben unter 6 Euro	
Alle Alben unter 7 Euro	

Klicken Sie auf den Link **Empfehlungen für Sie**, erhalten Sie ebenfalls Produktangebote, jedoch basieren diese nicht auf Ihren letzten Einkäufen, sondern auf den Inhalten, die sich in Ihrer Mediathek befinden. Beachten Sie jedoch, dass hierzu die Funktion Genius benötigt wird (lesen Sie dazu mehr im Abschnitt »Genius-Wiedergabelisten erstellen« ab Seite 77), da Daten zu Ihrer Mediathek an Apple gesendet werden müssen und anhand dieser Daten die Empfehlungen erstellt werden.

Mit einem Klick auf den Link **iTunes Match** informieren Sie sich zunächst über die gleichnamige Funktion und können sie im nächsten Schritt kostenpflichtig aktivieren. Mit Hilfe dieser Funktion können Sie Ihre Musiksammlung auf all Ihren Geräten genießen. Wie das genau funktioniert, erkläre ich Ihnen im Abschnitt »iTunes Match auf einem anderen Gerät aktivieren« ab Seite 258.

Einmal im Jahr findet das *iTunes Festival* statt. An mehreren Tagen gibt es dann etwa 100 Konzerte von verschiedenen Künstlern. Diese Konzerte wer-

Kapitel 4 – Einkaufen im iTunes Store

den live übertragen und können kostenlos mit iTunes angeschaut werden. Im Nachhinein sind dann exklusive Aufnahmen der Künstler im iTunes Store verfügbar. Möchten Sie sich diese Inhalte anschauen, klicken Sie auf **iTunes Festival**.

In der Wunschliste halten Sie Produkte fest, die Sie vielleicht gern einmal kaufen möchten. Diese Liste ist ein idealer »Knoten im Taschentuch«. Stöbern Sie durch den iTunes Store, und sichern Sie interessante Alben, Filme und TV-Serien in Ihrer Wunschliste. Später rufen Sie diese Liste mit einem Klick auf den Link **Meine Wunschliste** auf. Dieser Link ist nicht in allen Shop-Bereichen vorhanden. Sie erreichen ihn auch über die entsprechende Schaltfläche im Account-Menü.

Unter den »Updates« des Links **Meine Updates**, der Ihnen nur im Bereich **TV-Sendungen** angeboten wird, ist hier nicht etwa die Aktualisierung des Programms iTunes zu verstehen. Hier werden Ihnen neue Produkte angeboten, die gut zu Ihren bisherigen Einkäufen passen. Ihnen werden neue Singles und Alben von Interpreten angezeigt, von denen Sie bereits Musik gekauft haben. Außerdem sehen Sie hier Filme und Bücher, die Ihren bisherigen Käufen ähneln. Blättern Sie einfach einmal durch die Vorschläge.

Mit einem Klick auf **Elternleitfaden für iTunes** im Bereich **App Store** erhalten Eltern eine Übersicht, wie sie in iTunes und bei iOS-Geräten dafür sorgen, dass Kinder und Jugendliche nicht an für sie ungeeignete Inhalte gelangen.

Unter dem Bereich **auf einen Klick** mit den hier vorgestellten Menülinks und Funktionen finden Sie verschiedene Top-Ten-Listen oder andere Empfehlungen, die Ihnen die meistverkauften Artikel anzeigen. Beachten Sie, dass sowohl die Inhalte des Hauptbereichs als auch die der Seitenleiste wie immer in iTunes kontextabhängig sind und sich an dem entsprechenden Shopbereich orientieren.

Musik im Store finden und kaufen

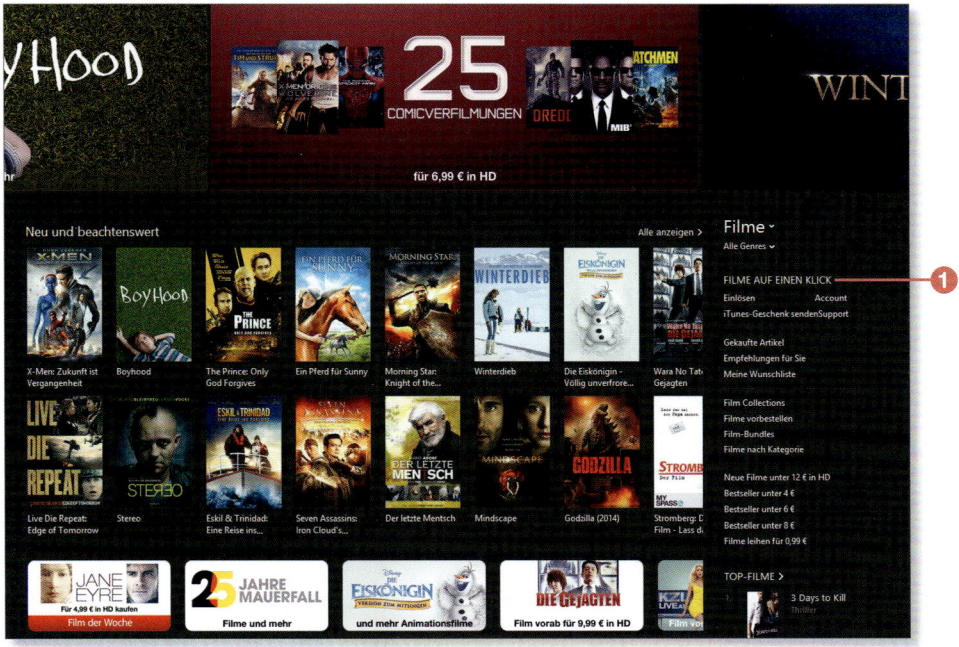

Im iTunes Store »Filme« heißt der Bereich »Filme auf einen Klick« ❶.

Je nachdem, welche Shopbereich Sie derzeit in der Mediathekleiste angewählt haben, wird der Bereich entsprechend umbenannt, und Ihnen werden auf der Seite unterschiedliche Artikel und Themengebiete angezeigt.

Musik im Store finden und kaufen

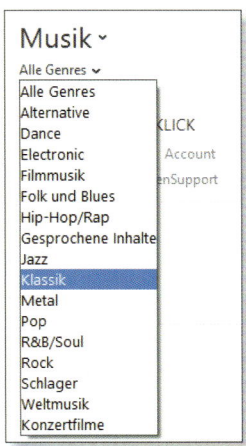

Das Kaufen von Musik ist mit iTunes ein Kinderspiel. Sobald Sie den iTunes Store im Bereich **Musik** aufrufen, werden Ihnen je nach Bereich verschiedene Angebote, z. B. aktuelle Alben, bestimmte Künstler oder andere Angebote, präsentiert. Sie können nun direkt auf eins dieser Angebote klicken. Oder Sie wählen über das Auswahlfeld **Alle Genres** ein ganz bestimmtes Musikgenre, z. B. **Klassik** oder **Pop**, direkt an. Dann wird Ihnen nur Musik dieses Genres präsentiert.

Möchten Sie aber ganz bestimmte Musik von einem bestimmten Interpreten, einer Gruppe oder eines Komponisten im iTunes Store finden, führt der kürzeste Weg dahin über das Suchfeld ❶ in der Kopfzeile von iTunes.

1. Klicken Sie in das Suchfeld, und geben Sie den Namen einer Musikgruppe oder eines Interpreten ein, von dem Sie Alben oder Musikstücke sehen wollen.

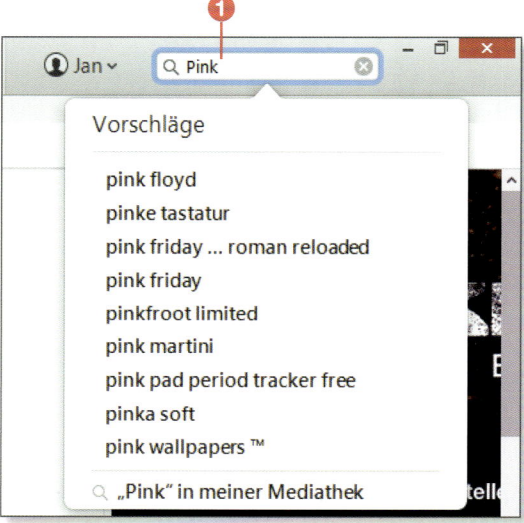

2. Sobald Sie mit der Eingabe begonnen haben, beginnt iTunes, verschiedene Treffer in einer Auswahlliste anzuzeigen. Ist hier bereits der richtige Musiker oder die richtige Gruppe dabei, genügt ein Klick auf den entsprechenden Eintrag, um die verfügbaren Ergebnisse zu dem Suchbegriff aufzurufen. Ihnen wird daraufhin die Ergebnisseite Ihrer Suchanfrage angezeigt.

3. Sie können über die Liste ❷ in der rechten Spalte die Ergebnisse nach verschiedenen Kategorien filtern. Klicken Sie beispielsweise auf **Podcasts**, sehen Sie zu Ihrer Suchanfrage nur die Ergebnisse aus dieser Kategorie. Der Bereich **Titel** ❸ enthält die beliebtesten Musikstücke dieser Gruppe. Möchten Sie sich ein Album näher anschauen, klicken Sie auf das entsprechende Albumcover ❹ oder auf die Bezeichnung darunter.

Musik im Store finden und kaufen

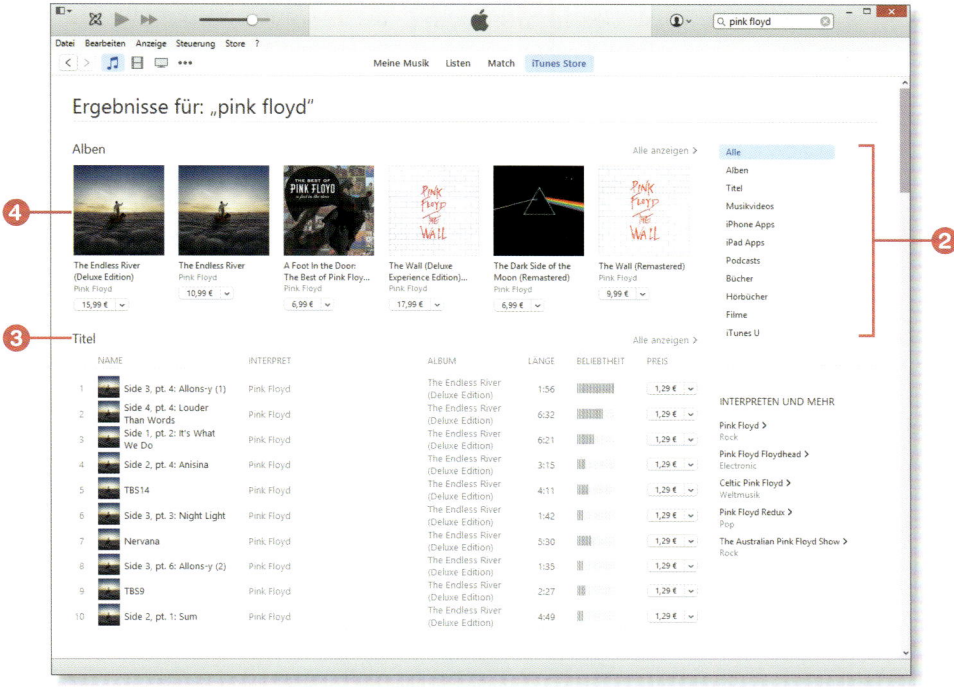

4. Schauen Sie sich den Inhalt des ausgewählten Albums an. Scrollen Sie nach unten, um alle Titel zu sehen. Sie können die einzelnen Titel Probe hören. Fahren Sie mit der Maus über einen Musiktitel, und klicken Sie auf die nun eingeblendete **Wiedergabe**-Schaltfläche 5.

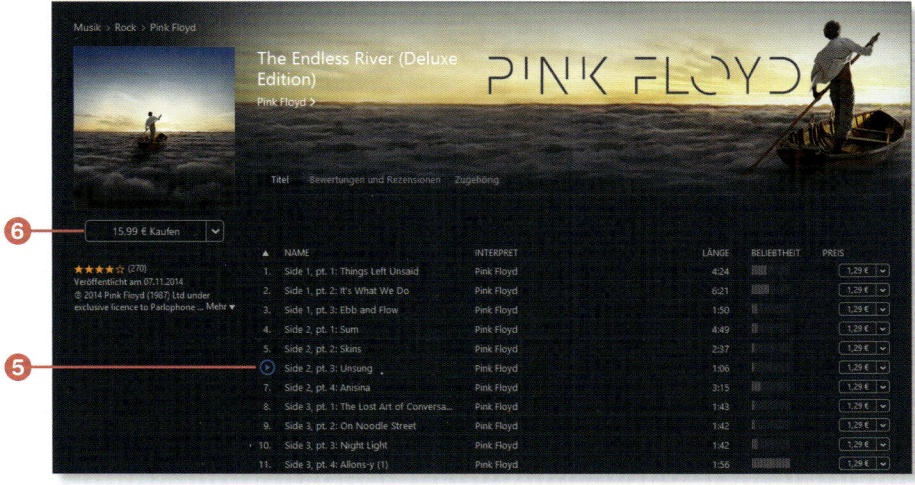

Die Hörprobe wird abgespielt, und Sie können entscheiden, ob die Titel Ihren Musikgeschmack treffen.

5. Wenn Ihnen das Album gefällt und Sie es kaufen möchten, klicken Sie auf die Schaltfläche **[Preisangabe] Kaufen** (❻ auf Seite 105).

6. iTunes fordert Sie nun auf, sich mit Ihrer Apple-ID und dem zugehörigen Passwort anzumelden, um den Kauf zu bestätigen und die Zahlung über die hinterlegte Zahlungsart auszuführen (lesen Sie dazu den Abschnitt »Eine Apple-ID erstellen« ab Seite 32). Klicken Sie danach auf die Schaltfläche **Kaufen**.

7. Im nächsten Dialog werden Sie ein letztes Mal gefragt, ob Sie tatsächlich das Album kaufen wollen. Bestätigen Sie erneut mit einem Klick auf **Kaufen**. Wenn Sie diesen Dialog zukünftig nicht mehr sehen möchten, aktivieren Sie mit einem Mausklick die Checkbox **Meldung bzgl. des Kaufs von Alben nicht erneut anzeigen**.

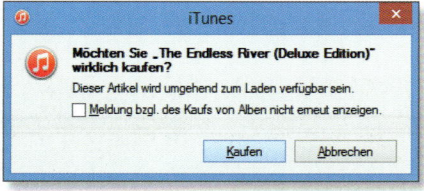

Ich empfehle Ihnen jedoch, die Option **Meldung bzgl. des Kaufs von Alben nicht erneut anzeigen** nicht zu aktivieren. Sie müssen zwar einmal mehr klicken, jedoch vermeiden Sie einen versehentlichen Kauf dadurch leichter. Der Dialog mit dieser Option dient als Sicherheit, und Sie können noch einmal überlegen, ob Sie einen Artikel wirklich kaufen wollen.

Musik im Store finden und kaufen

Möchten Sie sich die Musik nach dem Herunterladen anhören, klicken Sie in der Mediathekleiste auf den Button **Meine Musik**, und wählen Sie das soeben gekaufte Album aus. Sie erhalten etwas später per E-Mail einen Beleg über Ihren Einkauf im iTunes Store.

> **TIPP**
>
> **Hörproben aller Titel mit einem Klick abrufen**
>
> Sie können vor dem Kauf alle Titel des Albums Probe hören, einzeln oder auch alle hintereinander. Scrollen Sie nach unten. Unter dem letzten Titel finden Sie die Funktion **Hörproben aller Titel**. Klicken Sie darauf, und lehnen Sie sich zurück. iTunes spielt nun eine Titelvorschau aller Musiktracks, die auf dem gewählten Album zu finden sind, ab.

Vielleicht wollen Sie ja nicht das gesamte Album kaufen, sondern nur einen bestimmten Musiktitel, den Sie beispielsweise häufig im Radio gehört haben. Da ist es besonders praktisch, dass Sie im iTunes Store die Möglichkeit haben, nur einzelne Titel eines Albums zu kaufen.

1. Suchen Sie im Bereich **Musik** nach einem Musiktitel, den Sie gerne kaufen möchten. Rufen Sie gegebenenfalls die Detailansicht des Albums oder der Single auf, auf dem sich der Titel befindet, um noch einmal in die Titel des Albums hineinzuhören.

2. Haben Sie sich für einen Musiktitel entschieden, klicken Sie auf die Preisschaltfläche ❶ hinter dem entsprechenden Titel.

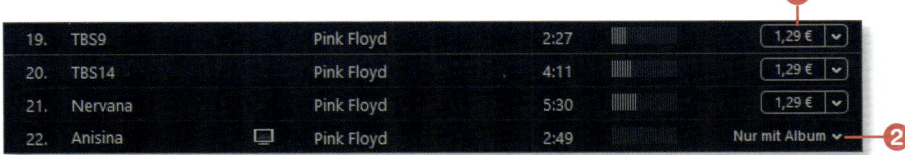

Beachten Sie dabei, dass nicht immer alle Titel eines Albums auch einzeln erworben werden können. Sollte das der Fall sein, befindet sich hinter dem Titel anstelle der Preisschaltfläche der Vermerk **Nur mit Album** ❷. Um diesen Titel in Ihre Mediathek zu laden, müssten Sie das gesamte Album kaufen.

3. Sie werden nun aufgefordert, Ihre Apple-ID und das Passwort einzugeben. Klicken Sie in diesem und dem folgenden Dialogfenster auf die Schaltfläche **Kaufen**, um den Kauf des Musiktitels abzuschließen und das Lied zu laden.

Interessant auf der Detailseite eines Musikalbums ist übrigens auch der Bereich **Hörer kauften auch**. In diesem Bereich werden Ihnen weitere Alben und Musikstücke angezeigt, die von Käufern des aktuell gewählten Albums außerdem gekauft wurden.

Suchen Sie derzeit nicht speziell nach Musik eines bestimmten Interpreten, können Sie den iTunes Store natürlich auch einfach zum Stöbern benutzen und in verschiedene Musiktitel und -alben hineinhören, oder lassen Sie sich durch die Empfehlungen, die Ihnen geboten werden, leiten. Im Folgenden möchte ich Ihnen exemplarisch noch ein paar interessante Bereiche der Kategorie **Musik** vorstellen, die Sie leicht über die Startseite dieser Kategorie erreichen.

1. Klicken Sie also zunächst in der Mediathekleiste im Bereich **Musik** auf **iTunes Store**.

2. Scrollen Sie auf der Seite etwas nach unten, sehen Sie das vielfältige Angebot und viele verschiedene Themenbereiche. Sobald Sie die Maus auf einen Themenbereich bewegen, wird zudem ein Scrollbalken ❶ eingeblendet, über den Sie weitere Themenseiten finden.

3. Um eine Themenseite zu öffnen, klicken Sie auf das Bild ❷ des Themenbereichs, den Sie sich ansehen möchten.

Musik im Store finden und kaufen

4. Ähnliches gilt für den Bereich **Im Spotlight** ❸. Hier werden Ihnen – ständig wechselnd – verschiedene Musiker vorgestellt. Häufig können Sie sich auf den Spotlightseiten weitere Informationen oder Bilder zu dem gewählten Künstler ansehen, und es werden Ihnen verschiedene Veröffentlichungen angezeigt.

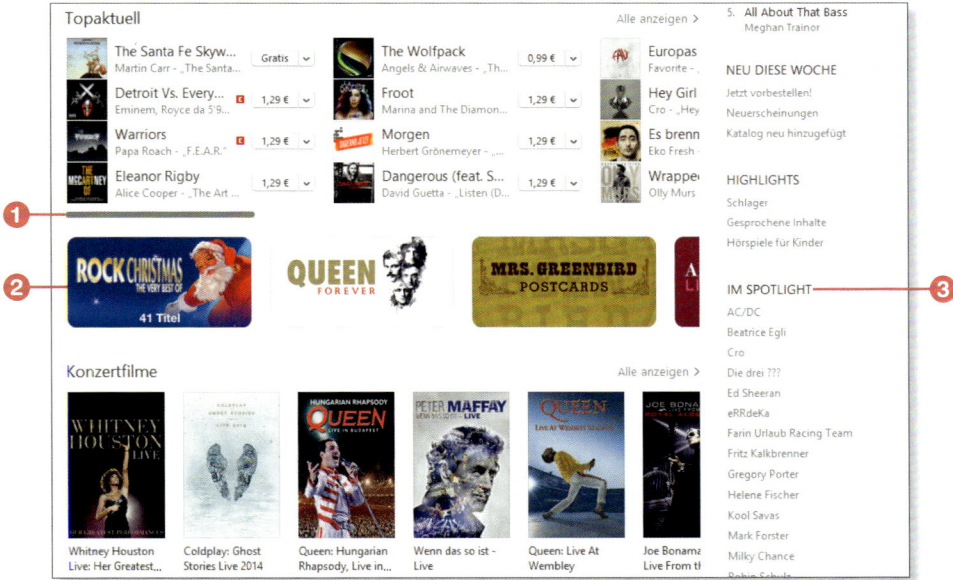

Scrollen Sie auf der Startseite des iTunes Store in der Kategorie **Musik** ganz nach unten, gelangen Sie zu dem Bereich **Genius Empfehlungen**. Hier sehen Sie Musikempfehlungen basierend auf den Inhalten Ihrer Mediathek. Es gibt diese Empfehlungen auch in anderen Shop-Bereichen.

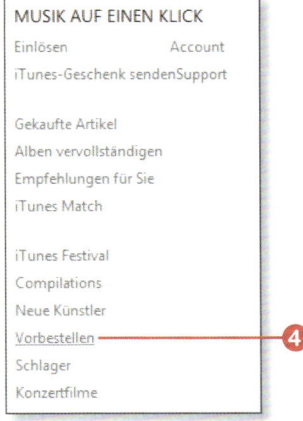

Im iTunes Store haben Sie außerdem die Möglichkeit, demnächst erscheinende Alben vorzubestellen, so dass Sie keine Veröffentlichung Ihres Lieblingsmusikers mehr verpassen. Dazu gibt es den Link **Vorbestellen** ❹ auf der Startseite der Kategorie **Musik** in der Liste **Musik auf einen Klick**. Hier finden Sie Musik, die in Kürze bei iTunes erscheint und für die bereits geworben wird.

Möchten Sie ein Album vorbestellen, das bisher noch nicht erschienen ist, können Sie es per Klick auf die Schaltfläche [Preisangabe] Vorbestellen bereits jetzt kaufen.

Sie sollten danach allerdings auch noch das automatische Laden in den iTunes-Einstellungen aktivieren, so dass das Album beim Erscheinen automatisch Ihrer Mediathek hinzugefügt wird. Öffnen Sie dazu das Dialogfenster **Einstellungen** (Strg + , / š + ,). Klicken Sie auf das Register **Store**, und aktivieren Sie hier die Checkbox **Immer automatisch nach verfügbaren Downloads suchen**. Das vorbestellte Album finden Sie daraufhin am Erscheinungstermin in Ihrer Mediathek. Praktisch, oder?

Diesen Abschnitt abschließend, möchte ich Ihnen eine letzte Variante vorstellen, mit der Sie ganz schnell die Musik, die Sie interessiert, im iTunes Store finden. Und das direkt aus Ihrer Mediathek heraus.

1. Klicken Sie neben dem gewünschten Musiktitel auf die Schaltfläche **Mehr**. Sie wird durch drei Punkte symbolisiert und sichtbar, sobald Sie die Maus über den Titel bewegen.

2. Wählen Sie im folgenden Menü den Befehl **Im iTunes Store anzeigen** per Mausklick aus.

3. Daraufhin wechselt iTunes automatisch in den iTunes Store, und Sie sehen nun das Album, von dem der Titel stammt. Haben Sie bislang nur diesen einen Titel des Albums erworben, können Sie jetzt weitere Titel oder das gesamte Album kaufen.

Musik im Store finden und kaufen

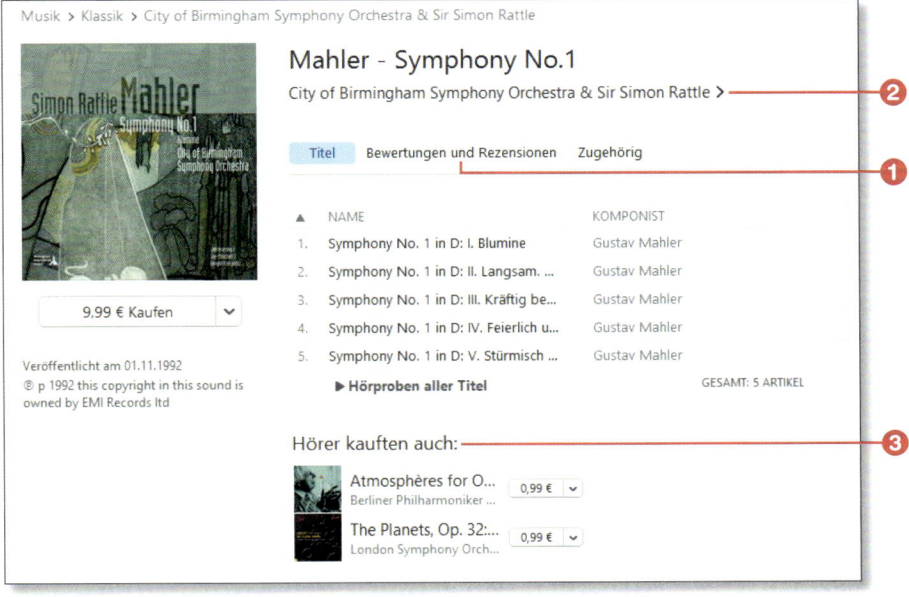

4. Klicken Sie auf **Bewertungen und Rezensionen** ❶, um sich die Bewertungen anderer iTunes-Benutzer durchzulesen oder eine eigene Rezension zu verfassen.

5. Wenn Sie auf den Namen des Interpreten ❷ klicken, gelangen Sie auf die Künstlerseite im iTunes Store und können sich weitere Veröffentlichungen anschauen.

6. Im Bereich **Hörer kauften auch** ❸ werden Ihnen außerdem weitere Musikvorschläge angeboten. Per Mausklick auf den Musiktitel rufen Sie die Empfehlung auf.

Sie sehen, der iTunes Store bietet Ihnen viele verschiedene Möglichkeiten, Musik von bereits bekannten Musikern zu finden oder aktuelle Neuerscheinungen sowie neue Musik zu entdecken. Beachten Sie, dass Apple die verschiedenen Bereiche ständig aktualisiert, so dass ein Bereich, den Sie sich zuvor angeschaut haben, beim nächsten Programmstart vielleicht ganz anders aussieht.

Kapitel 4 – Einkaufen im iTunes Store

Filme im iTunes Store kaufen oder leihen

Im Bereich **Filme** des iTunes Store können Sie aktuelle Filme kaufen oder leihen. Ähnlich wie im Bereich **Musik** steht Ihnen hier ein sehr breites Angebot zur Verfügung, und Sie können nach Herzenslust in dieser Kategorie stöbern. Wechseln Sie im iTunes Store mit Hilfe des Auswahlmenüs in den Bereich **Filme** ❶, um das Filmangebot nach bestimmten Titeln zu durchsuchen oder sich verschiedene Themenseiten anzusehen.

Am oberen Rand der Startseite werden Ihnen bereits eine Reihe Filmvorschläge und Vorschläge zu interessanten Themengebieten angeboten. Bewegen Sie den Mauszeiger auf eines dieser Bilder, werden zwei Pfeilschaltflächen (❷ und ❸) eingeblendet. Klicken Sie auf eine dieser Schaltflächen, können Sie durch die angebotenen Bereiche blättern. Ist etwas Interessantes für Sie dabei, klicken Sie einfach darauf, und die Vorschauseite des Films oder die Themenseite wird geöffnet.

Filme im iTunes Store kaufen oder leihen

Weiter unten stehen Ihnen weitere Themenschwerpunkte zur Verfügung, aus denen Sie einen Film auswählen können. Einige dieser Kategorien sind nur eine bestimmte Zeit verfügbar, andere Bereiche wie beispielsweise **Neu und beachtenswert** ❹ werden ständig aktualisiert und mit neuen Filmen bestückt. Bewegen Sie die Maus auf einen dieser Bereiche, wird am unteren Rand des Bereichs ein Scrollbalken ❺ eingeblendet, und Sie können diesen seitlich verschieben, um sich die Auswahl anzuschauen.

Möchten Sie sich gleich die Filme eines Genres anzeigen lassen, das Sie besonders interessiert, wählen Sie ein bestimmtes Filmgenre aus. Klicken Sie dazu auf das Auswahlmenü **Alle Genres**, und wählen Sie danach per Mausklick das gewünschte Genre aus.

Um einen Film zu kaufen, gehen Sie genauso vor wie beim Kauf von Musikalben (siehe den vorherigen Abschnitt ab Seite 103). Es gibt jedoch ein paar Eigenheiten, deshalb möchte ich mit Ihnen den Kauf eines Films Schritt für Schritt durchgehen.

1. Suchen Sie sich zunächst in aller Ruhe einen Film aus, den Sie kaufen möchten. Dabei ist es letztlich egal, ob Sie ihn in einem der Bereiche finden oder über das Suchfeld in der Kopfzeile ganz oben rechts in iTunes nach einem bestimmten Filmtitel, Regisseur oder Schauspieler suchen.

Haben Sie sich für einen Film entschieden, klicken Sie das Filmcover oder den Filmtitel an, um die vollständigen Informationen zum gewünschten Film aufzurufen.

2. Daraufhin wird die Detailseite des gewählten Films geöffnet. Sie erhalten hier Informationen zur Handlung des Films und zu den Mitwirkenden. Klicken Sie auf **Mehr** (❶ auf Seite 114), um die komplette Beschreibung zu lesen. Klicken Sie auf **Bewertungen und Rezensionen** ❷, um zu lesen, was andere iTunes-Benutzer von dem Film halten. Klicken Sie auf **Zugehörig** ❸, werden Ihnen sowohl ähnliche Filme als auch andere Filme des Regisseurs und der Schauspieler angezeigt. Klicken Sie auf eines der Filmcover, wechseln Sie zu dieser Detailseite.

Kapitel 4 – Einkaufen im iTunes Store

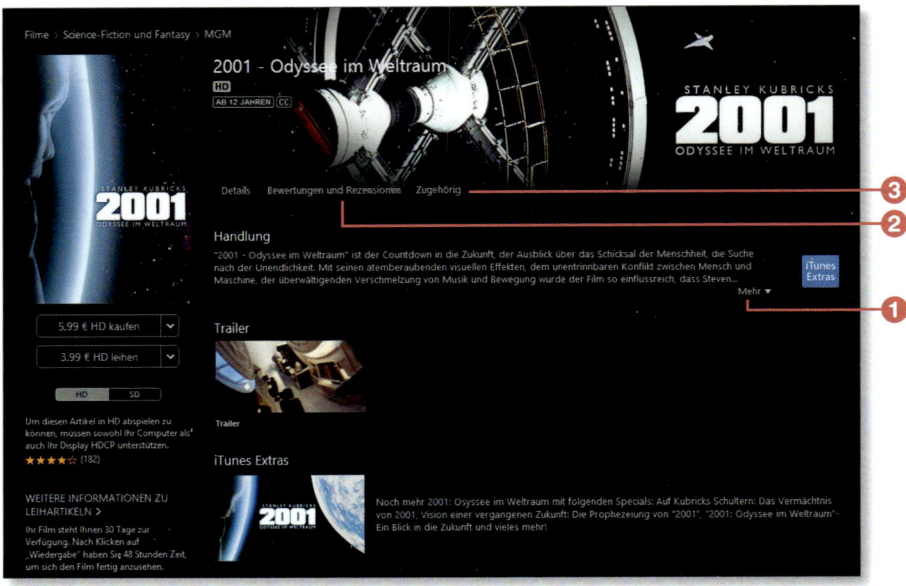

3. Auf der Detailseite im Bereich **Informationen** sehen Sie weitere Einzelheiten. Sie sollten dabei vor allem die Angabe bei **Größe** ❹ beachten und sicherstellen, dass Sie genügend freien Festplattenspeicherplatz haben, um den Film nach dem Kauf zu laden. Ihnen wird auch angezeigt, welche Sprachversionen der Film enthält ❺; das ist insbesondere dann eine wichtige Information, wenn Sie gerne Filme in der Originalsprache schauen. Es handelt sich in manchen Fällen jedoch nur um Untertitel ❻, die Sie während der Wiedergabe zuschalten können (lesen Sie dazu auch den Abschnitt »Filme abspielen«, ab Seite 88).

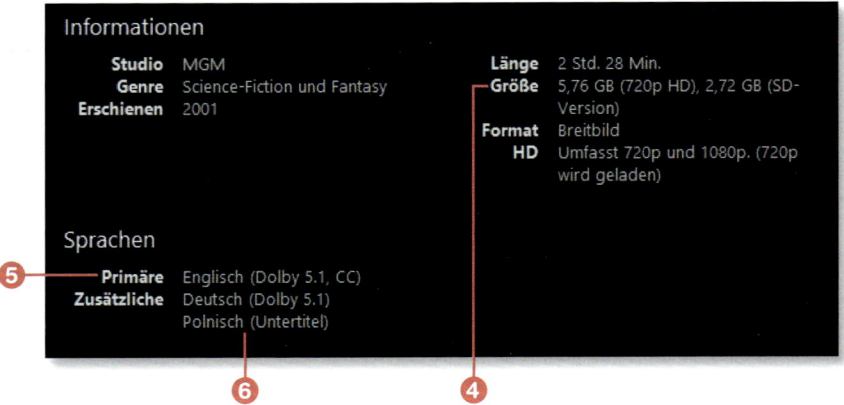

Filme im iTunes Store kaufen oder leihen

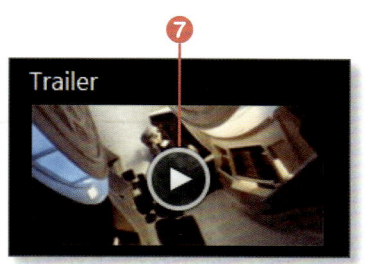

4. Zu den meisten Filmen gibt es im iTunes Store einen Trailer, also ein kurzes Video mit Ausschnitten aus dem Film. Bewegen Sie die Maus auf das Vorschaubild im Bereich **Trailer**, wird eine **Wiedergabe**-Schaltfläche ❼ eingeblendet. Klicken Sie darauf, um sich den Trailer anzusehen.

5. Haben Sie sich entschlossen, den Film zu kaufen, sind vor allem die Schaltflächen am linken Fensterrand für Sie von Bedeutung. Sie können viele Filme im iTunes Store auch als HD-Version, also als Version mit einer höheren Bildauflösung gegenüber der SD-Version, kaufen. Entscheiden Sie sich daher zunächst mit einem Klick auf die Schaltfläche **HD** oder **SD**, in welcher Version Sie den Film kaufen möchten.

6. Je nach Version, die Sie gewählt haben, ändert sich der Preis des Films. Die Filme in HD-Qualität sind in der Regel etwas teurer. Klicken Sie zum Kauf auf die Schaltfläche **[Preisangabe] HD kaufen** oder **[Preisangabe] Kaufen**.

7. Wie bei jedem Kauf in iTunes müssen Sie sich als Nächstes am iTunes Store anmelden. Geben Sie dazu im folgenden Dialogfenster Ihre Apple-ID und das Kennwort in die entsprechenden Felder ein. Bestätigen Sie mit einem Klick auf die Schaltfläche **Kaufen**.

8. Bestätigen Sie die folgende Sicherheitsabfrage mit einem Klick auf die Schaltfläche **Kaufen**. Daraufhin wird der Film geladen. Sie sehen den Fortschritt des Ladevorgangs in der Titelanzeige (❶ auf Seite 116) der Anwendung.

9. Sie sehen außerdem, nachdem Sie einen Ladevorgang gestartet haben, in der rechten Ecke eine kleine Pfeilschaltfläche ❷. Klicken Sie darauf, wird das Dialogfenster **Downloads** ❸ eingeblendet, und Ihnen werden detaillierte Informationen zu den Downloads angezeigt.

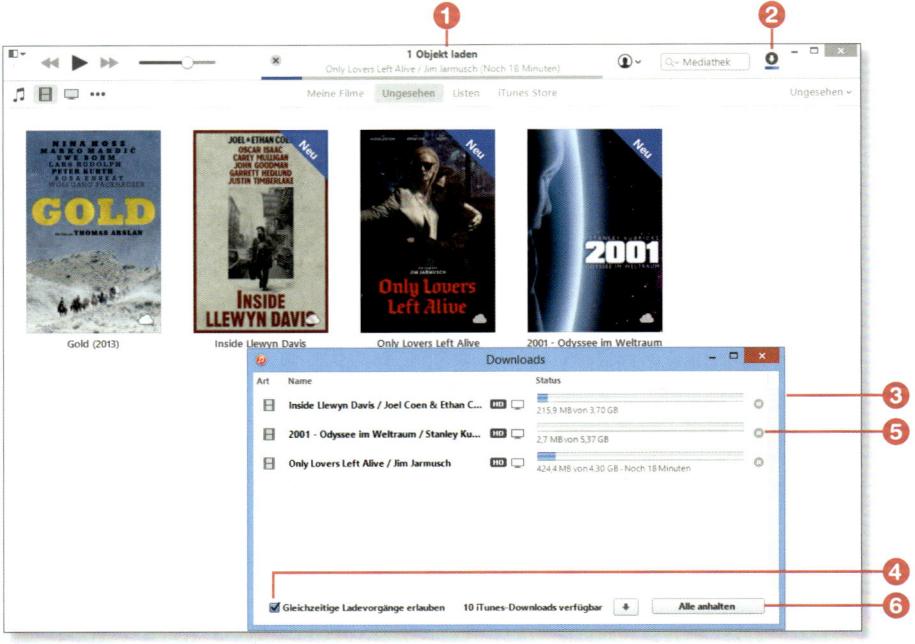

Sollten Sie über eine langsame Internetverbindung verfügen, können Sie in diesem Dialogfenster mit einem Klick auf die Checkbox **Gleichzeitige Ladevorgänge erlauben** ❹ diese Funktion deaktivieren. Mit einem Klick auf die **Pause**-Schaltfläche ❺ können Sie den Download anhalten und zu einem späteren Zeitpunkt fortsetzen. Das Gleiche erreichen Sie mit einem Klick auf die Schaltfläche **Alle anhalten** ❻. Lesen Sie hierzu auch den Abschnitt »Unterbrochene Ladevorgänge fortsetzen«, ab Seite 140.

Nachdem der Ladevorgang abgeschlossen ist, werden Ihnen die neuen Filme im Mediathekbereich **Filme** in der Kategorie **Ungesehen** angezeigt, und Sie können die Wiedergabe unmittelbar starten.

> **INFO**
>
> **Filme mit iTunes Extras**
>
> Zu einigen Filmen gibt es kostenlose Zugaben. Ist das bei dem Film, den Sie kaufen oder leihen wollen, der Fall, erkennen Sie es an der blauen Schaltfläche **iTunes Extras** in der rechten oberen Ecke. Nach dem Kauf können Sie sich diese Bonusinhalte ansehen.

Nicht jeden Film möchte man mehrmals sehen oder dauerhaft behalten. Leihen ist eine schöne und kostengünstige Alternative zum Kauf. Sie bezahlen für den Film einen etwas günstigeren Preis und schauen ihn sich einmal an. Beachten Sie jedoch, dass nicht alle im iTunes Store angebotenen Filme auch zum Leihen erhältlich sind.

Nach dem Leihen haben Sie 30 Tage Zeit, sich den Film anzusehen. Sie können also einen Film heute leihen und auch schon herunterladen, aber mit dem Anschauen noch bis zum nächsten Wochenende warten. Allerdings sollten Sie beachten: Sobald Sie die Wiedergabe des Films einmal gestartet haben, steht Ihnen der Film nur noch für die nächsten 24 Stunden zur Verfügung. Innerhalb dieses Zeitraums können Sie den Film jedoch auch mehrmals wiedergeben oder die Wiedergabe zwischendurch unterbrechen.

> **INFO**
>
> **Filme in HD-Qualität schauen**
>
> Sie können viele Filme in einer SD- und einer HD-Version kaufen oder leihen. SD steht dabei für normale Qualität, HD sind hochauflösende Filme. Um sich Filme in HD ansehen zu können, muss Ihr Monitor dies auch unterstützen. Sind Sie nicht sicher, leihen Sie zunächst einen Film und probieren Sie aus, ob er korrekt dargestellt wird. In den Einstellungen von iTunes können Sie im Register **Store** außerdem festlegen, in welcher HD-Auflösung Filme standardmäßig geladen werden sollen. Wählen Sie im Menü **Bevorzugte Wahl beim Laden von HD-Videos** zwischen **720p** und **1080p** (auch als *Full HD* bezeichnet).

Serien und Fernsehsendungen kaufen

Serien und Fernsehsendungen finden Sie im iTunes Store in einem separaten Bereich. Wählen Sie im iTunes Store den Bereich **TV-Sendungen** (❶ auf Seite 118), um sich das Angebot anzuschauen. Auch in diesem Bereich finden Sie ähnliche Angebote auf der Startseite wie im Bereich **Filme**, die ich im vorherigen Abschnitt beschrieben habe. Es werden Ihnen verschiedene

Themenschwerpunkte angeboten, und Sie können sich anschauen, welche Serien besonders beliebt sind. Sehen Sie sich auch einmal das umfangreiche Angebot an **Dokumentationen** an. Sie erreichen diesen Bereich des iTunes Stores mit einem Klick auf **Alle Kategorien** ❷ und der Wahl des entsprechenden Bereichs ❸ im Auswahlmenü. Das Angebot auf der Startseite dieses Shopbereichs wechselt ähnlich wie in den Bereichen **Musik** und **Filme** ständig, es lohnt sich daher, immer mal wieder vorbeizuschauen und durch das Angebot zu stöbern.

> **INFO**
>
> **Aktuelle Serien mit Untertitel**
>
> Einige US-Serien erhalten Sie recht früh im iTunes Store. Sie können sie dann im amerikanischen Original und mit Untertiteln anschauen. Diese finden Sie auf der Startseite der Kategorie **TV-Sendungen** im Bereich **Im Original mit deutschen Untertiteln**. Die Serien erhalten dann zusätzlich den Vermerk **(subtitled)** hinter dem Titel, also mit Untertiteln.

Serien und Fernsehsendungen kaufen

Letztlich unterscheidet der Kauf einer Serie sich nicht grundlegend vom Kauf eines Films (siehe dazu den vorherigen Abschnitt »Filme im iTunes Store kaufen oder leihen« ab Seite 112) oder eines Musikalbums (siehe dazu den Abschnitt »Musik im Store finden und kaufen« ab Seite 103). Ich möchte Ihnen dennoch an einem Beispiel in dieser Schrittanleitung die Besonderheiten vorstellen.

1. Wechseln Sie im iTunes Store in die Kategorie **TV-Sendungen**.

2. Suchen Sie nach einer Serie, die Sie interessiert, und öffnen Sie beispielsweise einen der Auswahlbereiche. Ich entscheide mich für den Bereich **Kriminalserien**. Da die Startseite ständig aktualisiert wird, kann es sein, dass dieser Bereich bei Erscheinen dieses Buches nicht mehr verfügbar ist.

3. Schauen Sie sich die Auswahl auf der Themenseite an. Möchten Sie mehr über eine bestimmte Serie oder Fernsehsendung erfahren, klicken Sie auf das entsprechende Titelbild ❶, um die Detailseite der Serie aufzurufen.

Kapitel 4 – Einkaufen im iTunes Store

4. Auf der folgenden Seite finden Sie eine Beschreibung der Serie vor. Darunter sind die Serienfolgen einer Staffel, ebenfalls mit einer Kurzbeschreibung, aufgelistet. Sie sehen zu jeder Folge die Spielzeit und die Dateigröße ❶. Zudem gibt es zu jeder Serienfolge eine kurze Vorschau, so dass Sie sich vor dem Kauf einen Eindruck von der Serie machen können. Klicken Sie zur Wiedergabe auf das Vorschaubild ❷.

5. Wählen Sie nun die Qualität aus, in der Sie die Serie sehen möchten, klicken Sie also entweder auf **HD** oder **SD** ❸. Beachten Sie, dass die SD-Version günstiger ist als die HD-Version. (Lesen Sie hierzu auch den Infokasten »Filme in HD-Qualität schauen« auf Seite 117.) Steht keine HD-Version zur Verfügung, wird diese Option gar nicht eingeblendet.

6. Als Nächstes haben Sie die Wahl, ob Sie zunächst nur eine Folge der Serie kaufen möchten oder gleich die gesamte Staffel der Serie. Möchten Sie erst einmal nur eine Folge schauen, klicken Sie auf die Preisschaltfläche ❹ an der entsprechenden Folge.

7. Möchten Sie doch lieber gleich die gesamte Staffel kaufen, klicken Sie auf die Schaltfläche **[Preisangabe] HD kaufen** ❺.

Serien und Fernsehsendungen kaufen

8. Geben Sie im nächsten Fenster das zu Ihrer Apple-ID gehörende Kennwort ein, und bestätigen Sie dies und die folgende Sicherheitsabfrage mit einem Klick auf die Schaltfläche **Kaufen**.

Die Serie wird nun gekauft und, je nach Ihrer Auswahl, Folge für Folge oder nur die Einzelfolge auf Ihren Rechner geladen. Über den Kauf erhalten Sie etwas später wie gewohnt eine Rechnung per E-Mail.

> **INFO**
>
> **Jugendschutzinformation bei Filmen und Serien**
>
> Bei Filmen und Serien beziehungsweise Serienfolgen, deren FSK-Freigabe bei 16 Jahren oder 18 Jahren liegt, gibt iTunes, nachdem Sie auf die Schaltfläche **[Preisangabe] Kaufen** geklickt haben, eine Meldung aus. Sie werden darauf hingewiesen, dass die Serienfolge nicht für Kinder und Jugendliche freigegeben ist. Bestätigen Sie dies mit einem Klick auf **OK**. Lesen Sie dazu auch den Abschnitt »iTunes kindersicher machen« ab Seite 93.

Übrigens können Sie ruhig zunächst nur eine Folge kaufen; gefällt Ihnen die Folge, können Sie immer noch die restlichen Folgen der Staffel erwerben. Sie müssen die bereits erworbene Serienfolge nicht noch einmal kaufen, sondern der Kaufpreis einer Folge wird von dem der Staffel abgezogen. iTunes überträgt in so einem Fall nur die fehlenden Folgen auf Ihren Rechner. Sie können sich im iTunes Store auch sehr schnell einen Überblick verschaffen, welche Staffeln Sie derzeit nicht vollständig geladen beziehungsweise gekauft haben.

Klicken Sie dazu auf der Startseite **TV Sendungen** rechts im Bereich **TV auf einen Klick** auf den Link **Staffeln vervollständigen** ❻.

Auf der folgenden Seite werden Ihnen alle Serien angezeigt, zu denen Ihnen noch Folgen fehlen. Mit einem Klick auf das Titelbild gelangen Sie zu der Detailseite der Serie, und Sie können die restlichen Folgen der Staffel zu einem ermäßigten Preis kaufen.

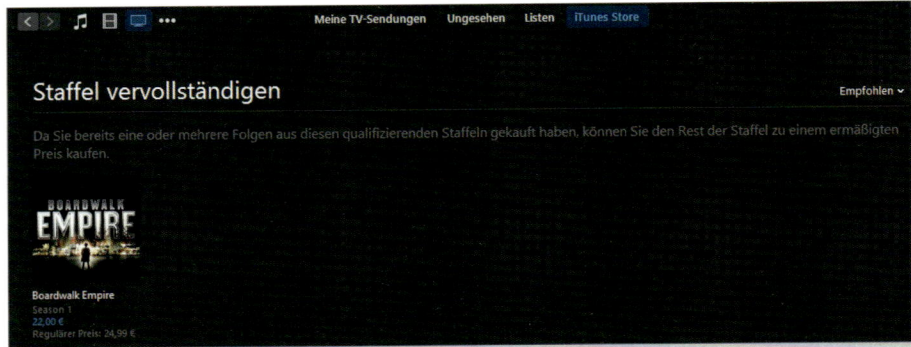

Das Gleiche gilt auch, wenn Sie sich auf der Detailseite der Staffel befinden. Da Sie bereits Folgen dieser Staffel geladen haben, wird der Kaufpreis dieser Folgen auf den Gesamtpreis der Staffel angerechnet, und Ihnen wird ein reduzierter Preis ❶ mit dem Hinweis **Staffel vervollständigen** ❷ angezeigt.

Der Kaufvorgang bleibt in diesem Fall der gleiche wie beim Kauf einer Serienfolge oder einer vollständigen Staffel. Sie finden die restlichen Serienfolgen nach dem Laden in Ihrem Mediathekbereich **TV-Sendungen** in der Kategorie **Ungesehen**. Sie können übrigens bereits während der Übertragung die Wiedergabe starten und sich Ihre Serienfolge ansehen.

TIPP

Einen Staffelpass kaufen

iTunes bietet Ihnen bei einigen neuen Serien an, einen Staffelpass zu kaufen. Hierbei erhalten Sie alle bisher erschienenen Folgen der Serie und, jeweils nach deren Erscheinen, die nächsten Folgen. Das ist eine recht praktische Sache. Sie bleiben so auf dem Laufenden und bekommen von einer aktuellen Staffel Ihrer Lieblingsserie immer automatisch die neuesten Folgen, sobald sie erschienen sind.

Bücher suchen und kaufen

Der iTunes Store hat nicht nur Musik und Filme zu bieten, sondern auch Bücher. Um diesen Bereich im iTunes Store zu öffnen, wählen Sie im iTunes Store **Bücher** ❸.

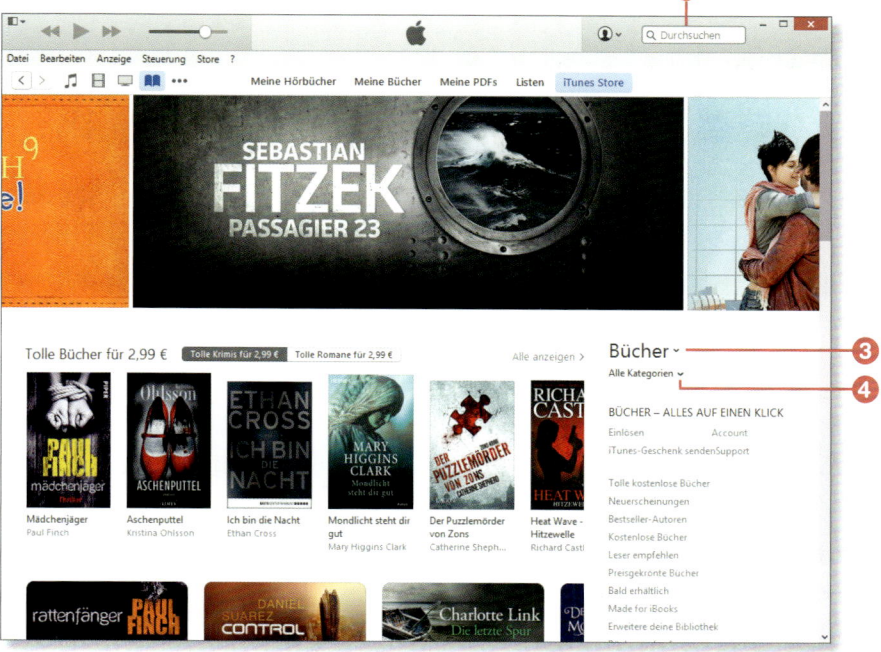

Kapitel 4 – Einkaufen im iTunes Store

Der Aufbau der Startseite dieser Kategorie entspricht dem Aufbau der Startseite anderer Bereiche: Stöbern Sie hier beispielsweise durch die Neuerscheinungen, wählen Sie über das Auswahlmenü **Alle Kategorien** (❹ auf Seite 123) ein bestimmtes Genre an, oder suchen Sie mit Hilfe des Suchfelds ❺ oben im iTunes-Fenster nach bestimmten Autoren oder Buchtiteln. Auf der Startseite werden Ihnen außerdem ständig wechselnde Themenschwerpunkte angeboten, die Ihnen beispielsweise eine Buchreihe eines Autors präsentieren oder die Preisträger eines Buchpreises vorstellen.

> **HINWEIS**
>
> **Bücher aus dem iTunes Store lesen**
>
> Um Bücher zu lesen, die Sie im iTunes Store gekauft haben, benötigen Sie ein iPhone oder iPad mit iOS 7 oder einen Mac-Rechner mit mindestens OS X 10.9 Mavericks und der App iBooks. Auf einem Windows-PC können Sie die Bücher bislang leider nicht lesen (Stand: Januar 2015). Sie können dennoch Bücher auf Ihrem Windows-PC kaufen und sie danach auf Ihrem iOS-Gerät laden und lesen. Wie das genau funktioniert, erfahren Sie im Abschnitt »PDFs auf iPad, iPhone oder iPod übertragen« ab Seite 208.

Der Kauf erfolgt wie bei Filmen, Serien und Musik. Sie rufen den iTunes Store auf, wählen die Kategorie **Bücher** und dann ein Buch, das Sie sich näher anschauen möchten. Gefällt es Ihnen, kaufen Sie es mit wenigen Mausklicks.

1. Schauen Sie sich die Bücher in den einzelnen Kategorien an. Mit dem Schieberegler ❶, der eingeblendet wird, sobald Sie die Maus auf diesen Bereich bewegen, blättern Sie die Liste der Bücher nach rechts. Klicken Sie einen Buchtitel an, um ihn sich genauer anzusehen.

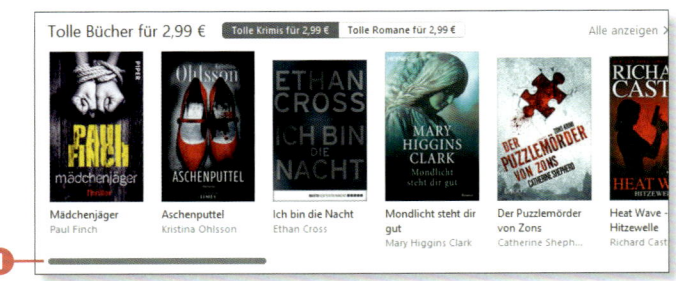

Bücher suchen und kaufen

2. Lesen Sie sich die Buchbeschreibung durch. Um noch mehr über das Buch zu erfahren, empfiehlt es sich, eine Leseprobe zu laden. Klicken Sie dazu auf die Schaltfläche **Auszug laden** ❷. Beachten Sie außerdem die Hinweise im Bereich **Voraussetzungen** ❸.

3. Möchten Sie das Buch lesen, klicken Sie auf die Schaltfläche [**Preisangabe**] **Buch kaufen**.

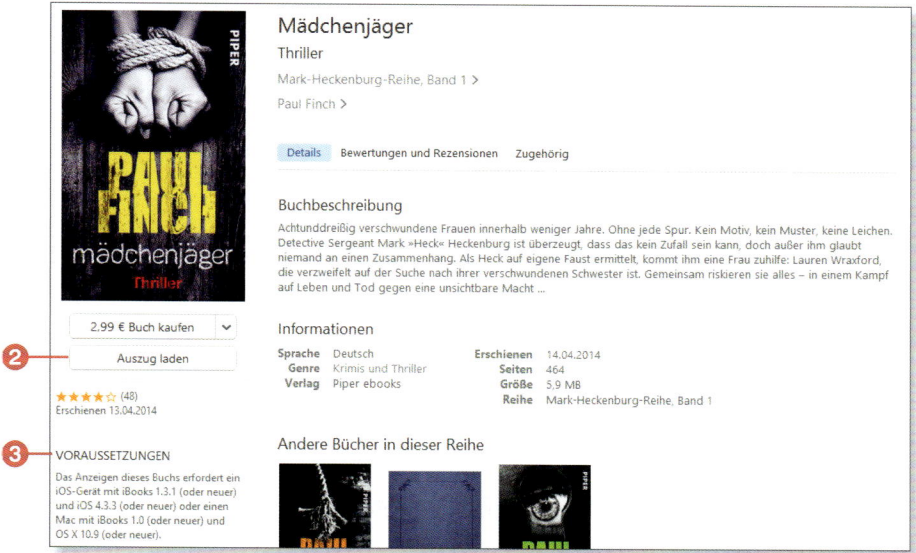

4. Melden Sie sich am iTunes Store an. Geben Sie in die entsprechenden Felder Ihre Apple-ID und das Kennwort ein, und bestätigen Sie das Dialogfenster mit einem Klick auf die Schaltfläche **Kaufen**.

5. In dem Folgedialog werden Sie noch einmal darüber informiert, dass Sie das Programm **iBooks** zum Lesen des Buchs benötigen. Dies steht nur auf einem iOS-Gerät und auf Macintosh-Rechnern zur Verfügung. Klicken Sie auf **Kaufen**.

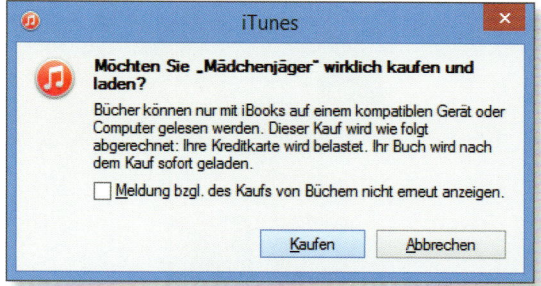

125

Kapitel 4 – Einkaufen im iTunes Store

Auch Hörbücher finden Sie im iTunes Store. Möchten Sie sich das Angebot anschauen, klicken Sie in der rechten Spalte auf den Shopbereich **Hörbücher**. Auch auf dieser Seite finden Sie Neuerscheinungen und verschiedene Bestenlisten.

Sobald Sie das erste E-Book oder Hörbuch über iTunes gekauft haben, wird Ihre Mediathek um den Bereich **Bücher** erweitert. Klicken Sie in der Mediathekleiste auf die Kategorie **Meine Hörbücher** oder **Meine Bücher**, um sich die entsprechenden Inhalte anzusehen. Sofern Sie die App iBooks auf Ihrem Mac, iPad oder iPhone installiert haben und sich dort mit Ihrer Apple-ID angemeldet haben, werden Ihnen auch hier die gekauften E-Books angezeigt, und Sie können sie in der App lesen.

Apps für Ihr iPhone oder iPad kaufen

Als weitere Besonderheit des iTunes Store können Sie auch Ihre Apps für Ihr iOS-Gerät in Ruhe am Rechner aussuchen und kaufen, und dann bequem auf Ihr iPad oder iPhone übertragen. Wählen Sie dazu zunächst mit den Schaltflächen iPhone ❶ und iPad ❷ direkt unterhalb der Mediathekleiste, für welches Gerät Sie eine App kaufen oder kostenlos laden möchten.

Apps für Ihr iPhone oder iPad kaufen

Ansonsten unterscheidet sich auch die Startseite des **App Store** nicht wesentlich von den anderen Bereichen des iTunes Store. Es werden Ihnen verschiedene Themenschwerpunkte angeboten, und Sie können sich beispielsweise anschauen, welche Spiele aktuell besonders beliebt sind oder die beliebtesten neuen Apps aufrufen. Stöbern Sie ein wenig oder suchen Sie über das Suchfeld nach einer bestimmten App.

Die Suchfunktion ist vor allem dann sehr hilfreich, wenn Sie eine App zum Öffnen eines bestimmten Dateiformats auf dem iPhone oder iPad suchen. In dem Fall geben Sie das entsprechende Dateiformat in das Suchfeld ein, zum Beispiel ».epub« ❸. Ihnen werden daraufhin alle verfügbaren Apps für das iPhone oder iPad angezeigt, die das E-Book-Dateiformat unterstützen ❹. Klicken Sie auf den Link **Alle anzeigen** ❺, um alle Apps auf einer Seite aufzurufen.

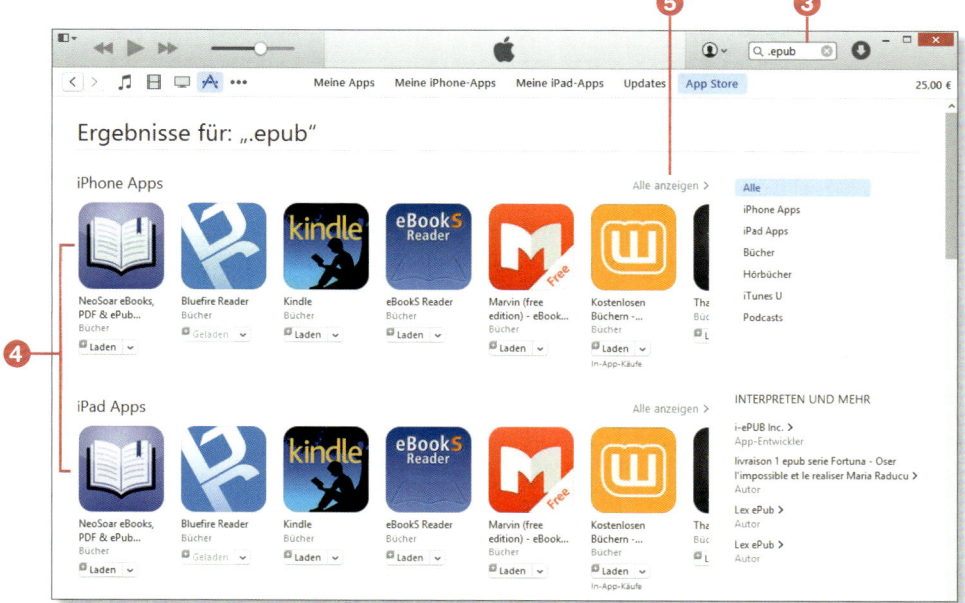

Haben Sie eine App gefunden, die Sie gerne für Ihr iPhone oder iPad kaufen möchten, ist auch das in wenigen Schritten erledigt. Und vor allem können Sie Dank iCloud auch Ihre Apps bequem am PC oder Mac suchen und kaufen, um sie danach auf Ihr iOS-Gerät zu laden.

Kapitel 4 – Einkaufen im iTunes Store

1. Klicken Sie dazu auf das Programmicon der gewünschten App. Es ist dabei ganz egal, ob Sie sie in einem der Themenbereiche sehen oder beispielsweise in einer der Bestenlisten am rechten Rand.

2. Sie gelangen daraufhin auf die Detailseite der App und können hier weitere Informationen einsehen. Lesen Sie sich die Beschreibung durch, um zu erfahren, ob Ihnen die App das bietet, was Sie suchen. Gerade bei Apps kann der Bereich **Bewertungen und Rezensionen** ❶ hilfreich sein, um unnötige Käufe zu vermeiden. Im Bereich **Screenshots** verschaffen Sie sich einen ersten Eindruck über das Aussehen und die Bedienung der App.

3. Haben Sie sich entschieden, klicken Sie zum Kauf der App auf die Schaltfläche **[Preisangabe] Kaufen** ❷. Handelt es sich um eine kostenlose App, heißt der Button **Laden**. Sie sollten in einem solchen Fall aber darauf achten, dass möglicherweise unterhalb der Schaltfläche auf sogenannte In-App-Käufe verwiesen wird. Das bedeutet, dass nach dem kostenlosen Laden der App weitere Kosten anfallen können und bestimmte App-Funktionen erst durch einen Kauf innerhalb der App verfügbar sind.

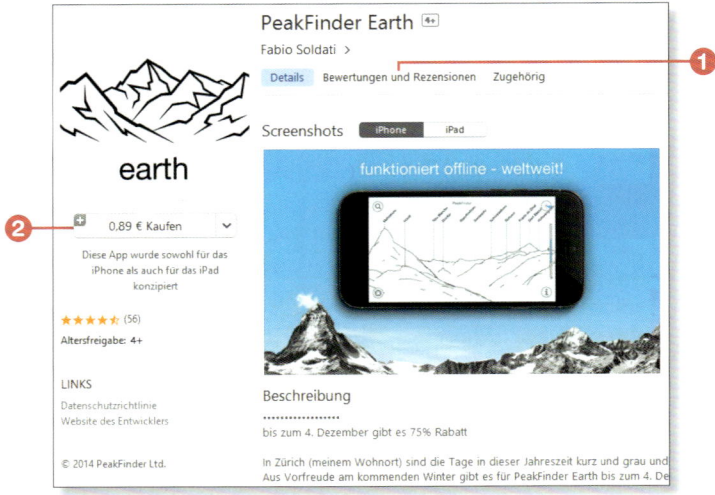

Apps für Ihr iPhone oder iPad kaufen

4. Geben Sie im folgenden Dialogfenster Ihre Apple-ID und das Kennwort ein, und bestätigen Sie mit einem Klick auf die Schaltfläche **Kaufen**.

   Die App wird daraufhin auf Ihren Rechner geladen und Sie können den Verlauf des Downloads in der Titelanzeige verfolgen.

5. Nach dem Download finden Sie die geladene App im Bereich **Apps** Ihrer Mediathek ❸. Klicken Sie in der Mediathekleiste auf die Kategorie **Meine iPhone-Apps** oder **Meine iPad-Apps**, je nachdem für welches Gerät Sie die App geladen haben. Ihnen werden in dieser Kategorie alle Apps angezeigt, die Sie für das entsprechende Gerät über Ihren Rechner gekauft beziehungsweise geladen haben und Sie können sie auf Ihr Gerät übertragen.

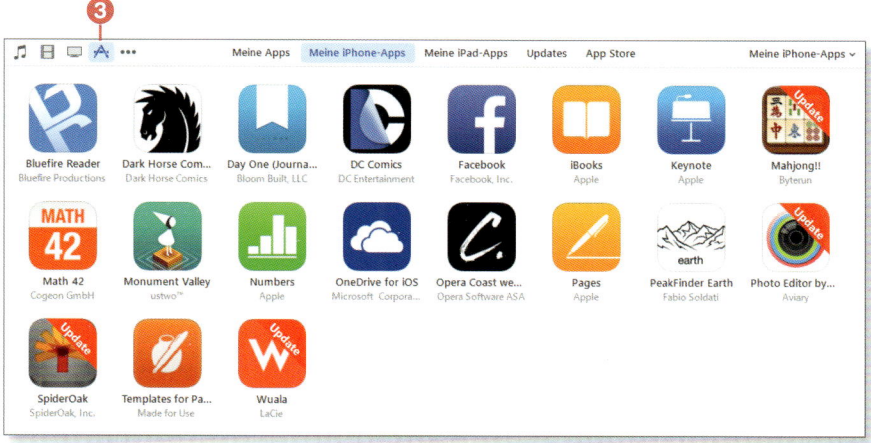

Übrigens zeigt Ihnen iTunes in Ihrer Mediathek an, für welche geladenen Apps aktuell Updates verfügbar sind. Um sich ausschließlich diese Apps anzuschauen, klicken Sie in der Mediathekleiste auf die Kategorie **Updates** (❶ auf Seite 130). Sie sehen nun alle Apps für Ihr iPhone und iPad, die in einer neuen Version verfügbar sind. Möchten Sie Aktualisierungen für einzelne Apps laden, klicken Sie auf das entsprechende App-Icon. Ihnen wird eine Übersicht über die Aktualisierungen, die Größe des Updates sowie das

Kapitel 4 – Einkaufen im iTunes Store

Veröffentlichungsdatum angezeigt. Klicken Sie auf die Schaltfläche **Aktualisierung** ❷ neben dem App-Namen, um die neuere Version für diese App auf Ihren Rechner zu laden. Mit einem Klick auf die Schaltfläche **Alle Apps aktualisieren** ❸, laden Sie die Updates für alle angezeigten Apps herunter.

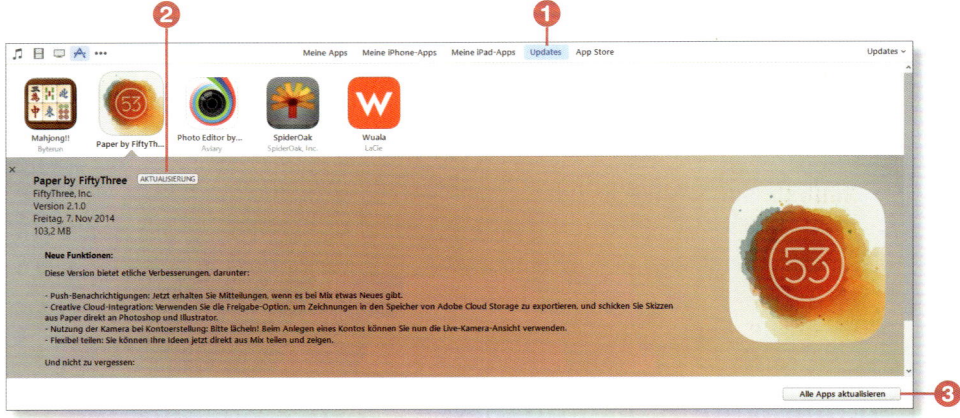

Die Wunschliste verwenden und verwalten

Die Wunschliste ist ein in iTunes integrierter Merkzettel. Sie können ihr Musikalben, Singles, Filme und TV-Serien hinzufügen, die Sie später kaufen oder ausleihen. Auch Apps und Bücher können Sie so für einen späteren Einkauf speichern.

1. Haben Sie einen Artikel im iTunes Store gefunden, den Sie sich gerne später noch einmal anschauen oder kaufen möchten, klicken Sie auf die kleine Dreieckschaltfläche rechts an der **Kaufen**-Schaltfläche ❹.

Dabei spielt es übrigens keine Rolle, ob Sie sich derzeit auf der Detailseite eines Artikels befinden oder beispielsweise auf einer Themenseite des iTunes Store. Sie können dazu auch die Dreieckschaltfläche hinter einem bestimmten Musik- oder Serienfolgentitel verwenden, wenn Sie nur diesen Musiktitel oder diese spezielle Serienfolge Ihrer Wunschliste hinzufügen möchten.

Die Wunschliste verwenden und verwalten

2. Klicken Sie im folgenden Menü auf den Befehl **Zur Wunschliste hinzufügen** ❺. Der gewählte Artikel wird daraufhin Ihrer Wunschliste hinzugefügt.

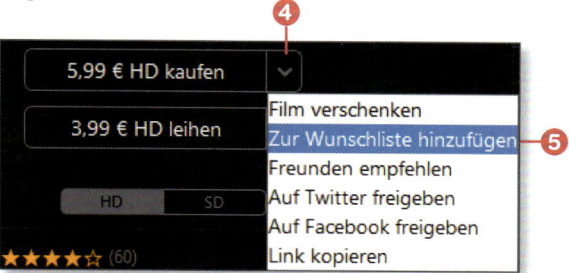

3. Möchten Sie Ihre Wunschliste einsehen, klicken Sie auf die **Account**-Schaltfläche oben rechts im iTunes-Fenster und anschließend auf **Wunschliste**.

4. Sie sehen alle Artikel, die Sie auf Ihre Wunschliste gesetzt haben. Rechts oben finden Sie die Bereiche, die Sie aus Ihrer Mediathek und dem Shop schon kennen: **Musik**, **Filme**, **TV-Sendungen**, **Apps**, **Bücher**. Alle Artikel auf der Wunschliste sind entsprechend sortiert. Klicken Sie auf **Musik**, sehen Sie alle von Ihnen der Liste hinzugefügten Musiktitel und Alben.

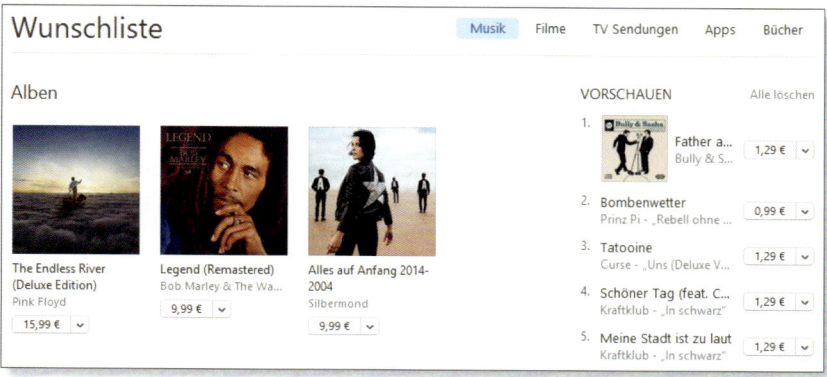

5. Führen Sie die Maus auf einen Titel in der Wunschliste und klicken Sie, wird Ihnen der Artikel im iTunes Store angezeigt, und Sie können sich die Details anschauen, ihn kaufen oder auch ausleihen.

Kapitel 4 – Einkaufen im iTunes Store

6. Kennen Sie bereits die Details und sind sich sicher, dass Sie diesen Artikel kaufen möchten, können Sie das auch gleich aus der Wunschliste heraus erledigen. Bewegen Sie die Maus in der Wunschliste auf den Artikel, den Sie kaufen möchten, und klicken Sie auf die Schaltfläche mit der **Preisangabe** ❶.

7. Möchten Sie einen oder mehrere Titel aus der Wunschliste entfernen, klicken Sie auf das Schließkreuz ❷.

> **INFO**
>
> **Die Wunschliste funktioniert auf allen Geräten**
>
> Die Wunschliste ist mit Ihrer Apple-ID verknüpft und wird über den Onlinedienst iCloud synchronisiert, so dass sie auf allen Geräten verfügbar ist, auf denen Sie mit der gleichen Apple-ID angemeldet sind. Das ist ganz praktisch, da Sie so unterwegs auf Ihrem iOS-Gerät im iTunes Store stöbern und die ausgesuchten Artikel später zu Hause an Ihrem Rechner kaufen können.

Podcasts abonnieren

Podcasts sind kostenlose Audio- oder Videobeiträge von Rundfunk- und TV-Stationen, von Magazinen oder privaten Anwendern. Das Angebot ist bunt gemischt, und Sie finden hier sowohl Radiohörspiele als auch journalistische Beiträge, Kino-News, Nachrichten oder Satiresendungen. Sie können sich in den meisten Fällen entscheiden, ob Sie eine Folge eines Podcasts laden oder gleich den Podcast abonnieren, so dass jede Folge des Podcasts geladen wird und Sie zukünftig keine verpassen werden. Nachdem der Podcast geladen wurde, können Sie ihn sich auf dem Rechner anhören oder auf Ihr iPhone oder iPad beziehungsweise Ihren iPod übertragen, um ihn

Podcasts abonnieren

unterwegs zu hören. Erfahren Sie dazu mehr in Kapitel 7, »Musik, Filme und andere Daten übertragen und sichern«, ab Seite 195 und in Kapitel 7, »Inhalte auf andere Geräte übertragen«, ab Seite 217.

1. Um Ihren ersten Podcast zu abonnieren, rufen Sie zunächst den iTunes Store auf. Klicken Sie in der Auswahlliste der Bereiche auf **Podcasts** ❸.

2. Wenn Sie möchten, begrenzen Sie über die Schaltflächen **Audio** und **Video** ❹ das Angebot der Podcasts zunächst auf eine Darstellungsform. Solange **Alle** aktiviert ist, werden Ihnen sowohl Audio- als auch Video-Podcasts angezeigt.

3. Stöbern Sie nun ganz nach Lust und Laune herum. Sie können sich einen der vorgeschlagenen Podcasts mit einem Klick auf das Vorschaubild genauer ansehen oder über das Menü **Alle Kategorien** ❺ die Auswahl auf eine bestimmte Art Podcasts reduzieren.

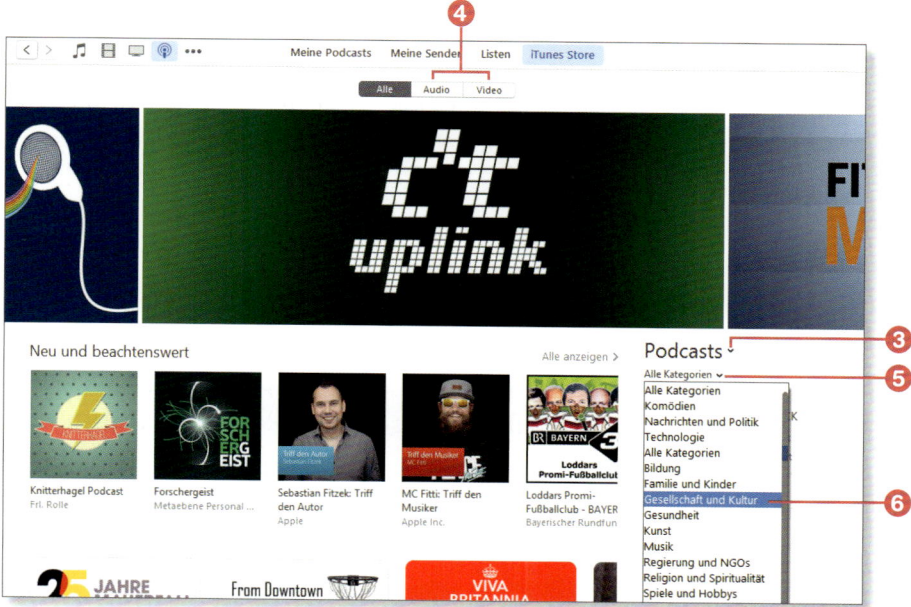

Zur Veranschaulichung habe ich mich im Beispiel für den Themenbereich **Gesellschaft und Kultur** ❻ entschieden.

4. Scrollen Sie auf der Themenseite **Gesellschaft und Kultur** ein wenig nach unten. Im Bereich **Neu und beachtenswert** sehen Sie den Podcast **Das geheime Kabinett**. Klicken Sie auf das Titelbild ❶, um auf die Detailseite dieses Podcasts zu gelangen. Alternativ können Sie auch auf den Themenseiten weiterstöbern. Klicken Sie dazu beispielsweise an einer der angebotenen Kategorien auf den Link **Alle anzeigen** ❷.

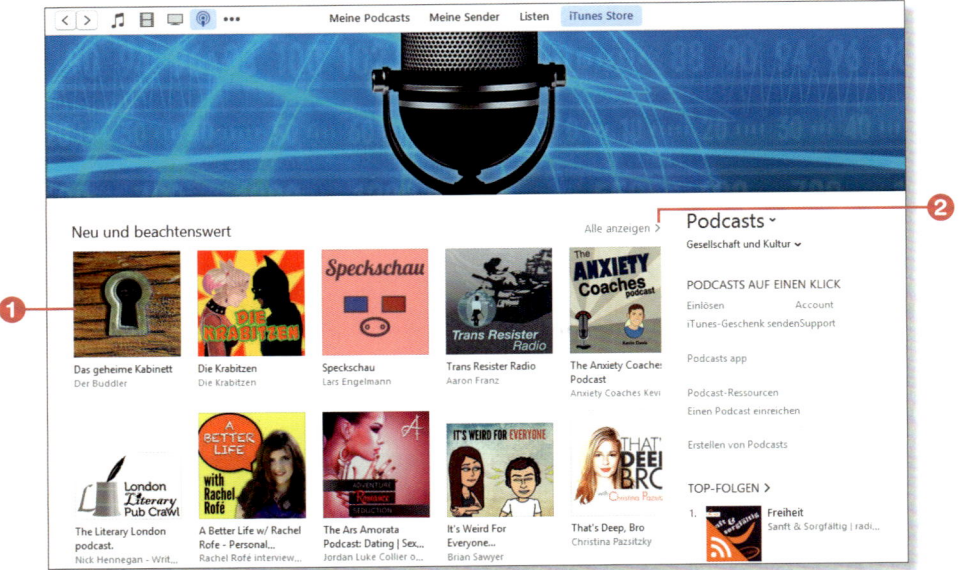

5. Auf der Detailseite sehen Sie, wie viele Folgen zu dem ausgesuchten Podcast bereits erschienen sind. Bewegen Sie die Maus auf eine Folge des Podcasts, wird wie im Bereich **Musik** eine **Wiedergabe**-Schaltfläche eingeblendet. Klicken Sie darauf, um sich die Folge als Stream anzuhören. Sie können sich also auch im Bereich **Podcasts** zunächst einen Überblick verschaffen, bevor Sie eine Podcast-Folge auf Ihren Rechner laden. Wenn Sie also Lust und Zeit haben, hören Sie sich ein wenig in diesem Bereich des iTunes Store um.

6. Möchten Sie diese Folge herunterladen, klicken Sie auf die Schaltfläche **Laden** ❸. Mit einem Klick auf die Schaltfläche **Abonnieren** ❹ bekommen Sie regelmäßig angezeigt, wenn eine neue Folge verfügbar ist, und diese wird automatisch geladen.

Podcasts abonnieren

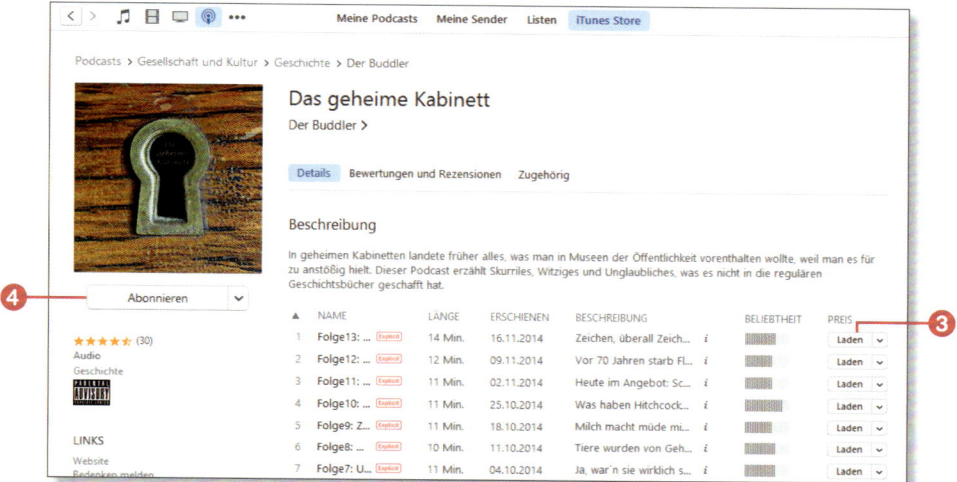

7. Bestätigen Sie das folgende Dialogfenster mit einem Mausklick auf **Abonnieren**, wenn Sie neue Folgen des Podcasts regelmäßig erhalten möchten.

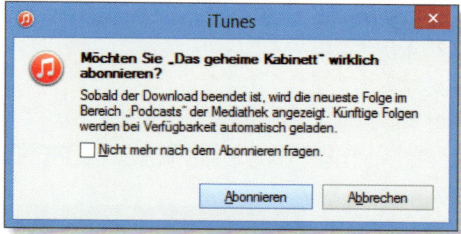

8. iTunes lädt daraufhin die erste Folge auf Ihren Rechner. Hören Sie sich die Folge an, und entscheiden Sie danach, ob Sie weitere Folgen laden möchten.

Um die bisher schon abonnierten und geladenen Podcasts anzuhören, wechseln Sie wieder in Ihre Mediathek.

1. Öffnen Sie den Mediathekbereich **Podcasts** (❶ auf Seite 136), und klicken Sie in der Mediathekleiste auf die Kategorie **Meine Podcasts** ❷. Sie sehen hier links die von Ihnen geladenen Podcasts – das können einzelne Folgen sein, aber auch Podcast-Abonnements. Die Zahl hinter dem

Podcast-Namen zeigt Ihnen an, wie viele ungehörte Folgen derzeit geladen und verfügbar sind. Rechts sehen Sie die einzelnen Folgen. Markieren Sie mit einem Klick in der linken Spalte den Podcast, den Sie sich anhören oder den Sie verwalten möchten.

2. Sie können nun auf die **Wiedergabe**-Schaltfläche ❸ klicken, um sich die Folge des Podcasts anzuhören. Klicken Sie auf das Zahnradsymbol ❹, um die **Podcast-Einstellungen** einzublenden.

3. Im Fenster **Podcast-Einstellungen** können Sie nun noch einmal festlegen, ob Sie den gewählten Podcast wirklich abonnieren möchten ❺.

Im Bereich **Auf diesem Computer** nehmen Sie Einstellungen zum Laden und Speichern von Podcast-Folgen auf Ihrem Rechner vor. Wählen Sie im Auswahlmenü **Gespielte Folgen löschen** mit einem Klick die Option **Aus** ❻, wenn Sie selbst entscheiden möchten, wann eine Folge gelöscht werden soll.

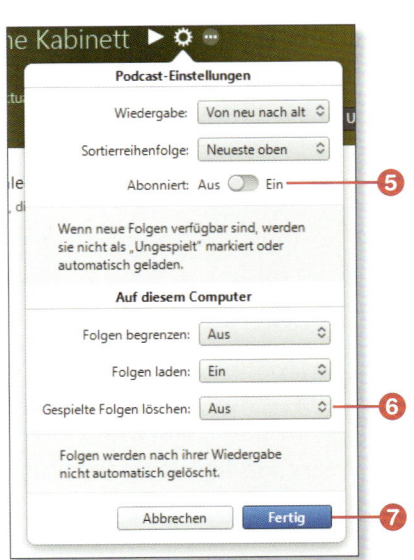

Belassen Sie es in den anderen Auswahlmenüs bei den Standardeinstellungen, werden grundsätzlich alle bereits erschienenen Folgen mit Beginn des Abonnements auf Ihren Rechner geladen. Bestätigen Sie Ihre Änderungen mit einem Klick auf **Fertig** ❼.

Podcasts abonnieren

4. Klicken Sie nun auf das Register **Feed** ❽, um sich ältere Folgen des Podcasts anzusehen. Diese Beiträge befinden sich je nach Einstellung zuerst in der Cloud. Klicken Sie auf das Wolkensymbol ❾, um weitere Folgen auf Ihren Rechner zu laden.

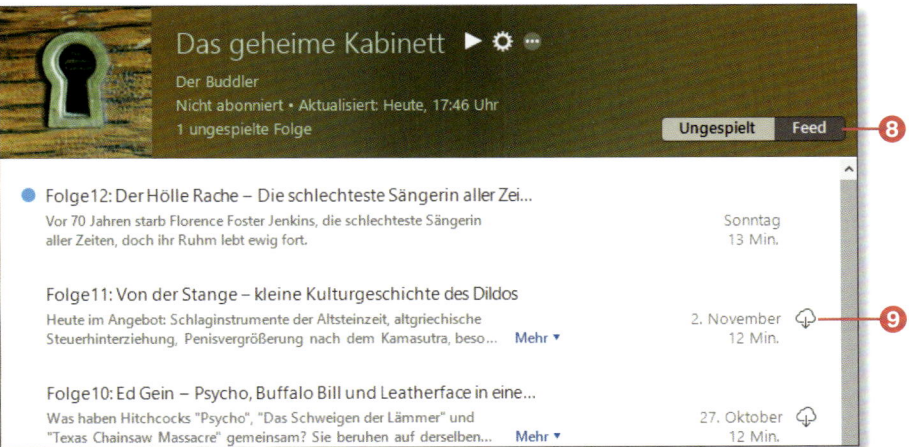

5. Möchten Sie einen Podcast wieder von Ihrem Rechner löschen, klicken Sie ihn in der linken Spalte mit rechts an und wählen im Kontextmenü den Befehl **Löschen** ❿. Wenn Sie keine neuen Folgen mehr erhalten möchten, klicken Sie den Befehl **Podcast-Abo beenden** ⓫ an. Daraufhin wird dieser Podcast nicht mehr aktualisiert, die bereits geladenen Folgen bleiben jedoch auf Ihrem Rechner gespeichert, bis Sie sie wie zuvor beschrieben löschen.

Podcasts sind eine schöne Sache, Sie sollten allerdings bei den Einstellungen für Ihre Podcast-Abonnements beachten, dass gerade Video-Podcasts unter Umständen viel Speicherplatz auf Ihrer Festplatte belegen. Überlegen Sie sich daher, welche Podcasts Sie nach dem Anhören oder Anschauen wirklich behalten möchten.

Uni-Vorlesungen über iTunes U ansehen

Viele Universitäten bieten kostenlose Vorlesungen und spannendes Unterrichtsmaterial an. Auf diese Weise können Sie sich über Themen, die Sie interessieren, informieren und sich kostenlos weiterbilden. Beachten Sie jedoch, dass die meisten Inhalte im Bereich **iTunes U** nur auf Englisch verfügbar sind, da vor allem Universitäten aus dem englischsprachigen Raum diesen iTunes-Dienst nutzen, um ihre Institution vorzustellen. Stöbern Sie in dem Angebot dieser Kategorie, und suchen Sie sich etwas aus, was Sie interessieren könnte. Ähnlich wie in der Kategorie **Podcasts** bestehen die Inhalte dieser Kategorie sowohl aus Audio- als auch aus Videodateien. Darüber hinaus sind häufig Zusatzmaterialien im PDF-Format verfügbar.

1. Klicken Sie im iTunes Store auf den Bereich **iTunes U** ❶. Wenn Sie möchten, wählen Sie gleich darunter im Menü **Alle Kategorien** eine bestimmte Fachrichtung aus. Oder stöbern Sie durch die verschiedenen Themenbereiche und Toplisten der Startseite.

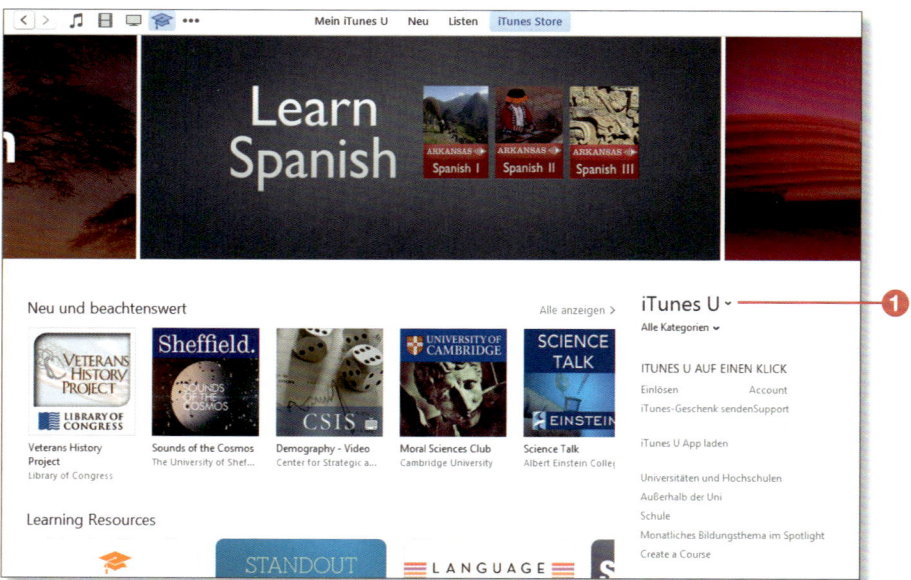

2. Sobald Sie einen Kurs gefunden haben, klicken Sie auf den Namen oder auf das Vorschaubild, um sich die Detailseite anzeigen zu lassen.

Uni-Vorlesungen über iTunes U ansehen

3. Schauen Sie sich die Beschreibung der Kursinhalte an. Achten Sie darauf, dass der Kurs für PCs zur Verfügung steht. Es gibt Inhalte, die nur für iOS-Geräte verfügbar sind. Diese sind mit dem Vermerk **Nur für iOS** versehen. Wenn Sie möchten, laden Sie, ähnlich wie bei den Podcasts, zunächst nur eine Folge über die Schaltfläche **Laden** ❷. Möchten Sie den gesamten Kurs laden, klicken Sie auf **Abonnieren** ❸.

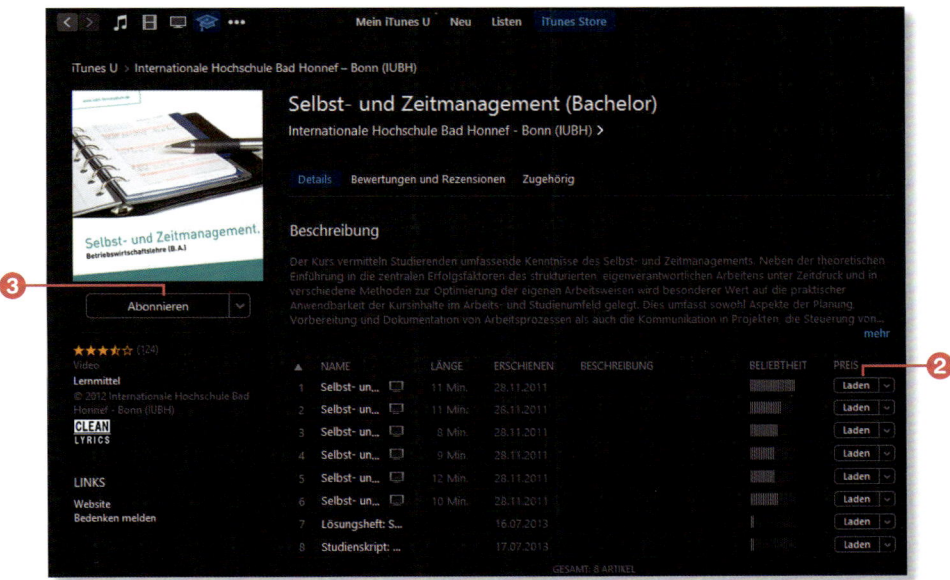

4. Bestätigen Sie den Bezug dieses Kurses im folgenden Dialogfenster mit einem Klick auf die Schaltfläche **Abonnieren**.

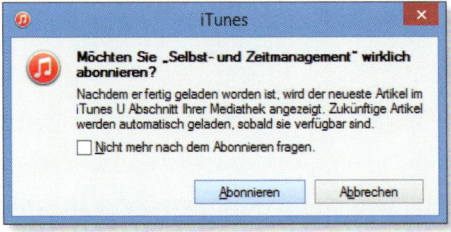

Der Kurs wird nun auf Ihren Rechner geladen. Warten Sie einen Augenblick, und schauen Sie sich danach die einzelnen Unterrichtseinheiten und Begleitmaterialien in Ruhe an.

5. Der Bereich **iTunes U** ❶ wird in der Mediathekleiste automatisch hinzugefügt, sobald Sie einen Kurs oder eine Vorlesung aus dem iTunes U-Angebot geladen haben. Klicken Sie darauf und anschließend auf **Mein iTunes U**.

6. Markieren Sie den Kurs, und klicken Sie auf die **Wiedergabe**-Schaltfläche, um sich den Kurs anzuhören oder anzusehen.

Wie bei Podcasts wird zunächst die erste Einheit des Kurses auf Ihren Rechner geladen. Schauen Sie sich die erste Kurseinheit an, und laden Sie dann, wenn Sie möchten, alle anderen auf Ihren Rechner. Mit einem Klick auf die Schaltfläche **Einstellungen** ❷ können Sie Einstellungen zum Lade- und Speicherverhalten vornehmen (lesen Sie dazu auch den Abschnitt »Podcasts abonnieren« ab Seite 132).

Unterbrochene Ladevorgänge fortsetzen

Haben Sie einen Film gekauft und den Download unmittelbar nach dem Kauf gestartet, können Sie ihn ohne weiteres unterbrechen und zu einem späteren Zeitpunkt fortsetzen.

1. Blenden Sie zunächst über [Strg]+[B] die Menüleiste ein, und rufen Sie über **Anzeige ▸ Downloads einblenden** das Dialogfenster **Downloads** auf. Auf dem Mac klicken Sie dazu in der Menüleiste auf **Fenster** und wählen im Menü per Mausklick **Downloads** aus. Alternativ können Sie dazu auch die Tastenkombination [Strg]+[⇧]+[3]/[alt]+[⌘]+[L] verwenden.

Unterbrochene Ladevorgänge fortsetzen

2. Um einen laufenden Download anzuhalten, klicken Sie auf die **Pause**-Schaltfläche ❸ oder auf den Button **Alle anhalten** ❹. Schließen Sie, wenn Sie möchten, das Fenster **Downloads** mit einem Klick auf das Schließkreuz.

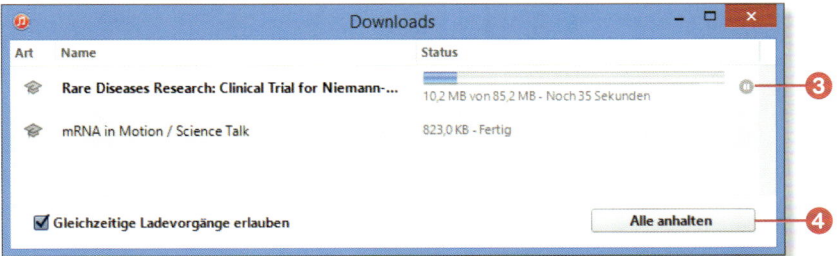

3. Möchten Sie später den Download fortsetzen und haben iTunes zwischenzeitlich nicht geschlossen, klicken Sie auf die Pfeilschaltfläche ❺ oder auf die Schaltfläche **Alle fortsetzen** ❻, um den Download fortzusetzen.

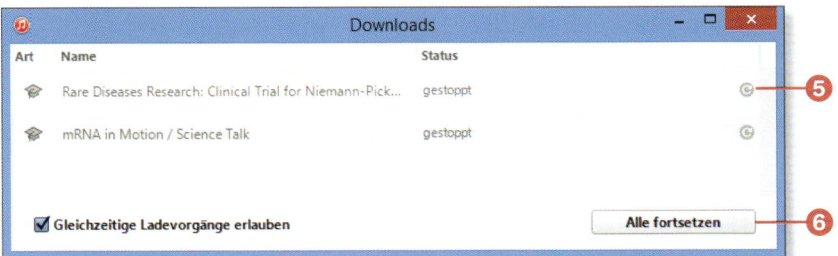

Haben Sie den Download eines gekauften Artikels unterbrochen und iTunes zwischenzeitlich geschlossen, öffnen Sie nach dem erneuten Start des Programms zunächst die Startseite eines Bereichs des iTunes Store und klicken in der rechten Spalte im Bereich **auf einen Klick** auf den Link **Gekaufte Artikel** ❼.

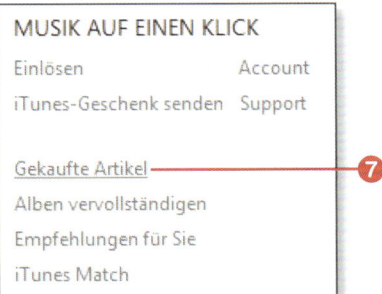

141

Kapitel 4 – Einkaufen im iTunes Store

Wählen Sie auf der Seite **Gekaufte Artikel** mit einem Klick die Artikelart aus. Ihnen wird daraufhin der Artikel angezeigt, den Sie gekauft, aber noch nicht vollständig auf Ihren Rechner geladen haben. Sie erkennen das auch an dem kleinen Wolkensymbol ❶. Klicken Sie darauf, um den Download neu zu starten oder fortzusetzen.

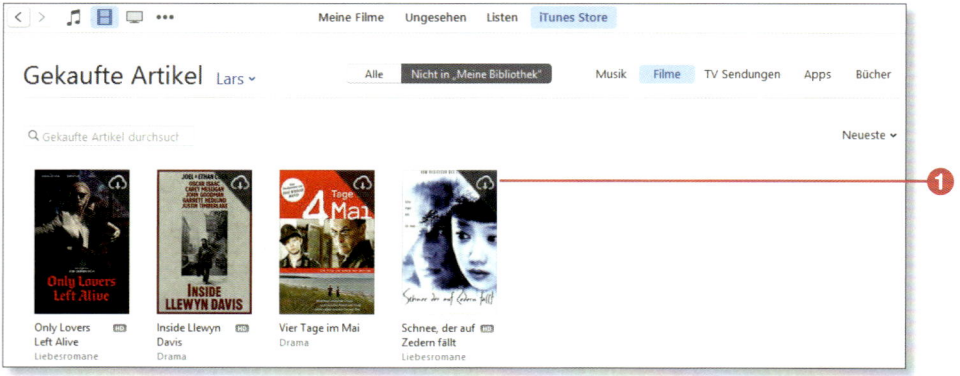

Kostenlose Inhalte, deren Download Sie unterbrochen haben, finden Sie nach einem Neustart von iTunes leider nicht mehr im Dialogfenster **Download** oder auf der Seite **Gekaufte Artikel**. Sie müssen die Artikel erneut im Store suchen und herunterladen.

Gekaufte Artikel erneut laden

Wählen Sie auf der Startseite des iTunes Store in der rechten Spalte im Bereich **auf einen Klick** den Link **Gekaufte Artikel**. Sie können über die Seite **Gekaufte Artikel** Einkäufe, die Sie zu einem früheren Zeitpunkt oder auf einem anderen Gerät (beispielsweise auf Ihrem iPhone) mit Ihrer Apple-ID bezogen haben, erneut oder erstmalig auf Ihren Rechner laden. Haben Sie beispielsweise unterwegs auf Ihrem iPhone ein Musikalbum gekauft und möchten es nun Ihrer Mediathek hinzufügen, klicken Sie auf die Artikelart **Musik**. Ihnen wird nun das Album mit einem kleinen Wolkensymbol angezeigt. Klicken Sie darauf, um es auch auf Ihren Rechner zu laden und Ihrer Mediathek hinzuzufügen.

Einen iTunes-Gutschein versenden oder einlösen

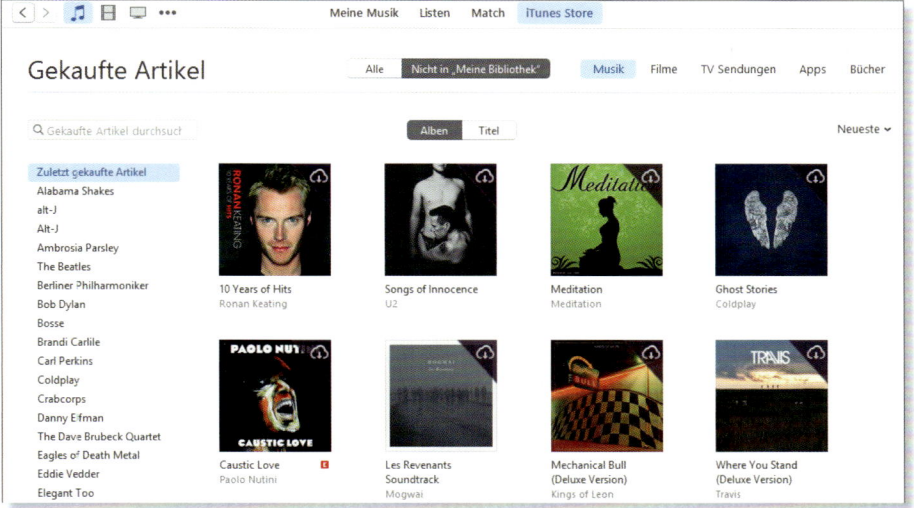

Wenn Sie einen neuen Rechner haben und alle bereits gekauften Artikel auf diesen laden möchten, klicken Sie rechts unten auf die Schaltfläche **Alle laden** (diese steht Ihnen jedoch nur für Audiodateien und Apps zur Verfügung). Die Artikel werden geladen und Ihrer Mediathek hinzugefügt.

Einen iTunes-Gutschein versenden oder einlösen

Ein iTunes-Gutschein ist eine willkommene Überraschung und ein sehr schönes Geschenk für einen Freund, eine Freundin, jemanden aus der Familie oder einen Bekannten. Er gibt dem Beschenkten die Möglichkeit, sich selbst etwas aus dem iTunes Store auszuwählen. Im Folgenden erkläre ich Ihnen erst, wie Sie einen iTunes-Gutschein direkt im Store kaufen und per E-Mail versenden; danach erfahren Sie, wie Sie einen erhaltenen Gutschein einlösen.

1. Öffnen Sie zunächst den iTunes Store, und wählen Sie auf der Startseite im Bereich **alles auf einen Klick** den Eintrag **iTunes-Geschenk senden**. Dieser Link existiert in allen Shopbereichen.

Kapitel 4 – Einkaufen im iTunes Store

2. Geben Sie auf der folgenden Seite in das Feld **An** die E-Mail-Adresse des Empfängers ein. Tragen Sie in das Feld **Absender** Ihren Namen und in das Feld darunter eine kurze Grußnachricht ein.

3. Wählen Sie mit einem Klick auf eine der Preisschaltflächen ❶, wie hoch der Betrag des Gutscheins sein soll. Über die Schaltfläche **Andere** können Sie auch einen anderen Betrag festlegen. Er muss allerdings mindestens bei zehn Euro liegen.

4. Wenn Sie möchten, dass der Geschenkgutschein nicht unmittelbar versandt wird, klicken Sie auf den Radio-Button **Anderes Datum** ❷. Über die Listenfelder geben Sie das Datum an, zu dem Sie das Geschenk verschicken möchten.

5. Haben Sie die gewünschten Einstellungen vorgenommen, klicken Sie auf die Schaltfläche **Weiter**.

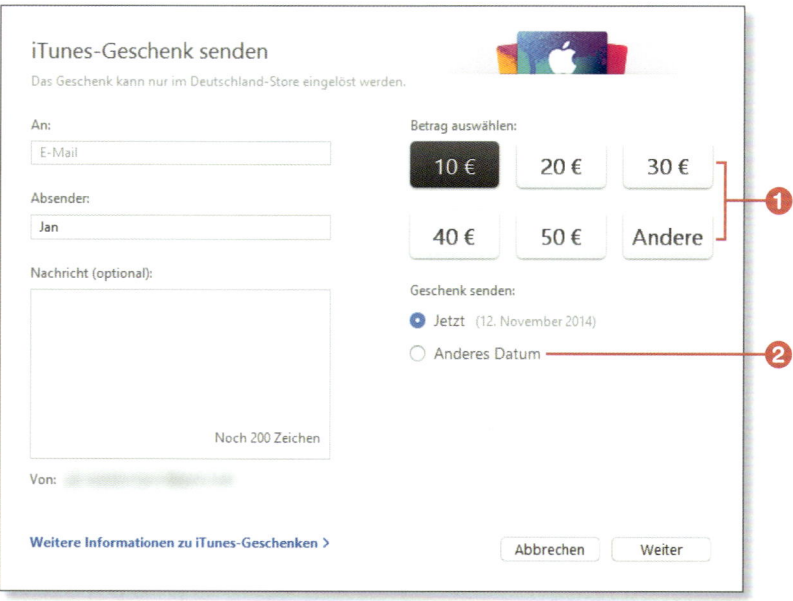

6. Im nächsten Fenster wählen Sie ein Design für Ihren Gutschein. Klicken Sie sich einfach einmal durch die Liste mit den verschiedenen Designs. Haben Sie sich entschieden, klicken Sie erneut auf **Weiter**.

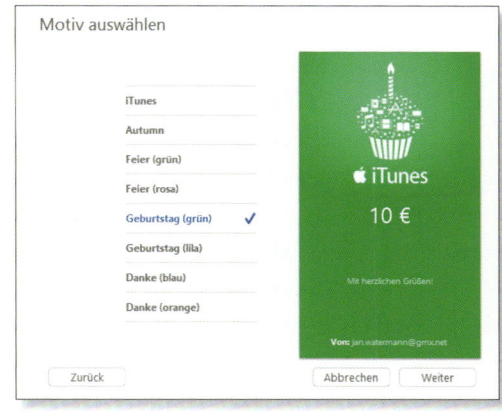

7. Im letzten Fenster sehen Sie eine Zusammenfassung Ihres Einkaufs. Hier wird noch einmal angezeigt, wie hoch die Summe des gewählten Gutscheins ist. Ihre E-Mail-Adresse und die des Beschenkten sind zu sehen. Auch der eingetragene Text wird noch einmal eingeblendet. Überprüfen Sie diese Angaben. Bestätigen Sie mit einem Klick auf **Geschenk kaufen**.

Der Gutschein wird sofort versandt und der Kauf über die Zahlungsart, die Sie mit Ihrer Apple-ID verwenden, abgerechnet.

Erhalten Sie selbst einen Gutschein, können Sie ihn auf recht einfache Art und Weise einlösen und den Gutscheinbetrag Ihrer Apple-ID zuweisen.

Kapitel 4 – Einkaufen im iTunes Store

1. Klicken Sie auf der Startseite des iTunes Store auf den Link **Einlösen**. Sie finden ihn rechts oben im Bereich **auf einen Klick** in jedem Shopbereich oder alternativ über die **Account**-Schaltfläche.

2. Tragen Sie auf der Seite **Code einlösen** den Nummerncode Ihres Gutscheins in das Eingabefeld ❶ ein. Klicken Sie danach auf die Schaltfläche **Einlösen**.

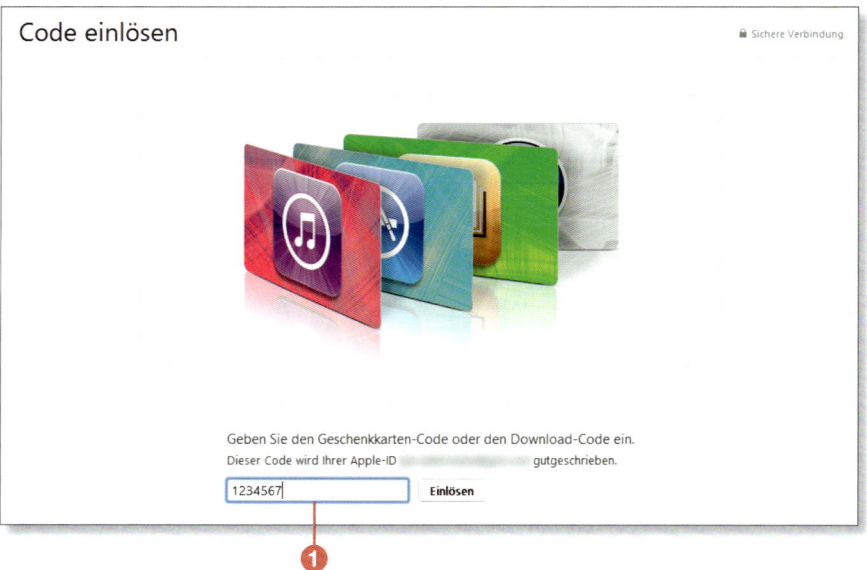

Der Gutscheinbetrag wird daraufhin Ihrer Apple-ID gutgeschrieben, so dass Sie ihn bei Ihrem nächsten Einkauf verwenden können. Befinden Sie sich im iTunes Store, wird Ihnen Ihr aktuelles Guthaben am rechten Rand ❷ der Mediathekleiste und im Menü der **Account**-Schaltfläche angezeigt.

> **INFO**
>
> **Artikel aus dem iTunes Store verschenken**
>
> Sie können übrigens nicht nur iTunes-Gutscheine verschenken, sondern auch Musiktitel, Alben oder Filme. Wählen Sie dazu den Artikel im iTunes Store aus, und klicken Sie auf die Dreieckschaltfläche rechts neben der Schaltfläche **[Preisangabe] Kaufen**. Wählen Sie im Menü den Befehl **Album/Film verschenken** oder **App/TV Folge verschenken**. Verfahren Sie danach wie beim Versand eines iTunes-Gutscheins.

Einkaufstipps mit Genius

Im Abschnitt »Genius-Wiedergabelisten erstellen« ab Seite 77 haben Sie bereits die Funktion Genius kennengelernt. Sie dient einerseits zum Erstellen von Wiedergabelisten. Andererseits kann Apple Ihnen mit Hilfe von Genius bestimmte Artikel aus dem iTunes Store vorstellen, die zu Ihren bisherigen Einkäufen und zu Inhalten Ihrer Mediathek passen.

1. Klicken Sie auf der Startseite des iTunes Store in der rechten Spalte im Bereich **auf einen Klick** auf den Link **Empfehlungen für Sie**. Der Link ist in den Kategorien **Musik**, **Filme** und **TV-Sendungen** erreichbar.

2. Daraufhin gelangen Sie auf die Seite **Genius Empfehlungen**. Sie sehen hier bereits erste Empfehlungen basierend auf Inhalten Ihrer Mediathek. Mit einem Klick auf eines der beiden Daumensymbole entscheiden Sie, ob es eine passende (❶ auf Seite 148) oder unpassende Empfehlung ❷ ist. Haben Sie eine Beurteilung abgegeben, werden die Empfehlungen entsprechend aktualisiert.

3. Sie können auf dieser Seite die empfohlenen Artikel mit einem Klick auf die Schaltfläche **[Preisangabe] Kaufen** ❸ beziehen oder mit einem Klick auf die Bezeichnung beziehungsweise das Vorschaubild die Detailseite des Artikels aufrufen.

4. Klicken Sie auf das Register **Filme** ❹, um sich Empfehlungen aus diesem Storebereich anzeigen zu lassen.

Sie können also selbständig im iTunes Store nach neuer Musik, neuen Filmen oder TV-Sendungen suchen oder aber sich von iTunes mit Hilfe der Genius-Empfehlungen Artikel anzeigen lassen, die vermutlich zu Ihrem Geschmack passen. Probieren Sie es einfach einmal aus.

Ihre persönlichen Account-Daten ändern

Möchten Sie Ihre im iTunes Store hinterlegten Kundendaten einsehen oder bearbeiten? Das funktioniert so:

1. Klicken Sie auf die **Account**-Schaltfläche ❺ und wählen Sie im eingeblendeten Auswahlmenü daraufhin mit einem Klick den Menüpunkt **Accountinformationen** ❻. Alternativ klicken Sie im iTunes Store im Bereich **auf einen Klick** auf den Link **Account**.

Ihre persönlichen Account-Daten ändern

2. Melden Sie sich im folgenden Dialogfenster mit Ihrer Apple-ID und Ihrem Kennwort an, und klicken Sie auf die Schaltfläche **Anmelden**.

3. Daraufhin gelangen Sie auf die Seite **Account-Daten**. Hier sehen Sie Ihre hinterlegten Daten und können beispielsweise Ihre Apple-ID, Ihre Zahlungsinformationen oder die Rechnungsadresse jeweils mit einem Klick auf den nachgestellten Link **Bearbeiten** ❼ ändern.

4. Auf dieser Seite sehen Sie außerdem, auf wie vielen Geräten Sie derzeit mit Ihrer Apple-ID angemeldet sind, und können sich diese Geräte mit einem Klick auf **Geräte verwalten** ❽ anzeigen lassen.

5. Klicken Sie im Bereich **Einkaufsstatistik** auf den Link **Alle anzeigen** ❾, um sich Ihre Einkäufe im iTunes Store mitsamt den angefallenen Kosten anzeigen zu lassen.

6. Haben Sie alle Änderungen vorgenommen und möchten die Seite **Account-Daten** wieder verlassen, klicken Sie unten rechts auf die Schaltfläche **Fertig**. Scrollen Sie dazu gegebenenfalls etwas nach unten.

Daraufhin gelangen Sie wieder zurück auf die Startseite des iTunes Store. Sie sollten immer daran denken, Ihre Kundendaten beispielsweise nach einem Umzug zu aktualisieren.

Apple-ID oder Passwort zurücksetzen

Sollten Sie einmal Ihre Apple-ID oder Ihr Passwort vergessen haben, lassen Sie sich von Apple ein neues Passwort zusenden.

1. Klicken Sie zunächst auf die **Account**-Schaltfläche.

2. Es wird das Anmeldefenster aufgerufen, über das Sie sich für gewöhnlich am iTunes Store anmelden. Klicken Sie auf den Link **vergessen?** ❶.

3. In Ihrem Standardbrowser wird daraufhin eine Webseite von Apple geöffnet, über die Sie in wenigen Schritten Ihr Passwort zurücksetzen. Geben Sie dazu in das Eingabefeld ❷ Ihre Apple-ID ein. Klicken Sie danach auf die Schaltfläche **Weiter**, und folgen Sie den weiteren Schritten.

Sollten Sie Ihre Apple-ID vergessen haben, können Sie auch sie über die gleiche Webseite zurücksetzen. Klicken Sie dazu auf den Link **Apple-ID vergessen?** ❸, und folgen Sie den weiteren Anweisungen.

Kapitel 5
Die Mediathek verwalten

Nachdem Sie in den vorangegangenen Kapiteln erfahren haben, wie Sie Musiktitel, Filme und Bücher in iTunes laden beziehungsweise sie im iTunes Store kaufen, werde ich Ihnen in diesem Kapitel ein paar grundlegende Dinge zur Verwaltung Ihrer Mediathek vorstellen. Dabei wird es vor allem darum gehen, Ihre Mediathek übersichtlich zu halten und effektiv mit Ihren Dateien zu arbeiten. Auch Ihre zuvor gekauften Artikel finden Sie natürlich schnell in Ihrer Mediathek wieder – sie werden je nach Art automatisch dem jeweiligen Mediathekbereich zugeordnet, so dass Sie keine lange Suche beginnen müssen.

iTunes fügt Ihre Einkäufe automatisch in den richtigen Mediathekbereich ein, hier der Bereich »Bücher« mit einem Hörbuch.

Aber hin und wieder fehlen auch bei diesen Artikeln noch ein paar Informationen, die Sie gerne nachbessern möchten. Ich gebe Ihnen daher einige Tipps, wie Sie Ihre Mediathek sinnvoll bearbeiten und verwalten können.

Fehlende Informationen ergänzen

Zu jedem Musiktitel in Ihrer Mediathek gibt es verschiedene Angaben. Dazu gehören beispielsweise Informationen zum Interpreten des Albums oder des Musiktitels sowie zum Erscheinungsjahr oder Genre. Sie haben diese Informationen bereits im Abschnitt »Audio-CDs einlesen« auf Seite 49 kennengelernt. Genauso wie Sie diese Informationen vor dem Import der CD bearbeiten können, können Sie das auch im Nachhinein mit den Musiktiteln, die sich bereits in Ihrer Mediathek befinden.

1. Wählen Sie zunächst in der Mediathekleiste den Bereich **Musik**, und klicken Sie danach auf die Kategorie **Meine Musik**.

2. Öffnen Sie nun ein Album, und markieren Sie mit einem Mausklick den Musiktitel, den Sie bearbeiten möchten. Sie können auch mehrere Titel gleichzeitig bearbeiten, beispielsweise wenn es um die Informationen für ein ganzes Album geht. Um mehrere Titel zu markieren, klicken Sie den ersten an und drücken und halten danach die Taste ⇧. Klicken Sie danach auf den letzten Titel des Albums.

3. Um die Informationen für diese Titel zu bearbeiten, drücken Sie entweder die Tastenkombination Strg+I/⌘+I oder klicken mit rechts einen der markierten Titel an und wählen im Kontextmenü den Befehl **Informationen**.

Fehlende Informationen ergänzen

4. Lesen und bestätigen Sie den folgenden Dialog mit einem Klick auf die Schaltfläche **Ja**. Sie bearbeiten nun die Informationen für alle markierten Titel des Albums.

5. Daraufhin wird ein Dialogfenster eingeblendet. Sie befinden sich in der Registrierkarte **Details** ❶. Dort sehen Sie die verschiedenen Eingabefelder mit Informationen, die Sie alle ändern können. Klicken Sie beispielsweise in das Eingabefeld **Interpret** ❷, um den Namen des Musikers zu korrigieren.

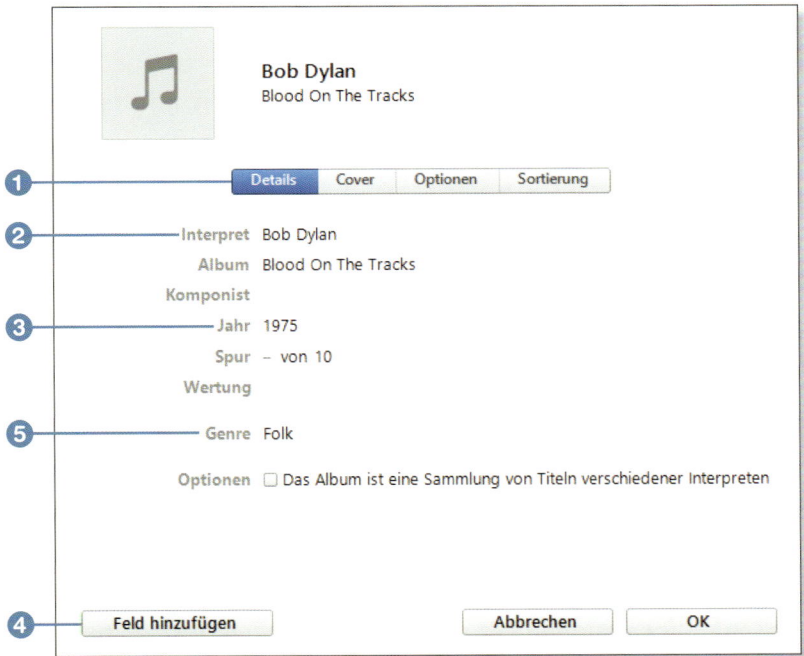

6. Wenn Sie in das Eingabefeld **Jahr** ❸ das Erscheinungsjahr des Albums eingeben, haben Sie beispielsweise später die Möglichkeit, eine intelligente Wiedergabeliste mit diesem Kriterium zu erstellen. Sie können so eine intelligente Wiedergabeliste für Alben erstellen, die in einem bestimmten Zeitraum erschienen sind. (Lesen Sie dazu auch den Abschnitt »Intelligente Wiedergabelisten nutzen« ab Seite 72.)

7. Vermissen Sie Informationen wie die CD-Nummer (beispielsweise wenn es sich um eine Doppel-CD handelt), oder wollen Sie einen Kommentar anfügen, ergänzen Sie weitere Felder, indem Sie auf **Feld hinzufügen** (❹ auf Seite 153) klicken.

8. Zu guter Letzt sollten Sie darauf achten, ob die Angaben im Eingabefeld **Genre** ❺ stimmen. Hier kommt es häufig beim Import zu fehlerhaften Informationen, die Sie anpassen sollten für den Fall, dass Sie Ihre Musiktitel nach Genre filtern möchten. Klicken Sie dazu auf das aktuelle Genre und wählen Sie ein anderes im Auswahlmenü, oder geben Sie eine eigene Bezeichnung ein.

9. Haben Sie alle gewünschten Änderungen vorgenommen, klicken Sie auf die Schaltfläche **OK**, um das Dialogfenster zu schließen.

Die vorgenommenen Änderungen werden unmittelbar auf die markierten Titel angewandt, und Sie können sie in Ihrer Mediathek begutachten.

Fehlende Cover ergänzen

In den Informationen eines Titels finden Sie in der Übersicht das Cover des Albums bzw. der Single. Ist kein Cover vorhanden, können Sie es im gleichnamigen Register für einen Musiktitel hinzufügen. Aber auch hier können Sie, wie schon im vorangegangenen Abschnitt »Fehlende Informationen ergänzen«, die Bildinformationen für mehrere Titel beziehungsweise ganze Alben auf einmal anpassen. Dazu stelle ich Ihnen zwei verschiedene Wege vor. Der wohl einfachste ist, die Coverbilder automatisch von iTunes über Apple abrufen zu lassen.

1. Markieren Sie zunächst die Musiktitel, zu denen Sie Coverinformationen erhalten möchten.

2. Klicken Sie sie nun mit rechts an, und wählen Sie im Kontextmenü den Befehl **Albumcover laden**.

Fehlende Cover ergänzen

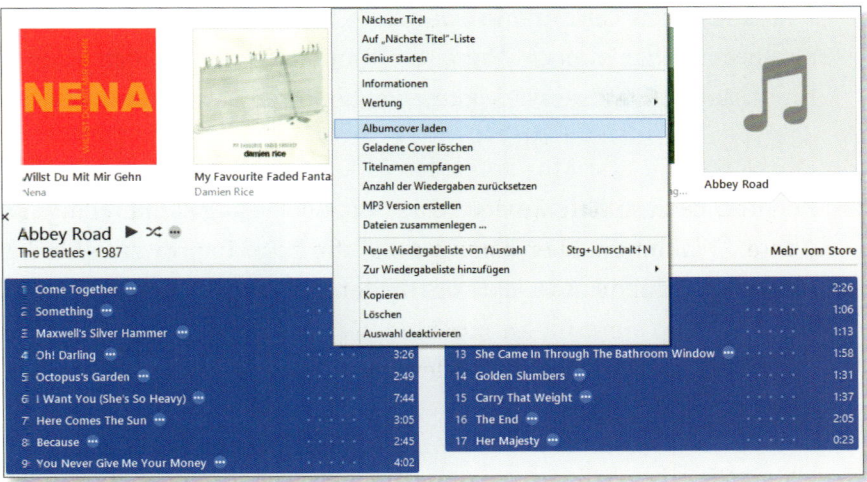

3. Bestätigen Sie den folgenden Sicherheitsdialog mit einem Klick auf die Schaltfläche **Albumcover laden**.

Daraufhin wird das Coverbild für die markierten Titel gesucht und in den Titelinformationen hinterlegt. Wurde ein passendes Bild in der Datenbank gefunden, wird Ihnen dieses zukünftig auch während der Wiedergabe in der Titelanzeige anstelle des Notensymbols angezeigt. Wenn Sie möchten, können Sie diesen Befehl übrigens auch auf Ihre gesamte Mediathek anwenden. Blenden Sie dazu zunächst die Menüleiste mit der Tastenkombination Strg + B ein, und klicken Sie auf **Datei**. Auf dem Mac klicken Sie dazu in der Menüleiste auf **Ablage**. Wählen Sie im Menü den Punkt **Mediathek**, und klicken Sie im Folgemenü auf **Albumcover laden**. Daraufhin werden Bildinformationen für alle Musiktitel Ihrer Mediathek geladen.

Sollten einmal beim automatischen Laden nicht die richtigen oder keine Bildinformationen gefunden werden, können Sie immer noch manuell ein Bild in den Titelinformationen einfügen.

1. Suchen Sie das richtige Coverbild im Internet. Das funktioniert meist gut, wenn Sie bei Google den Namen des Albums und des Interpreten eingeben und oben im Menü unterhalb des Suchfelds auf **Bilder** klicken. Laden Sie sich das Bild auf Ihren Rechner. Haben Sie das Album auf CD, können Sie das Cover natürlich auch einscannen und es als JPG-Datei auf Ihrem Rechner abspeichern. Sie können prinzipiell auch jedes beliebige Urlaubsbild als Coverbild verwenden, wenn Sie das möchten.

2. Markieren Sie alle Musiktitel des Albums, und öffnen Sie mit einem Rechtsklick das Kontextmenü. Oder klicken Sie direkt mit rechts auf das Album. Wählen Sie den Menüpunkt **Informationen**. Bestätigen Sie die folgende Abfrage mit **Objekte bearbeiten**.

3. Wechseln Sie in das Register **Cover**, und klicken Sie auf die Schaltfläche **Coverbild hinzufügen**.

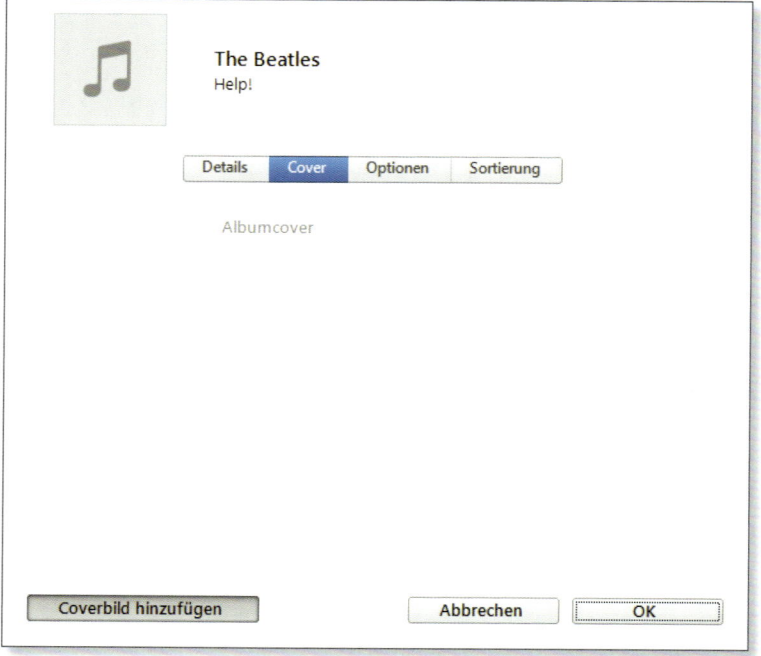

4. Suchen Sie im folgenden Dialogfenster das Verzeichnis, in dem sich die Bilddatei, die Sie als Albumcover festlegen wollen, auf Ihrem Rechner befindet. Markieren Sie sie, und bestätigen Sie Ihre Auswahl mit einem Klick auf die Schaltfläche **Öffnen**.

Liedtexte eingeben

5. Schließen Sie das Dialogfenster mit den Titelinformationen mit einem Klick auf **OK**.

Das Cover wird daraufhin dem Titel hinzugefügt. Dieser Vorgang kann bei der Bearbeitung mehrerer Titel einen kleinen Moment dauern. Bei der Wiedergabe wird Ihnen das Albumcover nun in der Titelanzeige gezeigt.

Liedtexte eingeben

Öffnen Sie das Dialogfenster mit den Informationen eines einzelnen Musiktitels (Strg + I / ⌘ + I), finden Sie das Register **Liedtext** vor. Sie können an dieser Stelle den Liedtext des Musiktitels in den Informationen speichern. Suchen Sie im Internet nach dem Liedtext, und kopieren Sie ihn sich in iTunes.

1. Öffnen Sie Ihren Browser, und geben Sie die Adresse der Suchmaschine Google ein: *www.google.de*.

2. Tragen Sie in das Suchfeld »Songtext Yellow Submarine« ein beziehungsweise den Namen des Liedes, zu dem Sie den Text suchen, und bestätigen Sie mit ↵ .

3. Wählen Sie einen der Treffer aus, der Ihnen von der Suchmaschine angeboten wird. Im Beispiel entscheide ich mich für das Ergebnis der Seite *www.songtexte.com*.

4. Markieren Sie den Text des Musiktitels mit der Maus. Öffnen Sie mit der rechten Maustaste das Kontextmenü, und wählen Sie mit einem Mausklick den Befehl **Kopieren**. Alternativ dazu benutzen Sie nach dem Markieren die Tastenkombination [Strg]+[C]/[⌘]+[C], um den Liedtext in die Zwischenablage zu kopieren.

Beachten Sie dabei aber, dass einige Webseiten das Kopieren von Inhalten der Seite unterbinden. In diesem Fall steht der Befehl im Kontextmenü nicht zur Verfügung, und das Kopieren per Tastenkombination wird ebenfalls ohne Ergebnis bleiben. Sie sollten dann eine andere Seite aus den Treffern Ihrer Suchanfrage ausprobieren.

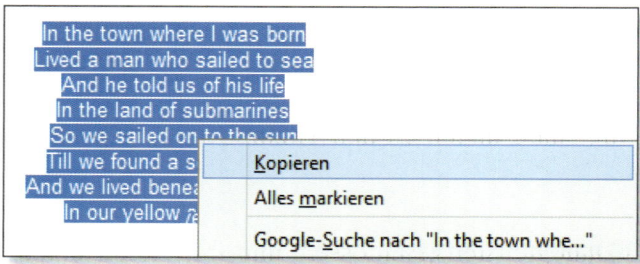

5. Wechseln Sie nach dem erfolgreichen Kopieren in die Zwischenablage wieder zu iTunes. Suchen Sie in Ihrer Mediathek den entsprechenden Musiktitel, und klicken Sie ihn mit rechts an. Wählen Sie im Kontextmenü den Menüpunkt **Information**.

6. Klicken Sie im folgenden Dialogfenster auf das Register **Liedtext**, um den Text aus der Zwischenablage einzufügen.

7. Setzen Sie dazu den Cursor in das leere Feld, und drücken Sie die Tastenkombination [Strg]+[V]/[⌘]+[V]. Der Liedtext wird daraufhin aus der Zwischenablage in das Eingabefeld kopiert.

Klangeinstellungen für einzelne Titel vornehmen

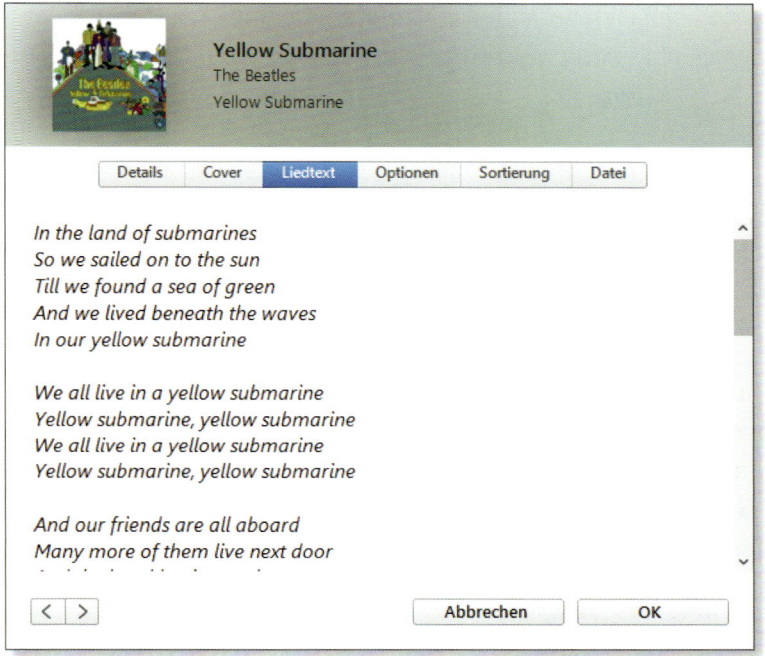

8. Bestätigen Sie Ihre Änderungen an den Titelinformationen mit einem Klick auf die Schaltfläche **OK**.

Daraufhin wird das Dialogfenster geschlossen, und Ihre Änderungen werden übernommen. Wann immer Sie nun die Titelinformationen dieses Musikstücks aufrufen, können Sie sich auch den Liedtext anzeigen lassen.

Klangeinstellungen für einzelne Titel vornehmen

Interessant ist auch die Möglichkeit, bei iTunes für einzelne Musiktitel ganz individuelle Klangeinstellungen vorzunehmen. Das ist vor allem dann nützlich, wenn Sie Wiedergabelisten erstellen, in denen Musiktitel von vielen verschiedenen Alben enthalten sind, die womöglich sehr unterschiedlich gemischt wurden und daher klanglich unter Umständen stark voneinander abweichen. Sie können nun mit den individuellen Klangeinstellungen

Kapitel 5 – Die Mediathek verwalten

die Musiktitel der Wiedergabeliste aufeinander abstimmen, so dass der Klangeindruck insgesamt harmonischer erscheint.

1. Markieren Sie wie in den vorangegangenen Anleitungen zunächst mit einem Mausklick den Musiktitel, bei dem Sie die Klangeinstellungen ändern möchten. Klicken Sie ihn mit rechts an, und wählen Sie aus dem Kontextmenü den Befehl **Informationen**. Alternativ dazu können Sie auch den Musiktitel markieren und dann die Tastenkombination [Strg]+[I]/ [⌘]+[I] drücken.

2. Öffnen Sie im folgenden Dialogfenster mit einem Mausklick das Register **Optionen**. Hier haben Sie nun verschiedene Einstellungsmöglichkeiten. Bewegen Sie beispielsweise den Schieberegler ❶ im Bereich **Lautstärkeanpassung**, um die Lautstärkevoreinstellung dieses Titels festzulegen. So sorgen Sie dafür, dass ein Lieblingstitel in einer Wiedergabeliste etwas lauter als die anderen wiedergegeben oder die Lautstärke eines Titels, der wesentlich lauter als alle anderen Titel ist, reduziert wird.

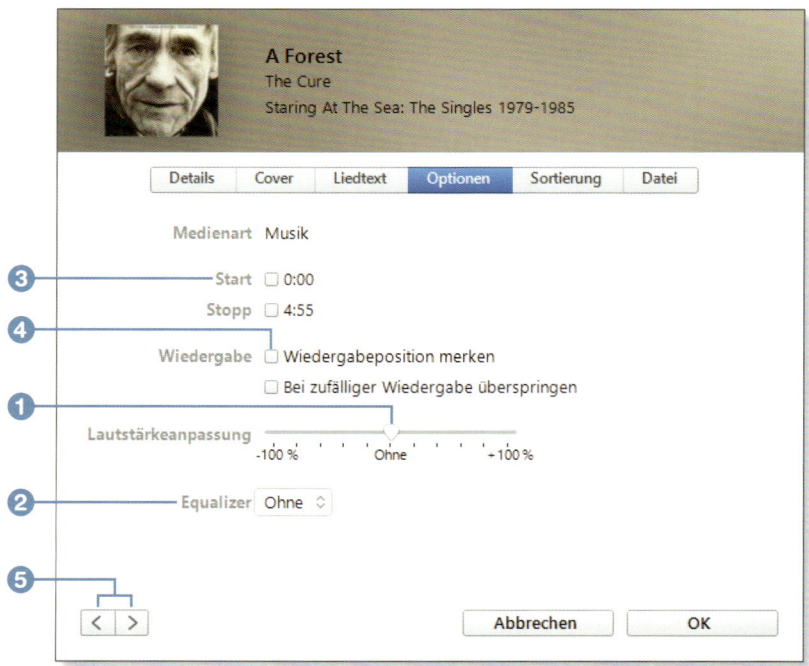

3. Über das Auswahlmenü **Equalizer** ❷ wählen Sie mit einem Klick aus den bestehenden Klangoptionen eine neue Voreinstellung aus, die zukünftig auf diesen Musiktitel angewendet werden soll. Wie Sie diese Voreinstellungen anpassen, lesen Sie im Abschnitt »Den Equalizer nutzen« ab Seite 64.

4. Sie können im Eingabefeld **Start** ❸ die Anfangszeit des Musiktitels anpassen. Das ist beispielsweise sinnvoll, wenn der Titel ein langes Intro hat und die eigentliche Musik erst später einsetzt.

5. Hören Sie häufig Hörbücher, wird Sie vor allem die Option **Wiedergabeposition merken** ❹ interessieren. Haben Sie diese mit einem Klick auf die Checkbox aktiviert und unterbrechen die Wiedergabe dieses Titels, merkt sich iTunes die Stelle, an der Sie den Titel angehalten haben, und setzt bei der nächsten Wiedergabe genau an dieser Stelle wieder ein. So müssen Sie nicht mehr lange nach der letzten Position suchen.

6. Möchten Sie Ihre Änderungen speichern und das Dialogfenster schließen, klicken Sie auf die Schaltfläche **OK**.

Übrigens können Sie mit einem Klick auf die Pfeil-Schaltflächen **Zurück** oder **Weiter** ❺ ganz bequem zwischen den Titelinformationen der Musiktitel einer Wiedergabeliste, eines Albums oder Ihrer gesamten Musikmediathek wechseln. So müssen Sie nicht immer wieder den nächsten Titel markieren, den Sie bearbeiten wollen, und das Dialogfenster erneut aufrufen.

Lieder bewerten

Zu jedem Musiktitel in Ihrer Mediathek können Sie eine Wertung hinzufügen. Aus diesen Wertungen können Sie dann später Wiedergabelisten erstellen, zum Beispiel, um nur Ihre Lieblingslieder abzuspielen. Dazu müssen Sie nicht notwendigerweise die Titelinformationen des jeweiligen Musiktitels aufrufen, sondern Sie können zur Bewertung Ihrer Musik einfach die Spalte **Wertung** in der Kategorie **Listen** im Bereich **Musik** verwenden.

Kapitel 5 – Die Mediathek verwalten

Vergeben Sie zunächst für die Titel innerhalb Ihrer Mediathek verschiedene Wertungen. Klicken Sie hinter einem Musiktitel in der Spalte **Wertung** auf den grauen Punkt ganz rechts ❶, vergeben Sie für diesen Titel fünf Sterne, also die Höchstwertung. Wenn Ihnen der Titel nicht so gut gefällt, klicken Sie beispielsweise auf den zweiten grauen Punkt von links, um zwei Sterne zu vergeben.

So bewerten Sie leicht eine größere Anzahl Titel in Ihrer Mediathek, denn die Bewertung ist dann am hilfreichsten, wenn Sie sie auch für alle Lieder in Ihrer Mediathek verwenden. Sie können dann Ihre Mediathek nach Ihren Bewertungen sortieren, um als Erstes alle Lieblingslieder abzuspielen. Klicken Sie dazu auf die Spaltenbezeichnung ❷.

Noch komfortabler ist es aber, mit Hilfe der Bewertungen eine intelligente Wiedergabeliste zu erstellen, die nur Ihre Lieblingslieder enthält, sodass Sie diese nacheinander abspielen können.

1. Blenden Sie dazu zunächst die Menüleiste ein (Strg+B), und klicken Sie auf **Datei**. Wählen Sie im Menü den Befehl **Neu**, und klicken Sie auf **Intelligente Wiedergabeliste**. Auf dem Mac befindet sich der Befehl unter **Ablage**.

2. Nehmen Sie im Dialogfenster **Intelligente Wiedergabeliste** die gewünschten Einstellungen vor.

3. Möchten Sie beispielsweise nur die Titel zusammenfassen, die Sie mit vier oder fünf Sternen bewertet haben, klicken Sie zunächst auf das erste Auswahlmenü ❸ und wählen das Kriterium **Wertung**. Stellen Sie im zweiten Auswahlmenü **ist größer als** ❹ ein, und markieren Sie im folgenden Feld drei Sterne ❺.

Lieder bewerten

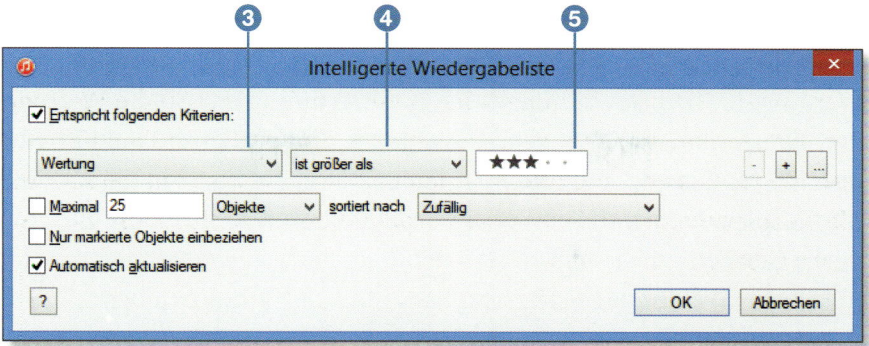

4. Belassen Sie alle anderen Einstellungen, wie sie sind, und bestätigen Sie Ihre Zusammenstellung mit einem Klick auf die Schaltfläche **OK**. Daraufhin werden alle Musiktitel Ihrer Mediathek, die eine Vier- oder Fünf-Sterne-Bewertung haben, in diese intelligente Wiedergabeliste eingefügt. Der große Vorteil der intelligenten Wiedergabeliste ist dabei ja, dass automatisch alle Titel, die die Wertung von vier oder fünf Sternen später neu erhalten, in die Liste aufgenommen werden. Es handelt sich also nicht um eine starre Liste, sondern viel mehr um einen Filter, der die Liste ständig aktualisiert. Wenn Sie auf das Namensfeld ❻ klicken, können Sie der Liste noch einen aussagekräftigen Namen geben.

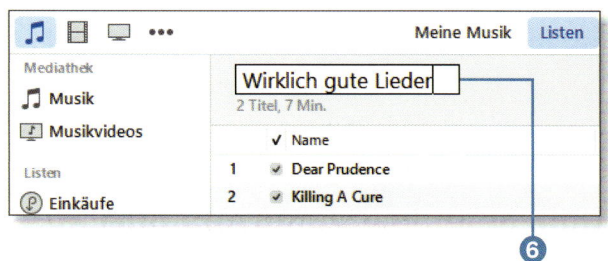

Auf diese Weise können Sie mit Hilfe der Bewertung von Liedern im Zusammenspiel mit einer intelligenten Wiedergabeliste sehr bequem Ihre Mediathek nach Ihren Lieblingstiteln filtern und sich nur diese anhören.

> **INFO**
>
> **Bewertungen über das Kontextmenü vornehmen**
>
> Sie können die Bewertung eines Musiktitels auch über das Kontextmenü vornehmen. Klicken Sie dazu den entsprechenden Titel mit rechts an, und rufen Sie im Menü den Befehl **Wertung** auf. Wählen Sie nun im Folgemenü die Anzahl Sterne, oder klicken Sie auf **Ohne**, um die bestehende Wertung zu entfernen.

Kapitel 5 – Die Mediathek verwalten

Wiedergabelisten organisieren und bearbeiten

Vor allem, wenn Sie eine große Musiksammlung besitzen, sind Wiedergabelisten eine große Hilfe, den Überblick zu behalten. So können Sie Ihre Musik bequem nach Ihren Vorstellungen verwalten, sortieren und mit anderen Geräten synchronisieren. Wie Sie solche Listen erstellen, habe ich im Abschnitt »Wiedergabelisten erstellen« ab Seite 67 beschrieben.

Haben Sie viele Wiedergabelisten angelegt, kann es mit der Zeit allerdings unübersichtlich werden. Deshalb gebe ich Ihnen in diesem Abschnitt ein paar Tipps zum Verwalten und Bearbeiten von Wiedergabelisten. Haben Sie beispielsweise mehrere Wiedergabelisten von einem Interpreten angelegt, können Sie sie in einem Wiedergabeliste-Ordner zusammenfassen.

1. Klicken Sie in der Mediathekleiste auf den Bereich **Musik** und dann auf **Listen/Wiedergabelisten**.

2. Klicken Sie nun unter der Spalte mit den Wiedergabelisten auf die Plus-Schaltfläche ❶, und wählen Sie im Menü den Befehl **Neuer Wiedergabeliste-Ordner** ❷.

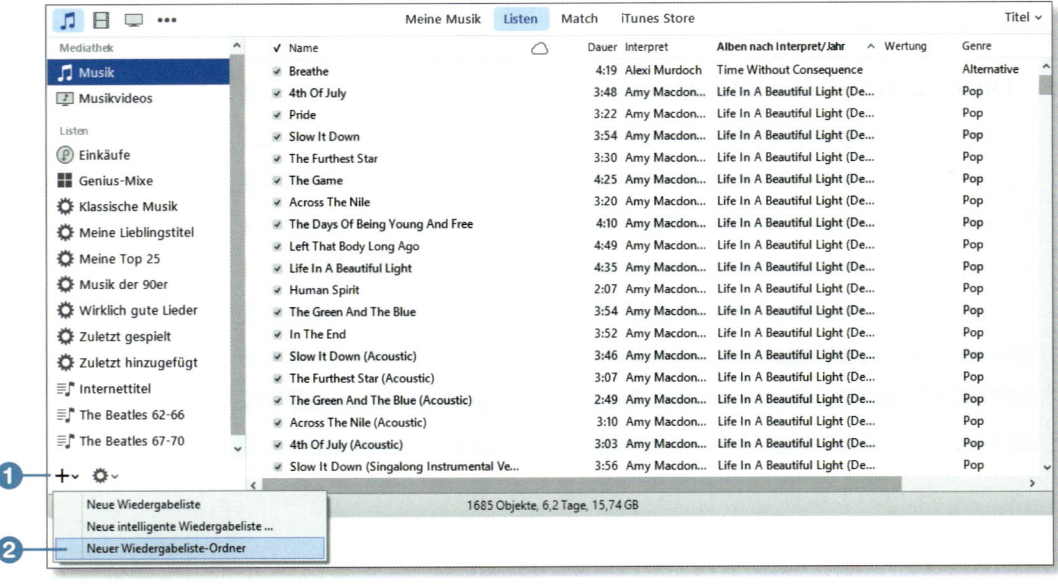

Wiedergabelisten organisieren und bearbeiten

3. Daraufhin wird in der Spalte **Wiedergabelisten** oberhalb der intelligenten Wiedergabelisten ein Ordner ❸ angelegt. Klicken Sie in das Eingabefeld ❹, um diesen Ordner zu benennen. Geben Sie beispielsweise den Namen des Interpreten ein.

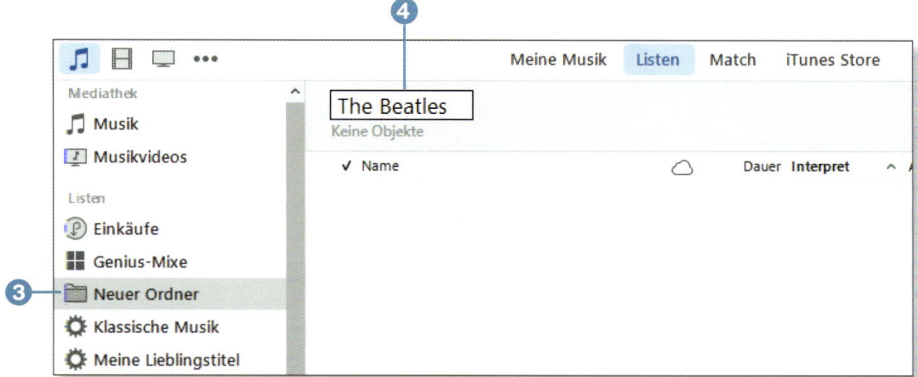

4. Fügen Sie Wiedergabelisten in diesen Ordner ein. Der einfachste Weg ist, sie per Drag & Drop zu verschieben. Markieren Sie die Liste ❺, die Sie verschieben möchten, in der Wiedergabelisten-Spalte, drücken und halten Sie die linke Maustaste, und ziehen Sie die Wiedergabeliste auf den neu angelegten Ordner ❻. Lassen Sie die Maustaste los.

Wenn Sie möchten, können Sie zu guter Letzt die Wiedergabeliste, die Sie in den Ordner verschoben haben, umbenennen und die Interpretenbezeichnung entfernen. Auf diese Weise können Sie die Wiedergabelisten-Spalte schnell aufräumen und Ihre Wiedergabelisten in Ordner sortieren.

Möchten Sie einen Titel aus einer Wiedergabeliste entfernen, markieren Sie mit einem Mausklick in der Wiedergabeliste den Titel und drücken dann `Entf`/`←`. Achten Sie drauf, dass Sie sich innerhalb der Wiedergabeliste befinden. Das erkennen Sie daran, dass die Wiedergabeliste links in der Seitenleiste blau hervorgehoben ist. Oder rufen Sie mit einem Rechtsklick das Kontextmenü auf und wählen hier den Befehl **Löschen**. Sie können natürlich auch gleich mehrere Titel auswählen und löschen: Drücken und halten Sie dazu einfach die Taste ⌈Strg⌉/⌈⌘⌉, und markieren Sie nacheinander die gewünschten Musiktitel.

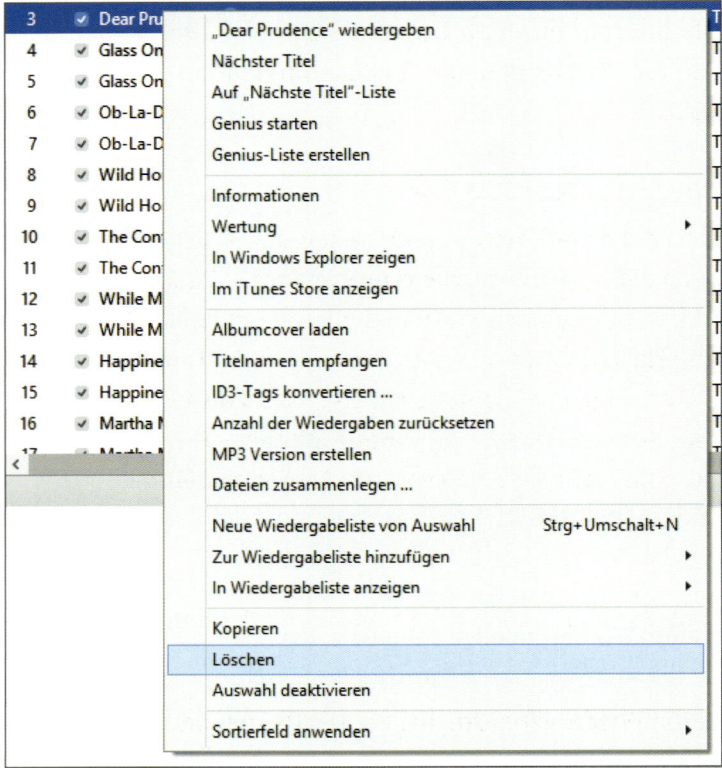

iTunes fragt Sie vorab noch einmal, ob Sie die ausgewählten Titel wirklich aus der Liste entfernen möchten. Bestätigen Sie mit **Löschen**.

Der Titel wird daraufhin aus der Wiedergabeliste entfernt. Das Entfernen hat aber ausschließlich Auswirkung auf die gewählte Wiedergabeliste, in Ihrer Mediathek ist der Musiktitel weiterhin verfügbar.

Wiedergabelisten organisieren und bearbeiten

Haben Sie einen Musiktitel versehentlich aus einer Wiedergabeliste gelöscht, können Sie diesen Arbeitsschritt auch rückgängig machen. Blenden Sie dazu die Menüleiste ein (Strg + B), und klicken Sie auf **Bearbeiten**. Wählen Sie im Menü daraufhin den Befehl **Löschen des Titels widerrufen**. Alternativ können Sie dazu auch die Tastenkombination Strg + Z / ⌘ + Z verwenden.

> **TIPP**
>
> **Titel einer Wiedergabeliste deaktivieren**
>
> Anstatt einen Titel dauerhaft aus einer Wiedergabeliste zu löschen, haben Sie auch die Möglichkeit, die Wiedergabe des Titels zu unterdrücken. Klicken Sie dazu einfach in der Wiedergabeliste auf das vorangestellte Häkchen, um den entsprechenden Titel zu deaktivieren. Starten Sie nun die Wiedergabe der Liste, wird dieser Titel nicht abgespielt, sondern iTunes springt gleich zum nächsten Musiktitel. Klicken Sie auf das leere Kästchen vor dem Musiktitel, wird er wieder aktiviert.

Um die Reihenfolge der Titel zu verändern oder neue Titel in eine Wiedergabeliste einzufügen, gehen Sie wie folgt vor:

1. Markieren Sie die Wiedergabeliste, die Sie bearbeiten oder der Sie weitere Titel hinzufügen wollen, links in der Seitenleiste. Öffnen Sie mit einem Rechtsklick auf die Wiedergabeliste das Kontextmenü, und wählen Sie den Befehl **Wiedergabeliste bearbeiten**.

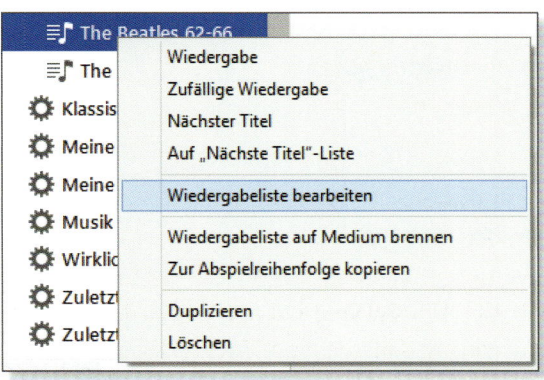

2. Daraufhin wird die Bearbeitungsansicht eingeblendet: Die Wiedergabeliste sehen Sie nun am rechten Rand, und Sie erhalten Zugriff auf Ihre Musikmediathek. Per Drag & Drop fügen Sie neue Titel in die Wiedergabeliste ein: Klicken Sie auf einen Titel oder ein Album, halten Sie die Maustaste gedrückt, und bewegen Sie den Titel rechts in die Liste.

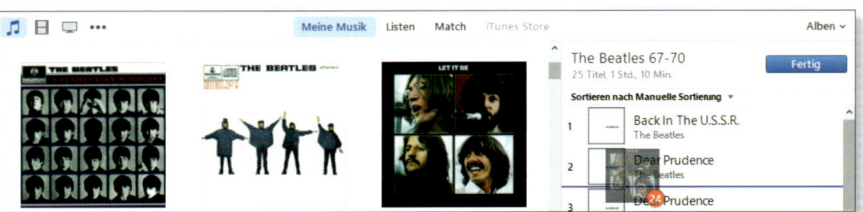

3. Wenn Sie möchten, können Sie die Titel Ihrer Wiedergabeliste neu anordnen. Markieren Sie dazu einen Musiktitel, den Sie verschieben möchten, drücken und halten Sie die linke Maustaste, und verschieben Sie den Musiktitel an seine neue Position. Lassen Sie die linke Maustaste wieder los.

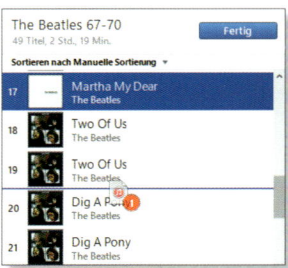

4. Sind Sie mit dem Ergebnis zufrieden und haben alle Änderungen vorgenommen, klicken Sie auf die Schaltfläche **Fertig**.

Die Bearbeitungsansicht wird daraufhin geschlossen, und Sie sehen wieder die Standardansicht der Kategorie **Listen**.

> **INFO**
>
> **Musiktitel in mehreren Wiedergabelisten**
>
> Sie müssen sich übrigens keine Gedanken über Ihren Speicherplatz machen, wenn Sie einen Musiktitel in mehrere Wiedergabelisten kopiert haben. Der Titel befindet sich nur einmal auf Ihrer Festplatte, und iTunes stellt lediglich eine Verknüpfung zu dieser Datei her, sobald Sie ihn in eine Wiedergabeliste einfügen. Dementsprechend wird der Titel auch nicht aus Ihrer Mediathek oder von Ihrem Rechner gelöscht, wenn Sie einen Titel aus einer Wiedergabeliste entfernen.

Doppelte Objekte suchen und entfernen

Sollten Sie Musik aus unterschiedlichen Quellen in iTunes importiert haben, kann es schon passieren, dass Musiktitel, Filme oder Hörbücher mehrmals in Ihrer Mediathek vorhanden sind. Sie sollten in so einem Fall Ihre Mediathek auf doppelte Objekte hin durchsuchen und gegebenenfalls die Mediathek bereinigen.

1. Wählen Sie über das Auswahlmenü der Mediathekleiste zunächst den Bereich aus, in dem Sie nach Duplikaten suchen möchten. Ich entscheide mich für dieses Beispiel für den Mediathekbereich **Musik**. Dort kommen solche Doppelungen meiner Erfahrung nach am häufigsten vor. Sie können aber prinzipiell in allen Bereichen nach doppelten Einträgen suchen.

2. Blenden Sie die Menüleiste ein ([Strg]+[B]), und klicken Sie auf **Anzeige**. Wählen Sie im Menü den Befehl **Doppelte Objekte einblenden**. Auf dem Mac befindet sich der Befehl im Menü **Darstellung**. Ist dieser Befehl ausgegraut, ist das ein gutes Zeichen, denn dann sind keine doppelten Objekte vorhanden.

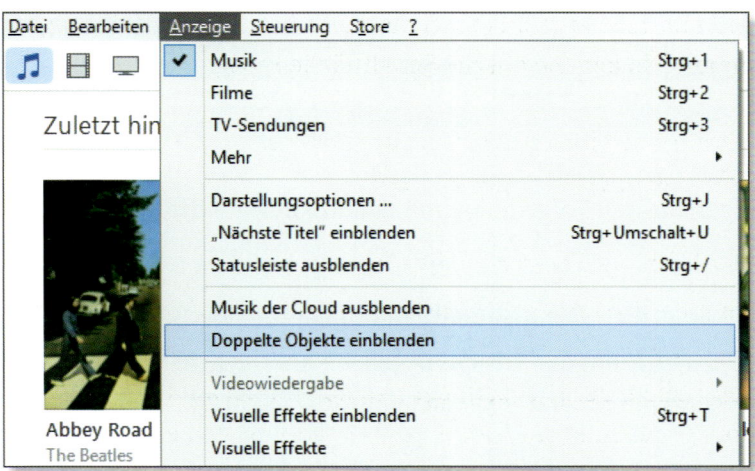

Ihnen werden die Duplikate Ihrer Mediathek nun in der Ansicht **Duplikate anzeigen** (❶ auf Seite 170) aufgelistet. Wie Sie in der folgenden

Abbildung sehen, kann es zu zwei unterschiedlichen Arten von Duplikaten kommen: einerseits Titel, die zwar doppelt in Ihrer Mediathek sind, aber zu zwei verschiedenen Alben gehören (die Option **Alle** ❷), und andererseits Dateien, die tatsächlich doppelt vorhanden sind (**Gleiches Album** ❸). Um nicht aus Versehen die falschen Titel zu löschen, wechseln Sie also am besten in den Reiter **Gleiches Album**.

3. Möchten Sie die doppelten Dateien löschen, markieren Sie sie mit einem Mausklick und drücken danach die Taste `Entf`/`←`. Mehrere Titel markieren Sie, indem Sie beim Klicken `Strg`/`⌘` gedrückt halten. Übrigens ist es hierzu sinnvoll, sich die Spalte **Datenrate** ❹ über einen Rechtsklick auf eine beliebige Spaltenkategorie einblenden zu lassen. So erkennen Sie schnell, ob eine der beiden gleichen Musikdateien vielleicht in einer besseren Qualität vorliegt.

4. Bestätigen Sie den Folgedialog mit einem Klick auf die Schaltfläche **Titel löschen**.

5. Haben Sie alle Änderungen vorgenommen, klicken Sie auf die Schaltfläche **Fertig** ❺, um die Ansicht **Duplikate anzeigen** zu verlassen, und zu Ihrer vorherigen Mediathekansicht zurückzukehren.

Gerade wenn Sie viele Musikdateien auf Ihrem Rechner gespeichert und diese automatisch zu iTunes hinzugefügt haben, rate ich Ihnen, nach doppelten Dateien zu suchen und diese aus der Mediathek und von Ihrer Festplatte zu entfernen.

Die Mediathek verwalten

Es gibt zwei Arten, wie iTunes Ihre Musik- und andere Daten speichert: Entweder kopiert iTunes alle Dateien in ein bestimmtes Verzeichnis auf der Festplatte, das *iTunes Media* heißt und nach einer Standardinstallation im Ordner *Musik* in Ihrem Benutzerordner liegt – unter Windows ist das in der Regel *C:\Users\[Ihr Benutzername]\Musik\iTunes\iTunes Media*. Viele Dateien werden dann doppelt auf Ihrer Festplatte vorhanden sein. Oder aber Ihre Dateien werden von iTunes nur verwaltet, existieren also nur einmal an einem beliebigen von Ihnen gewählten Ort auf Ihrer Festplatte. Standardmäßig ist diese Einstellung aktiviert.

Wenn Sie aber möchten, dass iTunes sämtliche Dateien Ihrer Mediathek im Verzeichnis *iTunes Media* sammelt, können Sie dies jederzeit so einstellen. Wenn Sie eine umfangreiche Mediathek besitzen, sollten Sie vor diesem Vorgang sicherstellen, dass Ihnen genügend Speicherplatz zur Verfügung steht.

1. Blenden Sie zunächst die Menüleiste ein (`Strg` + `B`), und klicken Sie darin auf **Datei**.

2. Wählen Sie im Menü den Punkt **Mediathek** an, und klicken Sie im Folgemenü auf den Befehl **Mediathek organisieren** ❻.

3. Aktivieren Sie im Dialogfenster **Mediathek verwalten** mit einem Klick die Checkbox **Dateien zusammenlegen**, und bestätigen Sie den Vorgang danach mit einem Klick auf die Schaltfläche **OK**.

Kapitel 5 – Die Mediathek verwalten

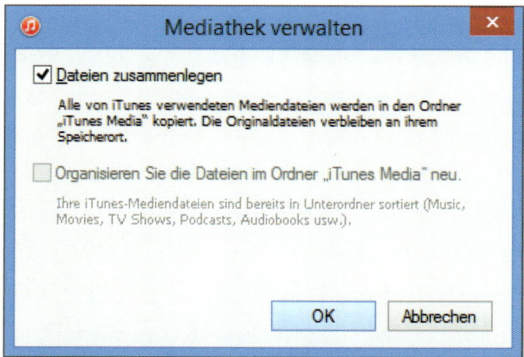

Daraufhin werden alle von iTunes verwendeten Mediendateien zusammengefasst und in den Ordner *iTunes Media* kopiert. Die Originaldateien bleiben unverändert an ihrem ursprünglichen Ort erhalten.

Sie können die Verwaltung Ihrer Mediathek aber auch grundsätzlich an iTunes übergeben, so dass Sie sich keine Gedanken darüber machen müssen, wo sich die Dateien auf Ihrer Festplatte befinden. Das ist die Standardeinstellung. Wollen Sie diese Einstellung wiederherstellen, gehen Sie wie folgt vor.

1. Öffnen Sie zunächst das Programmmenü, und klicken Sie auf den Punkt **Einstellungen**. Alternativ verwenden Sie zum Aufrufen die Tastenkombination [Strg]+[,]/[⌘]+[,].

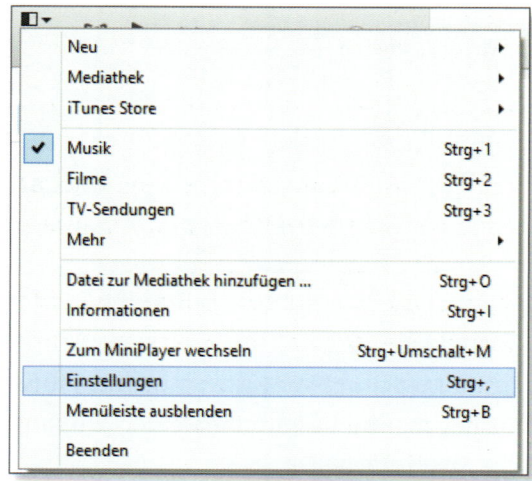

Die Mediathek verwalten

2. Aktivieren Sie im folgenden Dialogfenster das Register **Erweitert**. Darin interessiert uns nun nur der obere Bereich, da er vorrangig die Verwaltung von iTunes beeinflusst.

3. Klicken Sie auf die Checkbox **iTunes-Medienordner automatisch verwalten** ❶, wenn iTunes beim Import automatisch Ordner für Ihre Dateien anlegen soll. Dabei wird zunächst ein Verzeichnis mit dem Namen des Interpreten angelegt und darin ein weiteres Verzeichnis mit dem Namen des Albums. Fügen Sie später ein weiteres Album des Interpreten hinzu, wird es ebenfalls im Ordner des Interpreten gespeichert, so dass Sie alle Dateien eines Interpreten in einem Verzeichnis wiederfinden.

4. Aktivieren Sie per Mausklick auch die darunterliegende Checkbox ❷, werden, wie bei der zu Beginn des Abschnitts beschriebenen Funktion, alle Dateien nach dem Hinzufügen zu iTunes in das Verzeichnis *iTunes Media* kopiert.

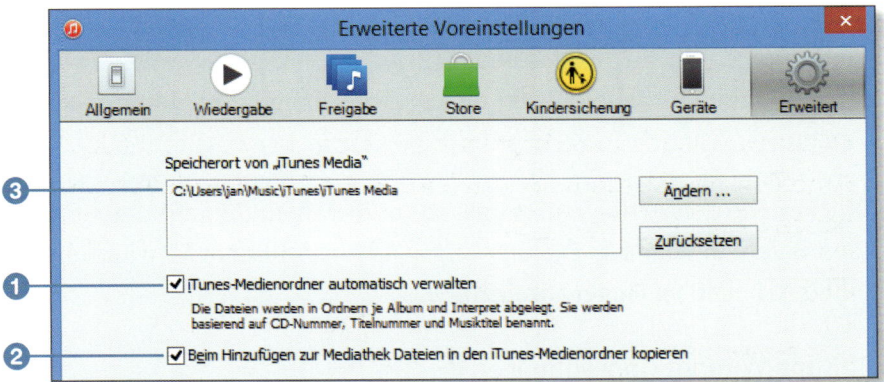

5. Bestätigen Sie abschließend Ihre Änderungen mit einem Klick auf die Schaltfläche **OK**. Die Einstellungen werden daraufhin geschlossen.

Auf diese Weise bringen Sie sehr bequem Ordnung in Ihre Mediendateien und ersparen sich mit der automatischen Verwaltung einiges an Arbeit. iTunes kümmert sich dann um alles, und Sie wissen immer genau, wo Sie die Inhalte Ihrer Mediathek auf Ihrer Festplatte wiederfinden.

Kapitel 5 – Die Mediathek verwalten

> **INFO**
>
> **Den Speicherort der Mediathek ändern**
>
> Wollen Sie Ihre Mediathekdaten an einem anderen Ort ablegen als dem aktuell benutzen Speicherort (❸ auf Seite 173), lesen Sie bitte den Abschnitt »Den Ordner ›iTunes Media‹ verschieben« ab Seite 176.

Wo sind meine iTunes-Dateien abgelegt?

Verwalten Sie Ihre Mediathek manuell oder haben Sie die Dateien Ihrer Mediathek beispielsweise auf verschiedenen Festplatten gespeichert, ist es manchmal notwendig, sich den Speicherplatz eines bestimmten Liedes anzeigen zu lassen.

1. Markieren Sie zunächst mit einem Mausklick ein Objekt in Ihrer Mediathek. Es spielt dabei keine Rolle, ob es sich dabei um einen Film, eine Serienfolge, ein Buch oder eine Musikdatei handelt. Sie können sich grundsätzlich für jedes Objekt den Speicherplatz im Explorer anzeigen lassen.

2. Klicken Sie den Artikel mit rechts an, und wählen Sie im Kontextmenü den Befehl **In Windows Explorer zeigen** ❶ aus. Auf dem Mac klicken Sie auf den Befehl **Im Finder anzeigen**.

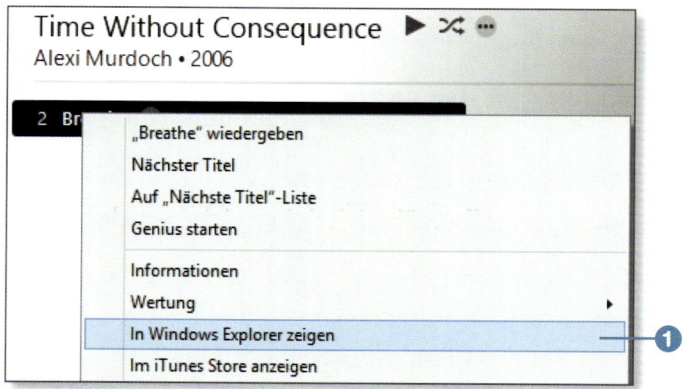

Wo sind meine iTunes-Dateien abgelegt?

3. Daraufhin wird von iTunes automatisch ein neues Explorer- beziehungsweise Finder-Fenster geöffnet und die in Ihrer Mediathek ausgewählte Datei an ihrem Speicherort aufgerufen. Wenn Sie möchten, könnten Sie die Datei nun mit einem anderen Programm wiedergeben, sie kopieren oder sich die Eigenschaften wie Dateigröße und Erstellungsdatum anzeigen lassen.

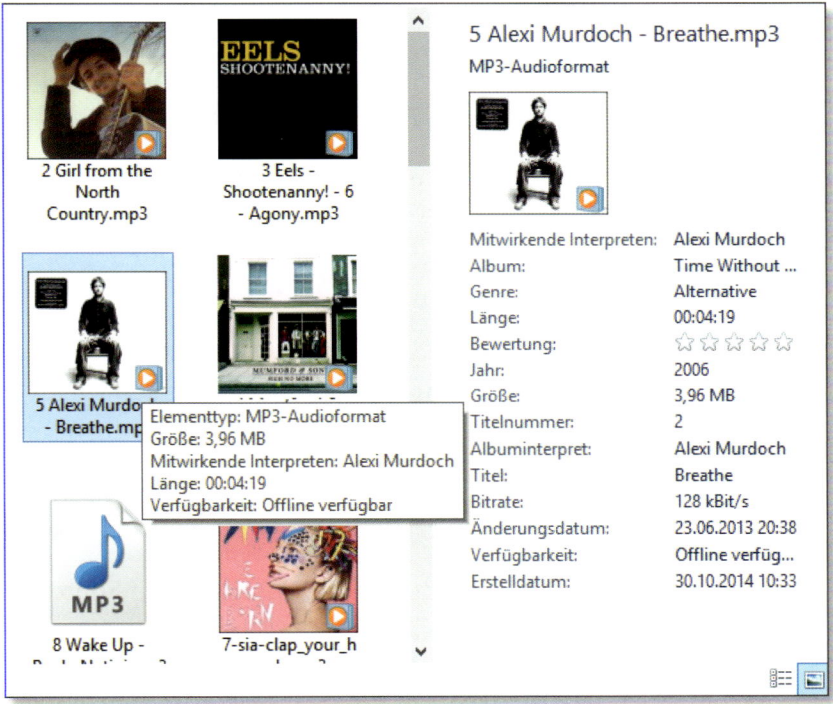

Beachten Sie dabei, dass iTunes bei aktiver automatischer Verwaltung der Mediendateien (siehe dazu den Abschnitt »Die Mediathek verwalten« ab Seite 171) für jedes Album und jede Single einen eigenen Ordner oder Unterordner anlegt. Nutzen Sie in diesem Fall den Befehl **In Windows Explorer zeigen**/**Im Finder anzeigen**, sollten Sie sich daher nicht wundern, dass Sie beispielsweise nicht alle Musiktitel eines Interpreten gesammelt in einem Ordner finden.

Kapitel 5 – Die Mediathek verwalten

Den Ordner »iTunes Media« verschieben

Wenn Sie iTunes die Verwaltung Ihrer Dateien überlassen haben, werden diese standardmäßig in Unterordnern innerhalb des Verzeichnisses *iTunes* gespeichert. Möchten Sie dieses Verzeichnis an einen anderen Speicherort verschieben, gilt es ein paar Dinge zu beachten.

1. Schließen Sie gegebenenfalls iTunes.

2. Rufen Sie als Nächstes den aktuellen Speicherort des Ordners *iTunes* im Explorer auf. Für gewöhnlich finden Sie ihn unter *C:\Users\[Benutzername]\Music*.

3. Markieren Sie den Ordner mit einem Mausklick, und klicken Sie danach mit rechts darauf, um das Kontextmenü aufzurufen. Klicken Sie auf den Befehl **Ausschneiden** ❶. Das erreichen Sie übrigens auch mit der Tastenkombination [Strg]+[X]. Da es die Option Ausschneiden im Finder auf dem Mac nicht gibt, können Sie den Ordner per Drag & Drop bewegen. Drücken Sie dabei die Taste [⌘], wird der Ordner nach dem Bewegen am ursprünglichen Speicherort entfernt.

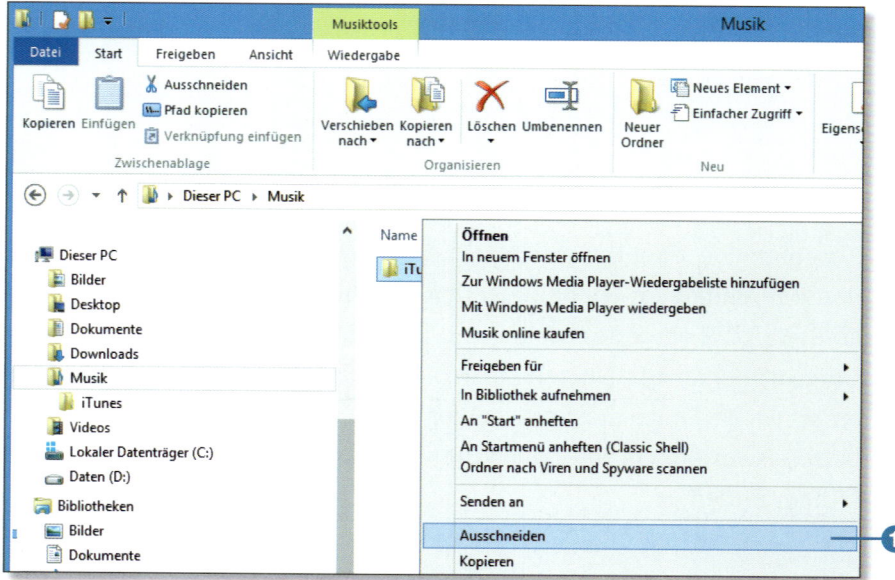

Den Ordner »iTunes Media« verschieben

4. Wählen Sie im Explorer den neuen Speicherort für das Verzeichnis *iTunes Media* an. Ich verschiebe in diesem Beispiel den Ordner auf eine andere Festplatte mit etwas mehr Speicherplatz. Er wird zukünftig nicht mehr auf *C:*, sondern auf *D:* zu finden sein. Klicken Sie am neuen Speicherort mit rechts in das Explorer-Fenster, und wählen Sie im Kontextmenü den Befehl **Einfügen**. Alternativ können Sie auch die Tastenkombination [Strg]+[V] verwenden. Daraufhin werden sämtliche Inhalte Ihrer Mediathek an den neuen Speicherort verschoben.

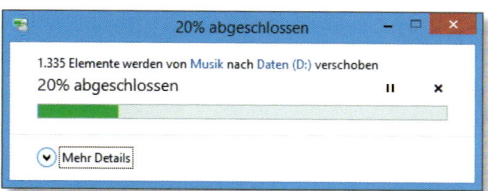

Je nachdem, wie groß Ihre Mediathek ist, kann dieser Vorgang ein wenig Zeit in Anspruch nehmen.

5. Starten Sie iTunes erneut und möchten die Wiedergabe eines Musiktitels starten, erhalten Sie von iTunes eine Fehlermeldung, dass der gewählte Titel nicht gefunden werden konnte. Das ist ganz logisch, da ja zuvor der gesamte Ordner mit den Dateien an einen neuen Speicherplatz verschoben wurde.

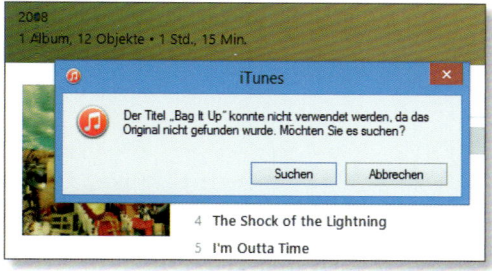

6. Rufen Sie die iTunes-Einstellungen auf, um dem Programm mitzuteilen, wo zukünftig die Quelldateien zu finden sind. Drücken Sie dazu die Tastenkombination [Strg]+[,]/[⌘]+[,], und klicken Sie im Dialogfenster auf das Register **Erweitert**.

7. Klicken Sie auf die Schaltfläche **Ändern** ❶, um den neuen Speicherort einzurichten.

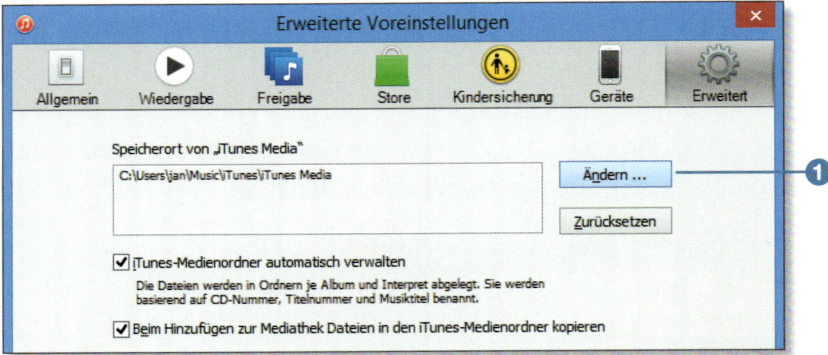

8. Markieren Sie im Dialogfenster **Speicherort des iTunes-Medienordners ändern** den Ordner *iTunes Media* am neuen Speicherort, und klicken Sie auf die Schaltfläche **Ordner auswählen** ❷. Daraufhin wird Ihnen im Bereich **Speicherort von »iTunes Media«** der neue Speicherort angezeigt. Bestätigen Sie mit **OK**.

9. Ihre Mediathek wird nun aktualisiert, und Sie können wieder ein Musikstück auswählen und abspielen.

Das Gleiche gilt natürlich für alle anderen Dateien, die sich in Ihrer Mediathek befinden und im Ordner *iTunes Media* gespeichert sind. Sobald Sie die Zuordnung zum Verzeichnis in den iTunes-Einstellungen wiederhergestellt haben, können Sie alle Dateien wieder abspielen.

Mehrere Mediatheken nutzen

Es kann durchaus vernünftig sein, in iTunes mehrere Mediatheken anzulegen. Verwendet beispielsweise Ihre gesamte Familie den gleichen Rechner – aber alle hören sehr unterschiedliche Musik –, dann können Sie einfach für jeden Benutzer eine eigene Mediathek anlegen. Sie können dann vor jedem Programmstart entscheiden, welche Mediathek von iTunes geladen werden soll.

1. Sollten Sie iTunes derzeit geöffnet haben, schließen Sie das Programm zunächst, um eine neue Mediathek neben Ihrer derzeit bestehenden anzulegen.

2. Drücken und halten Sie die Taste ⇧/alt, und klicken Sie doppelt auf das Programmicon von iTunes auf Ihrem Desktop oder einmal auf die iTunes-Kachel in der Metro-Ansicht. Lassen Sie nun die Taste ⇧/alt wieder los.

3. iTunes zeigt Ihnen daraufhin das Dialogfenster **iTunes-Mediathek wählen** an, mit dessen Hilfe Sie entweder eine bestehende Mediathek laden oder eine neue erstellen können. Klicken Sie daher auf die Schaltfläche **Neu erstellen**.

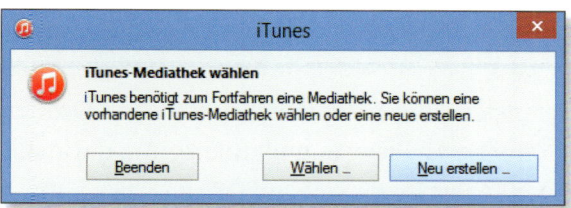

Kapitel 5 – Die Mediathek verwalten

4. Geben Sie im folgenden Dialogfenster **Neue iTunes-Mediathek** den Speicherort für die neue Mediathek an, und vergeben Sie einen aussagekräftigen Namen im Eingabefeld **Ordnername** ❶, so dass Sie Ihre Mediatheken leicht voneinander unterscheiden können. Klicken Sie abschließend auf die Schaltfläche **Speichern**.

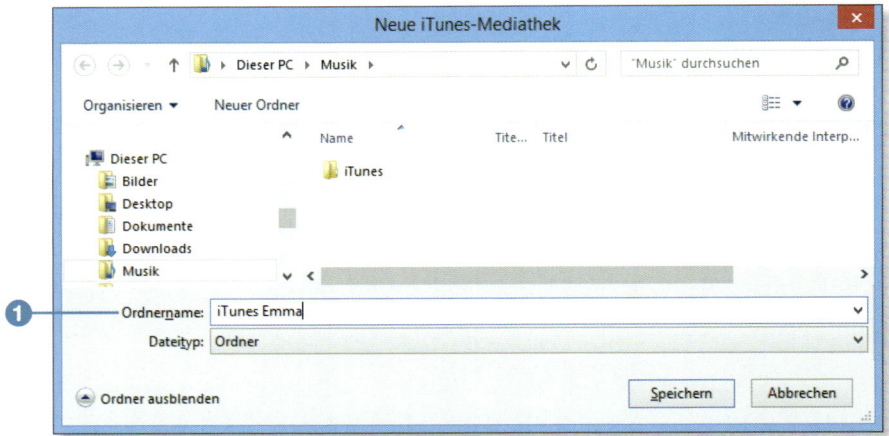

5. iTunes wird daraufhin mit einer neuen, völlig leeren Mediathek gestartet, die Sie nun mit neuen Inhalten befüllen können. Lesen Sie dazu Kapitel 2, »Musik laden«, auf Seite 45.

6. Möchten Sie beim nächsten Programmstart eine andere Mediathek auswählen, drücken und halten Sie erneut die Taste ⇧/alt und klicken auf das Programmicon von iTunes. Lassen Sie danach ⇧/alt wieder los.

7. Klicken Sie im Dialogfenster **iTunes-Mediathek wählen** auf die Schaltfläche **Wählen**, um eine der vorhandenen Mediatheken auf Ihrem Rechner auszuwählen.

8. Wählen Sie im Dialogfenster **iTunes-Mediathek öffnen** den Ordner der Mediathek ❷, die Sie öffnen möchten, und markieren Sie darin die Datei *iTunes Library.itl* ❸. Klicken Sie danach auf **Öffnen**.

Eine Datensicherung der Medienbibliothek erstellen

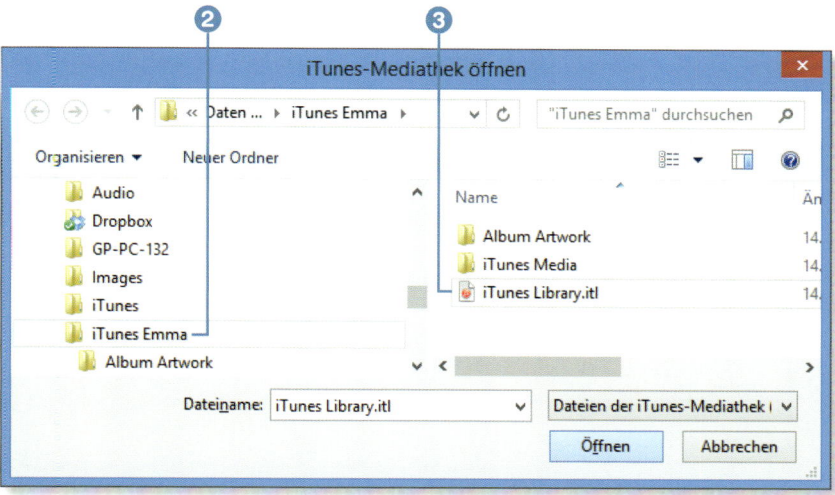

Daraufhin wird die entsprechende Mediathek geladen. Auf diese Weise können Sie auch auf einem Computer iTunes mit zwei unterschiedlichen Apple-IDs verwenden, ohne dass Sie sich immer wieder im iTunes Store an- und abmelden müssen, je nachdem, welche Apple-ID Sie derzeit verwenden möchten.

Eine Datensicherung der Medienbibliothek erstellen

Leider sind in iTunes die Möglichkeiten, eine vernünftige Datensicherung der gesamten Inhalte Ihrer Mediathek zu erstellen, sehr begrenzt. Haben Sie viele Artikel ohnehin aus dem iTunes Store bezogen, ist das für Sie vielleicht nicht so schlimm, da Sie ja Ihre Einkäufe immer wieder mit Hilfe von iCloud erneut laden können. Lesen Sie dazu den Abschnitt »Gekaufte Artikel erneut laden« ab Seite 142.

Möchten Sie dennoch eine Datensicherung von Ihren Mediatheksinhalten erstellen, können Sie das Verzeichnis, in dem Sie alle Inhalte speichern, auf eine externe Festplatte kopieren, um im Falle eines Festplattendefekts die Daten auf einen anderen Rechner kopieren zu können. Gehen Sie dabei genauso vor wie im Abschnitt »Den Ordner ›iTunes Media‹ verschieben« ab Seite 176 beschrieben, schneiden Sie jedoch den Ordner nicht aus, sondern wählen Sie im Kontextmenü den Befehl **Kopieren** (oder benutzen Sie die Tastenkombination [Strg]+[C]/[⌘]+[C]). Ist Ihre Mediathek recht überschaubar und nur wenige GB groß, können Sie natürlich das Verzeichnis *iTunes Media* auch auf DVD brennen, um es zu sichern.

Kapitel 6
iPhone, iPad oder iPod verbinden

Sie haben in den vorangegangenen Kapiteln erfahren, wie Sie iTunes zur Wiedergabe Ihrer Musik und Filme auf Ihrem Rechner einsetzen und wie Sie neue Inhalte im iTunes Store kaufen. Dabei habe ich Ihnen iTunes vor allem als Verwaltungsprogramm für die Dateien auf Ihrem Rechner vorgestellt. In diesem Kapitel werde ich Ihnen erläutern, wie Sie Ihr iPad, iPhone oder Ihren iPod mit iTunes verbinden und so Ihre Geräte mit Hilfe des Programms einrichten und verwalten können. Der Vorgang ist bei den drei Geräten größtenteils der gleiche, wobei natürlich bestimmte Funktionen je nach Gerät nicht zur Verfügung stehen. Ich werde Ihnen in diesem und im nächsten Kapitel die Einrichtung und Synchronisation anhand eines iPads, eines iPhones und eines iPod shuffle vorstellen.

Geräte per Kabel anschließen

Nachdem Sie nun Ihre Mediathek mit Inhalten gefüllt oder Musik und Filme im iTunes Store gekauft haben, ist es natürlich praktisch, diese auch unterwegs genießen zu können. Sind Sie Besitzer eines iOS-Geräts, können Sie ganz bequem Ihre Inhalte beispielsweise auf das iPad übertragen (lesen Sie dazu mehr in Kapitel 7, »Musik, Filme und andere Daten übertragen und sichern«, ab Seite 195) und das Gerät in iTunes verwalten. Schauen wir uns daher in diesem Abschnitt einmal an, wie Sie das Gerät mit Ihrem Rechner verbinden und den Zugriff auf das iPad freigeben.

1. Starten Sie dazu zunächst das Programm iTunes.

2. Schließen Sie danach das Gerät mit dem mitgelieferten USB-Kabel an Ihren Rechner an.

3. Windows erkennt das neue Gerät daraufhin automatisch. Die Hardwareerkennung sucht den passenden Treiber, dieser wird in der Regel zusammen mit dem Dienst *Apple Mobile Device* bei der Installation von iTunes mit installiert. Warten Sie einen kurzen Augenblick, bis dieser Vorgang beendet ist.

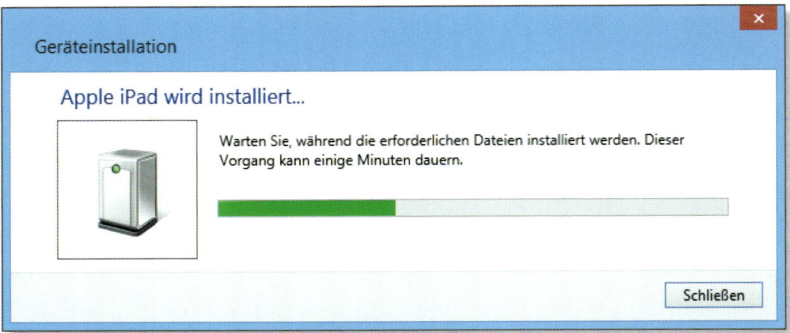

Auf einem Macintosh-System wird das iPad sofort erkannt und muss nicht installiert werden, sondern wird unmittelbar in iTunes eingebunden.

4. Sofern Sie das angeschlossene Gerät neu in Betrieb nehmen, folgt nun die Einrichtung mit iTunes. Ein Assistent führt Sie durch die einzelnen Schritte der Einrichtung; befolgen Sie daher die Anweisungen, die Ihnen die Anwendung anbietet, um mit der Verwaltung in iTunes zu beginnen.

5. Haben Sie Ihr iPad schon vorher verwendet und ohne iTunes aktiviert, wird die Einrichtung übersprungen, und Sie sehen stattdessen einen Hinweisdialog. Klicken Sie auf die Schaltfläche **Fortsetzen**, um das iPad mit Ihrem Computer verwenden zu können. Sie räumen damit Ihrem Rechner Zugriffsrechte auf das Gerät ein.

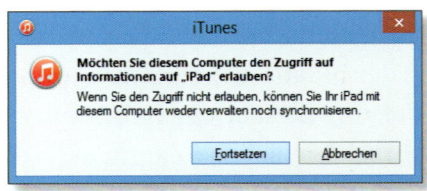

Bestätigen Sie außerdem den Hinweisdialog auf Ihrem iPad, indem Sie auf die Schaltfläche **Vertrauen** ❶ tippen, und stufen Sie damit Ihren Rechner als vertrauenswürdig ein. Andernfalls wird der Zugriff auf das Gerät verweigert, und Sie können es nicht mit iTunes verwenden.

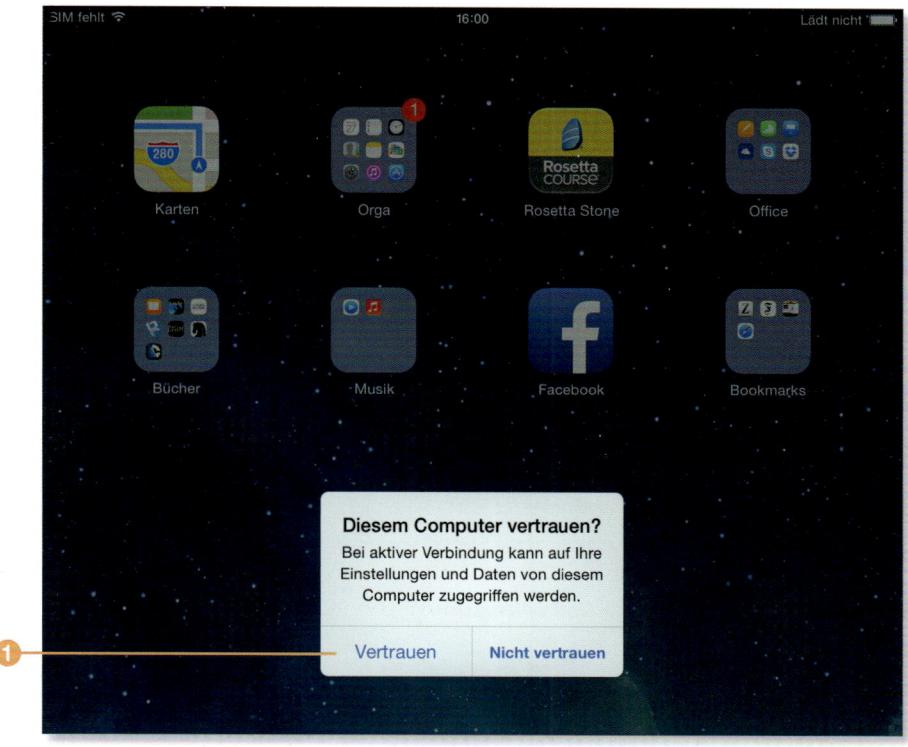

6. Haben Sie beide Dialogfenster bestätigt, wird Ihnen Ihr iPad daraufhin in iTunes angezeigt. Die Mediathekleiste wird um die Schaltfläche **iPad** ❷ erweitert (wenn Sie ein iPhone oder einen iPod mit iTunes verbinden, heißt die Schaltfläche entsprechend anders). Klicken Sie auf diese Schaltfläche.

Kapitel 6 – iPhone, iPad oder iPod verbinden

7. Der iTunes-Bereich **Geräte** wird aktiviert, und Ihnen wird die Kategorie **Übersicht** (❸ auf Seite 185) des angeschlossenen iPads angezeigt. Sie können mit Hilfe der Schaltfläche **Auswerfen** ❹ die Verbindung des iPads zum Rechner wieder trennen, eine der Kategorien auswählen oder mit einem Klick auf eine der drei Schaltflächen für die Bereiche **Musik**, **Filme** oder **TV-Sendungen** ❶ zurück in Ihre Mediathek wechseln. In der Seitenleiste sehen Sie die beiden Abschnitte **Einstellungen** ❷ und **Auf meinem Gerät** ❸, mit denen Sie die Inhalte auf Ihrem Gerät verwalten.

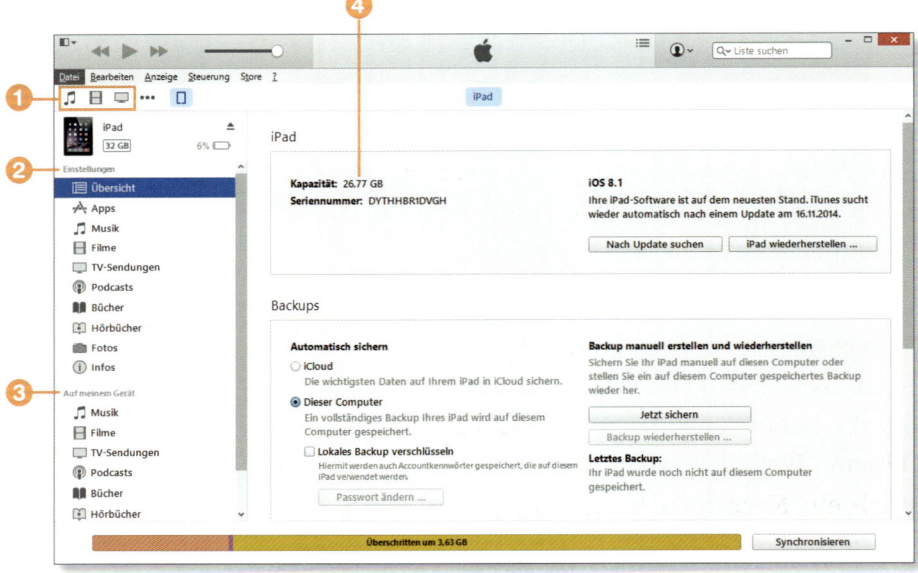

Die Kategorie **Übersicht** zeigt Ihnen auch den insgesamt auf dem Gerät verfügbaren Speicherplatz an ❹. Im unteren Bereich der **Geräte**-Seite sehen Sie außerdem in einer farbig unterlegten Zeile, welche Inhalte wie viel Speicherplatz derzeit auf Ihrem Gerät belegen, und es wird Ihnen angezeigt, wie viel Speicherplatz aktuell noch frei ❺ ist. Bewegen Sie den Mauszeiger in dieser Zeile auf einen Inhaltsbereich, sehen Sie in einem kleinen Etikett, wie viel Speicherplatz dieser Inhalt auf Ihrem Gerät belegt ❻.

Geräte per Kabel anschließen

> **HINWEIS**
>
> **Nicht der gesamte Speicherplatz steht frei zur Verfügung**
>
> Wundern Sie sich nicht, wenn Sie nicht den gesamten Speicherplatz Ihres iPhones oder iPads frei nutzen können. Die eigentliche Kapazität des iPods liegt immer etwas unter der Verkaufsangabe des verfügbaren Speicherplatzes. Ein bestimmter Teil des Speicherplatzes wird fest für das Betriebssystem des iPhones, iPads oder iPods reserviert und kann daher nicht für andere Inhalte verwendet werden. Beispielsweise hat ein iPhone mit 64 GByte Speicherplatz daher eine Kapazität von rund 57 GByte.

Möchten Sie die Inhalte, die sich derzeit auf Ihrem Gerät befinden, einsehen, klicken Sie in der Seitenleiste auf eine der Kategorien unterhalb von **Auf meinem Gerät**. Daraufhin wird Ihnen der Inhalt dieser Kategorie im Hauptbereich von iTunes angezeigt.

Es ist übrigens durchaus möglich, mehrere Geräte gleichzeitig über USB mit iTunes zu verbinden. In diesem Fall wird, nachdem Sie das zweite Gerät angeschlossen und installiert haben (siehe dazu Schritt 5), nach einem Klick auf die **Geräte**-Schaltfläche ❼ ein Auswahlmenü angezeigt. Klicken Sie in diesem Menü auf das entsprechende Gerät, um zwischen den Geräten zu wechseln. Noch einfacher geht das mit Hilfe der Schaltflächen ❽ in der Mediathekleiste. Benötigen Sie eines der Geräte nicht mehr, können Sie über das Auswahlmenü und mit einem Klick auf die Schaltfläche **Auswerfen** ❾ die Verbindung zu iTunes aufheben und daraufhin das entsprechende Gerät von Ihrem Rechner trennen.

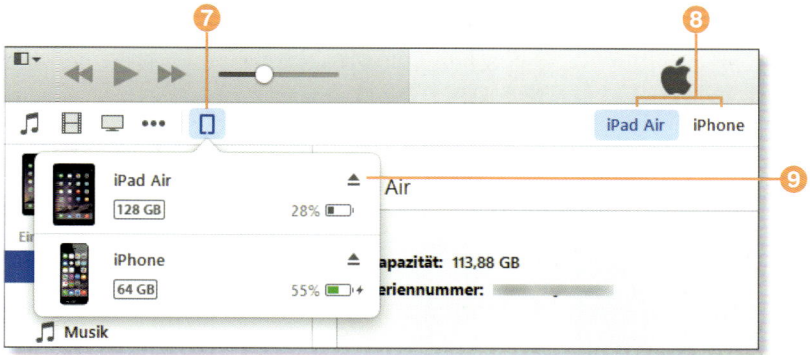

Welche Kategorien Ihnen bei aktivem Bereich **Geräte** in der Seitenleiste angezeigt werden, ist einerseits von dem angeschlossenen Gerät abhängig, andererseits aber auch von den Inhalten in Ihrer Mediathek. Ist beispielsweise derzeit ein iPod shuffle mit iTunes verbunden, werden Ihnen die Kategorien **Apps**, **Filme**, **TV-Sendungen**, **Bücher** und **Fotos** nicht angezeigt, da das Gerät nicht über ein Display zum Anzeigen verfügt. Haben Sie bislang das Angebot von iTunes U nicht genutzt, wird Ihnen entsprechend auch diese Kategorie nicht angezeigt, da in diesem Fall in Ihrer Mediathek keine Inhalte vorhanden sind, die beispielsweise auf Ihr iPad übertragen werden könnten.

Die Informationen und Optionen, die Sie in den einzelnen Bereichen auf dieser Seite sehen, werde ich Ihnen in den folgenden Abschnitten und in Kapitel 7, »Musik, Filme und andere Daten übertragen und sichern«, ab Seite 195 noch im Detail vorstellen. In diesem Kapitel erkläre ich Ihnen auch, wie Sie Inhalte Ihrer Mediathek über ein WLAN auf Ihr iPad oder iPhone übertragen, so dass Sie das Gerät nicht zwangsläufig per USB-Kabel an Ihren Rechner anschließen müssen. Lesen Sie mehr dazu im Abschnitt »Wichtige Importeinstellungen festlegen« ab Seite 197.

> **INFO**
>
> **iPad am Windows-Rechner aufladen**
>
> Wundern Sie sich bitte nicht, wenn auf Ihrem iPad nach dem Anschließen an einen Windows-Rechner in der Statusanzeige des Geräts der Vermerk **Lädt nicht** erscheint. Die meisten USB-Anschlüsse an Windows-Rechnern bieten leider keine ausreichende Leistung, um ein iPad zu laden.

Das Gerät wird in iTunes nicht angezeigt?

In einigen Fällen kann es passieren, dass Ihr iPad, iPhone oder iPod in iTunes nicht angezeigt wird. Versuchen Sie, mit Hilfe der folgenden Schritte das Problem zu lösen:

1. Überprüfen Sie die Kabelverbindung. Ältere Kabel weisen manchmal Brüche auf. In so einem Fall hilft es nur, ein neues Kabel zu kaufen.

Das Gerät wird in iTunes nicht angezeigt?

2. Schauen Sie, ob der Stecker korrekt an dem Gerät befestigt ist. Ist dies nicht der Fall, stecken Sie den Stecker richtig ein. Überprüfen Sie, ob der USB-Stecker richtig mit dem PC verbunden ist.

3. Bei einem Problem mit dem Treiber und der Gerätesoftware empfiehlt es sich, das iPad oder iPhone vom PC zu entfernen, alle Programme zu schließen und den Rechner neu zu starten. Starten Sie nach dem Systemneustart zunächst iTunes, und stecken Sie erst danach Ihr Gerät an den USB-Anschluss Ihres Rechners.

Sollten Sie nach dem Ausführen dieser Schritte weiterhin Probleme haben und Ihr iPad in iTunes unter Windows immer noch nicht angezeigt bekommen, sollten Sie iTunes und sämtliche Zusatzprogramme, die bei der Installation von iTunes auf Ihrem Rechner installiert werden, wieder entfernen. Achten Sie dabei darauf, dass Sie wirklich alle Komponenten entfernen, und zwar in der Reihenfolge, die ich Ihnen im Folgenden beschreibe.

1. Rufen Sie die Systemsteuerung von Windows auf. Am schnellsten geht das über die entsprechende Kachel der Metro-Ansicht unter Windows 8.1.

2. Klicken Sie im Dialogfenster **Systemsteuerung** im Bereich **Programme** auf den Link **Programm deinstallieren** ❶.

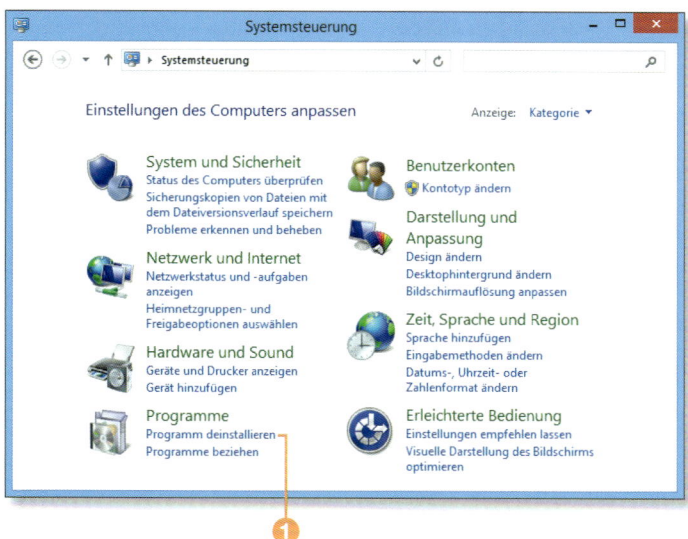

Kapitel 6 – iPhone, iPad oder iPod verbinden

3. Ihnen wird daraufhin im Dialogfenster **Programme und Features** die Seite **Programm deinstallieren oder ändern** angezeigt. Sie sehen hier in einer alphabetischen Reihenfolge sämtliche Programme, die derzeit auf Ihrem Rechner installiert sind. Sobald Sie ein Programm markiert haben, wird oberhalb dieser Auflistung die Schaltfläche **Deinstallieren** eingeblendet.

4. Markieren Sie in der Liste zunächst **iTunes** ❶, und klicken Sie dann auf die Schaltfläche **Deinstallieren** ❷.

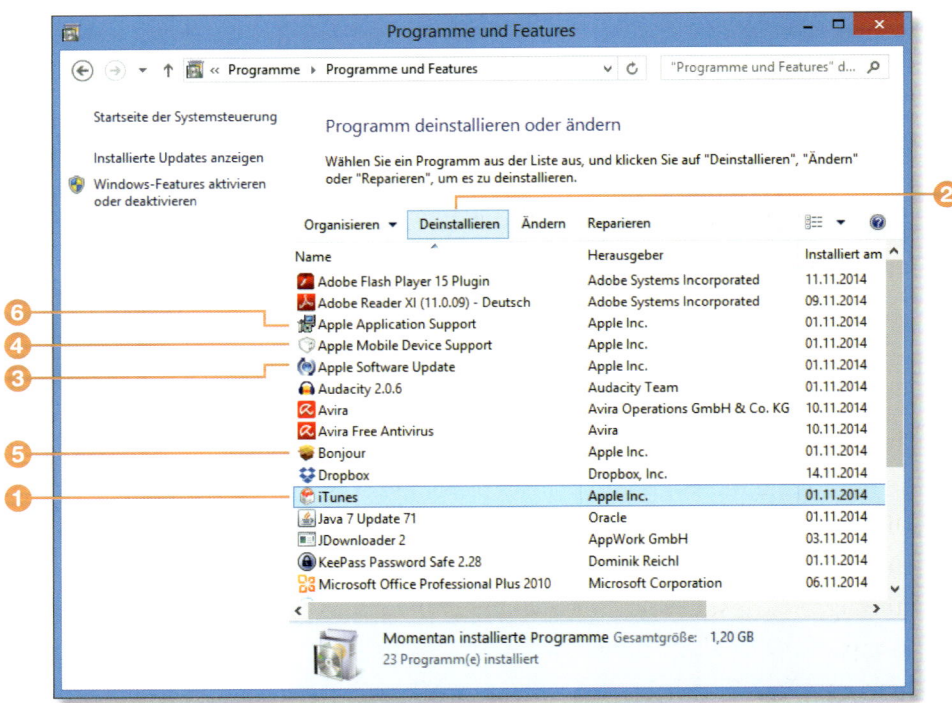

5. Bestätigen Sie die folgende Sicherheitsabfrage und das Dialogfenster **Benutzerkontensteuerung** mit einem Klick auf die Schaltfläche **Ja**. Daraufhin wird die Deinstallation der Software eingeleitet und iTunes von Ihrem Rechner entfernt.

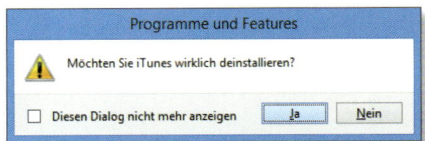

190

6. Markieren Sie als Nächstes im Dialogfenster **Programme und Features** den Eintrag **Apple Software Update** ❸, und klicken Sie erneut auf **Deinstallieren**. Bestätigen Sie auch hier die Deinstallation in den beiden folgenden Dialogfenstern.

7. Verfahren Sie auf die gleiche Weise mit den anderen Apple-Programmen **Apple Mobile Device Support** ❹, **Bonjour** ❺ und **Apple Application Support** ❻. Wie zuvor erwähnt: Beachten Sie bitte hierbei unbedingt die Reihenfolge der Deinstallation.

8. Starten Sie Ihren Rechner neu, nachdem Sie alle Programme erfolgreich deinstalliert haben.

9. Laden Sie die aktuelle iTunes-Version von der Internetseite *http://www.apple.com/de/itunes/download/* herunter, und installieren Sie die Software erneut auf Ihrem Rechner (siehe dazu den Abschnitt »iTunes installieren« ab Seite 10).

10. Starten Sie iTunes, und schließen Sie nach dem Programmstart Ihr iPad an den USB-Anschluss des Rechners an. iTunes sollte daraufhin das Gerät erkennen (siehe dazu den Abschnitt »Geräte per Kabel anschließen« ab Seite 183).

Dieses Problem scheint leider vermehrt bei Windows 8.1-Rechnern aufzutreten, lässt sich jedoch in der Regel auf betroffenen Rechnern mit einer vollständigen Deinstallation und Neuinstallation der Software sowie all ihrer Komponenten beheben. Sie müssen übrigens in diesem Fall keine Sorge haben, dass Ihre Einkäufe und geladenen Musiktitel bei der Deinstallation verlorengehen. Diese werden in der Regel im Verzeichnis *Musik* (*C:\Benutzer\[Benutzername]\Musik*) gespeichert, und dieses ist von der Deinstallation nicht betroffen. Sie können aber zur Sicherheit vor der Deinstallation eine Kopie Ihrer gesamten iTunes-Mediathek erstellen; lesen Sie dazu den Abschnitt »Eine Datensicherung der Medienbibliothek erstellen« ab Seite 181.

Ein Update durchführen

Sie können das Betriebssystem Ihres iPhones, iPads oder iPods mit Hilfe von iTunes aktualisieren, falls Sie die Softwareaktualisierung nicht direkt auf Ihrem Gerät durchführen möchten. Voraussetzung dafür ist allerdings, dass es sich um ein iOS-Gerät handelt, also um ein iPad, iPhone oder einen iPod touch, alle anderen iPod-Modelle können Sie nur über iTunes aktualisieren.

1. Starten Sie iTunes, und schließen Sie danach Ihr Gerät mit dem USB-Kabel an den Rechner an.

2. Rufen Sie das verbundene Gerät auf, und klicken Sie gegebenenfalls auf die Kategorie **Übersicht** ❶.

3. Oben rechts sehen Sie die Softwareversion Ihres iPods, iPhones oder iPads ❷. iTunes erkennt bei bestehender Internetverbindung selbständig, ob die Softwareversion auf Ihrem Gerät aktuell ist, und zeigt Ihnen eine entsprechende Information an. Ist eine neuere Version verfügbar, wird Ihnen die Version angezeigt sowie die Aktualisierung angeboten ❸.

4. Klicken Sie auf die Schaltfläche **Update** ❹, um Ihr Gerät zu aktualisieren. Um erneut nach Softwareaktualisierungen zu suchen, klicken Sie auf die Schaltfläche **Nach Update suchen**, die an Stelle der Schaltfläche **Update** angezeigt wird, sofern die automatische Suche erfolglos war beziehungsweise momentan keine Aktualisierungen vorliegen.

Klicken Sie auf die Schaltfläche **Update**, wird die Softwareaktualisierung auf Ihren Rechner heruntergeladen und im Folgenden von iTunes auf Ihrem iPod installiert.

Das Gerät wiederherstellen

Bei Problemen mit Ihrem Gerät kann es notwendig sein, das Gerät mit Hilfe von iTunes wieder auf die Werkseinstellungen zurückzusetzen. Das sollten Sie übrigens auch tun, wenn Sie Ihr Gerät für einen Verkauf vorbereiten möchten. Dabei werden alle Einstellungen und private Nutzerdaten vom Gerät gelöscht. Alle Musikdateien, Podcasts und andere Dateien, die Sie auf Ihr iPhone, iPad oder Ihren iPod übertragen haben, werden ebenfalls entfernt.

1. Klicken Sie dazu in der Ansicht des verbundenen Geräts auf die Kategorie **Übersicht**.

2. Im oberen Bereich sehen Sie die Schaltfläche **[Gerätebezeichnung] wiederherstellen** ❺. Klicken Sie darauf, um das Wiederherstellen des Geräts zu starten.

3. Haben Sie die Funktion Mein iPad/iPhone/iPod suchen aktiviert, informiert Sie iTunes nun, dass Sie sie zunächst deaktivieren müssen. Bestätigen Sie dies mit **OK**, und deaktivieren Sie die Funktion: Sie finden und deaktivieren sie in den Einstellungen Ihres Geräts unter **iCloud ▶ Mein [Gerätebezeichnung] suchen**.

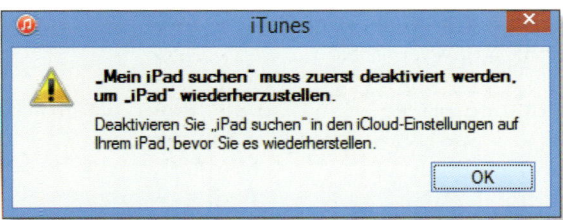

4. Sie werden nun gefragt, ob Sie eine Sicherung Ihres Gerätes erstellen möchten. Bestätigen Sie mit einem Klick auf die **Backup erstellen** oder **Nicht sichern**.

5. Im nächsten Fenster werden Sie nochmals gefragt, ob Sie Ihr Gerät wirklich wiederherstellen wollen. Bestätigen Sie mit **Wiederherstellen**.

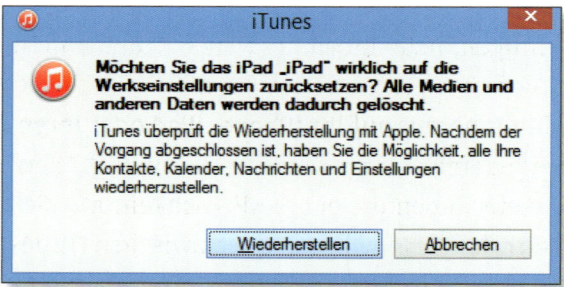

Daraufhin werden alle Daten von Ihrem Gerät gelöscht, und das Gerät wird auf die Werkseinstellungen zurückgesetzt. Beachten Sie, dass dieser Vorgang je nachdem, wie viele Daten Sie auf Ihrem Gerät gespeichert haben, eine Weile dauern kann.

Haben Sie die Wiederherstellung eines iOS-Geräts gestartet (iPhone, iPad oder iPod touch), wird Ihnen nach der Wiederherstellung der Begrüßungsbildschirm zur Einrichtung des Geräts auf Ihrem iPhone oder iPad angezeigt. Folgen Sie den Schritten des Einrichtungsassistenten, und entscheiden Sie sich, ob Sie das Gerät als neues Gerät einrichten oder aus einem Backup wiederherstellen möchten (lesen Sie dazu auch den Abschnitt »Ein Backup Ihres Geräts erstellen« ab Seite 211).

Kapitel 7
Musik, Filme und andere Daten übertragen und sichern

Nachdem Sie in den vorangegangenen Kapiteln erfahren haben, wie Sie Inhalte in Ihre Mediathek einfügen, neue Musik im iTunes Store kaufen und Ihre Geräte mit iTunes verbinden, werde ich Ihnen in diesem Kapitel erläutern, wie Sie Inhalte aus iTunes heraus auf Ihr iPhone, iPad oder Ihren iPod übertragen. So können Sie jederzeit unterwegs auf die Inhalte Ihrer Mediathek zugreifen. iTunes bietet Ihnen dabei die Möglichkeit, alle Schritte automatisch zu übernehmen oder die Synchronisation zwischen iTunes und Ihrem Gerät manuell zu steuern. Ich rate Ihnen zu der letzteren Variante, da Sie auf diese Weise sehr genau bestimmen können, welche Inhalte Sie übertragen möchten und welche nicht, und jederzeit volle Kontrolle über den verwendeten Speicherplatz auf Ihrem iPhone oder iPad haben. Ich werde Ihnen aber natürlich beide Importvarianten vorstellen, so dass Sie selbst entscheiden können, welche Ihnen besser gefällt.

Übertragen Sie Ihre Musik mit iTunes auf Ihr Mobilgerät.

> **INFO**
>
> **Was bedeutet »synchronisieren«?**
>
> Wenn Sie iTunes und Ihr iPhone, iPod oder iPad synchronisieren, passen Sie die Inhalte auf Ihrem Rechner und Ihrem Mobilgerät aneinander an. Das bedeutet: Alle Inhalte, die in iTunes gespeichert sind und für die Synchronisation von Ihnen ausgewählt wurden, werden auf Ihr Gerät übertragen. Was in iTunes nicht gespeichert ist, wird auf Ihrem Gerät gelöscht, bedenken Sie dies bitte unbedingt, bevor Sie die automatische Synchronisation in iTunes aktivieren. Am Ende sind auf Ihrem Gerät und in iTunes genau dieselben Daten vorhanden.

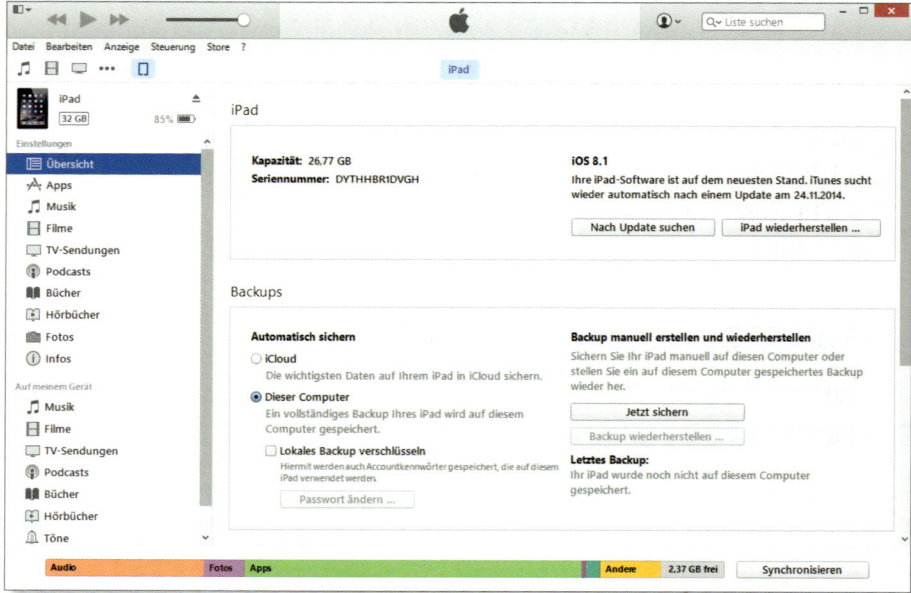

Die Ansicht von iTunes, nachdem Sie ein iPad angeschlossen haben

Zunächst erläutere ich Ihnen die richtigen Einstellungen für den Import, bevor ich Ihnen zeige, wie Sie Ihre Daten aus iTunes auf andere Geräte oder einen Datenträger übertragen.

Wichtige Importeinstellungen festlegen

Nachdem Sie Ihr iPhone, iPad oder Ihren iPod das erste Mal über USB angeschlossen haben, sollten Sie festlegen, auf welche Art Sie zukünftig Ihr Gerät verwalten möchten. Wählen Sie hier z. B. aus, ob Sie das Gerät per Kabel oder WLAN verbinden möchten (die WLAN-Synchronisation funktioniert nur mit dem iPod touch, andere iPod-Modelle müssen Sie per USB-Kabel anschließen) und ob es automatisch mit Ihrer Mediathek synchronisiert werden soll.

1. Schließen Sie das Gerät an. In der Mediathekleiste wird Ihnen daraufhin eine **Geräte**-Schaltfläche ❶ angezeigt. Sollte diese nicht ohnehin aktiviert sein, klicken Sie sie an, und klicken Sie in der Seitenleiste auf die Schaltfläche **Übersicht** ❷.

2. Scrollen Sie ein wenig nach unten. Auf der rechten Seite schauen wir uns zunächst den Bereich **Optionen** ❸ an. Den Bereich **Backups** ❹ stelle ich Ihnen im Abschnitt »Ein Backup Ihres Gerätes erstellen« ab Seite 211 und im Abschnitt »Das Backup Ihres Geräts in iCloud speichern« ab Seite 269 vor.

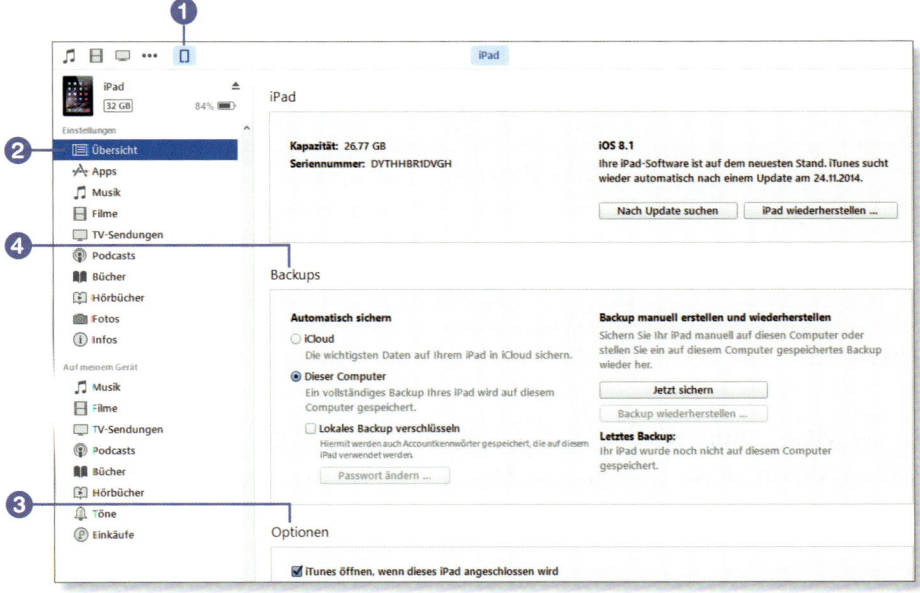

Kapitel 7 – Musik, Filme und Daten übertragen und sichern

3. Klicken Sie im Bereich **Optionen** auf die Checkbox **Mit diesem iPad über WLAN synchronisieren** ❶, um diese Funktion zu aktivieren. Ist diese Option aktiv, müssen Sie zukünftig Ihr iPhone oder iPad nicht mehr mit dem USB-Kabel an Ihrem Rechner anschließen, sondern können den Datenaustausch per WLAN vornehmen. Es spielt dabei übrigens keine Rolle, ob Sie Ihre Daten manuell verwalten oder die automatische Synchronisation aktiviert haben. Bedingung dafür ist lediglich, dass Sie sich mit dem iPad in dem gleichen WLAN-Netzwerk befinden wie mit Ihrem Rechner.

4. Sollten Sie ein Gerät mit wenig Speicherplatz besitzen oder bereits viel Speicherplatz auf Ihrem iPhone, iPad oder iPod belegt haben, sollten Sie die beiden Checkboxen **SD-Videos bevorzugen** ❷ und **Titel mit höherer Datenrate konvertieren in [gewählte Datenrate] AAC** ❸ jeweils mit einem Klick aktivieren. Mit der ersten Funktion werden vorrangig SD-Videos auf Ihr iPad geladen, die in der Regel eine geringere Dateigröße haben.

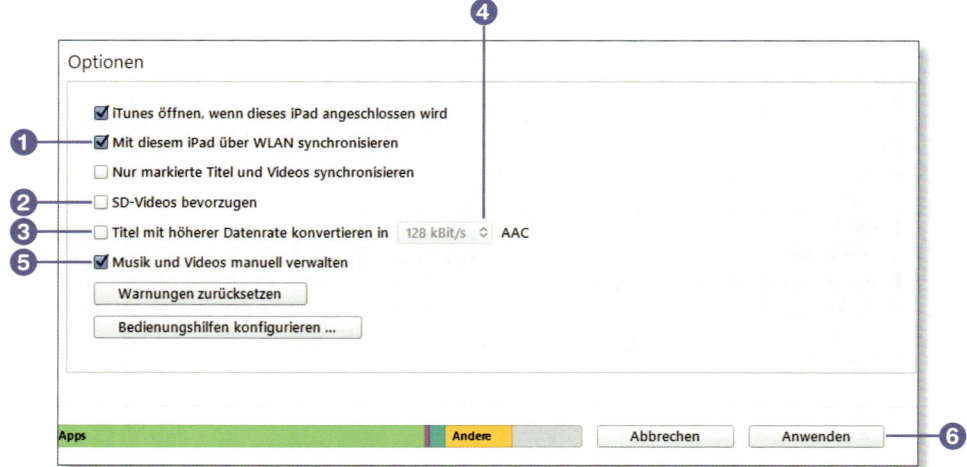

5. Haben Sie die zweite Option aktiviert, können Sie mit einem Klick auf das Auswahlmenü ❹ festlegen, in welcher Qualität Audiodateien auf Ihr Gerät übertragen werden sollen. Je niedriger die gewählte Datenrate ist, desto weniger Speicherplatz belegt die Datei. Sie sollten allerdings beachten, dass sich dadurch auch die Klangqualität verringert.

Wichtige Importeinstellungen festlegen

6. Wenn Sie auf die Checkbox **Musik und Videos manuell verwalten** ❺ klicken, aktivieren Sie die manuelle Verwaltung Ihrer Inhalte mit dem angeschlossenen Gerät. Sollten Sie auf dem iPhone oder iPad iTunes Match aktiviert haben, ändert sich die Option, und es wird Ihnen nur **Videos manuell verwalten** angeboten. Das ist ganz logisch, da in diesem Fall die Synchronisation Ihrer Musik über iCloud erfolgt. Lesen Sie dazu auch den Abschnitt »iTunes Match auf einem anderen Gerät aktivieren« ab Seite 258.

7. Haben Sie alle gewünschten Änderungen in der Kategorie **Übersicht** vorgenommen, klicken Sie unten rechts zum Speichern der Änderungen auf die Schaltfläche **Anwenden** ❻. Möchten Sie zu den ursprünglichen Einstellungen zurückkehren, klicken Sie auf die Schaltfläche **Abbrechen**.

Verwenden Sie ein iPhone oder iPad mit iTunes, sollten Sie sich als Nächstes die Einstellungen in der Kategorie **Infos** ❼ anschauen. Klicken Sie dazu auf den entsprechenden Eintrag in der Seitenleiste.

In dieser Kategorie legen Sie fest, auf welche Weise Ihre Kontakte, Ihr Kalender und Ihr Mail-Account synchronisiert werden, sofern Sie diese nicht per iCloud synchronisieren ❽ und das entsprechend in den iCloud-Einstellungen auf Ihrem Gerät festgelegt haben. Um beispielsweise die Synchronisation eines E-Mail-Postfachs zwischen Ihrem Rechner und Ihrem iPad zu aktivieren, klicken Sie auf die Checkbox **Mail-Accounts synchronisieren von [Programmname]** (❶ auf Seite 200). Wählen Sie in dem Auswahlmenü ❷ Ihr E-Mail-Programm aus, und klicken Sie im Bereich **Ausgewählte Mail-Accounts** das gewünschte E-Mail-Postfach ❸ an.

Im Bereich **Andere** ❹ können Sie darüber hinaus die Synchronisation Ihrer Lesezeichen und Ihrer Notizen aktivieren, so dass diese Daten von Ihrem Rechner auf Ihr mobiles Gerät übertragen werden. Schalten Sie die gewünschte Option mit einem Klick auf die Checkbox ein. Auch hier wählen Sie, wie schon im vorangegangenen Schritt, über das nachgestellte Auswahlmenü das Programm aus, aus dem die entsprechenden Informationen auf Ihr iPhone oder iPad übertragen werden sollen.

Wichtige Importeinstellungen festlegen

Im Bereich **Erweitert** 5 können Sie nun einstellen, ob die Daten, die auf Ihrem Gerät gerade gespeichert sind, bei der nächsten Synchronisierung durch die neuen Daten, so wie Sie sie auf dieser Seite festgelegt haben, ersetzt werden sollen. Haben Sie keine Synchronisierung eingestellt, bleiben die Auswahlfelder dementsprechend auch ausgegraut und nicht anklickbar.

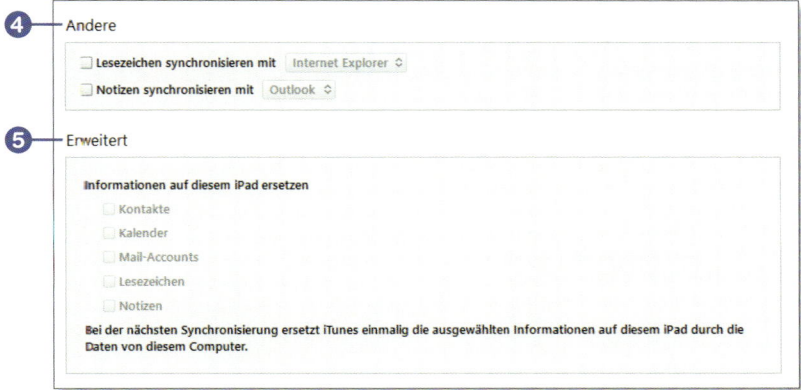

Sofern Sie in den Bereichen **Kontakte synchronisieren** und **Kalender synchronisieren**, wie in der Abbildung auf Seite 199 zu sehen, keine Änderung vornehmen können, haben Sie auf Ihrem iPhone oder iPad die Synchronisation dieser Daten per iCloud eingerichtet. Sie überprüfen das ganz einfach, indem Sie auf dem Home-Bildschirm Ihres Gerätes auf **Einstellungen** tippen und im Menü **iCloud** 6 wählen. Sind hier die Optionen **Kontakte** und **Kalender** aktiviert 7, können diese Daten nicht per iTunes verwaltet werden.

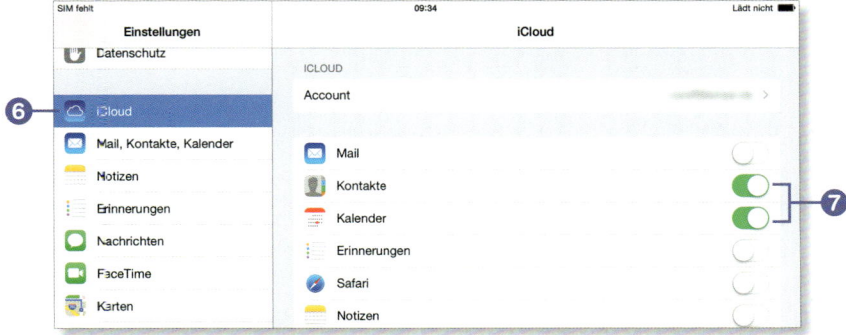

Zurück in iTunes: Vergessen Sie auch in der Kategorie **Infos** nicht, Ihre Änderungen mit einem Klick auf **Anwenden** unten rechts zu bestätigen.

> **TIPP**
>
> **Inhalte manuell verwalten**
>
> Die manuelle Verwaltung Ihrer Inhalte bietet Ihnen einen weiteren Vorteil: Die automatische Synchronisation ist immer an eine bestimmte Mediathek gebunden. Sie können also nur Inhalte von *einer* Mediathek hinzufügen. Aktivieren Sie die manuelle Verwaltung, können Sie auch an Ihrem Zweitrechner neue Inhalte auf Ihr iPhone oder iPad kopieren. Lesen Sie dazu auch den folgenden Abschnitt, »Musik auf Geräte übertragen«.

Musik auf Geräte übertragen

Nachdem Sie zuvor im Abschnitt »Wichtige Importeinstellungen festlegen« ab Seite 197 die generellen Einstellungen zum Import von Daten kennengelernt haben, werde ich Ihnen in diesem Abschnitt die Besonderheiten beim Übertragen von Musik auf Ihr mobiles Gerät erläutern. Sie haben hierbei die Möglichkeit, Ihre Musik manuell oder automatisch zu verwalten. Wie Sie bereits im vorangegangenen Abschnitt erfahren haben, entfallen beide Optionen, sollten Sie iTunes Match auf Ihrem iPhone oder iPad verwenden, da Ihre Musik dann automatisch über iCloud synchronisiert wird.

1. Schließen Sie Ihr Gerät an, und klicken Sie in der Seitenleiste auf die Kategorie **Musik** ❶.

2. Aktivieren Sie per Klick auf die Checkbox **Musik synchronisieren** ❷ die automatische Synchronisation Ihrer Musik.

3. Sie haben daraufhin die Möglichkeit, zwischen den Optionen **Die ganze Musikmediathek** ❸ und **Ausgewählte Wiedergabelisten, Interpreten, Alben und Genres** ❹ zu wählen. Mit der ersten Option werden alle Musikdateien auf Ihr iPhone, iPad oder Ihren iPod übertragen. Sie sollten diese Option also nur wählen, wenn Sie über eine überschaubare Mediathek verfügen oder wenn genug Speicherplatz auf Ihrem Gerät zur Verfügung steht.

Musik auf Geräte übertragen

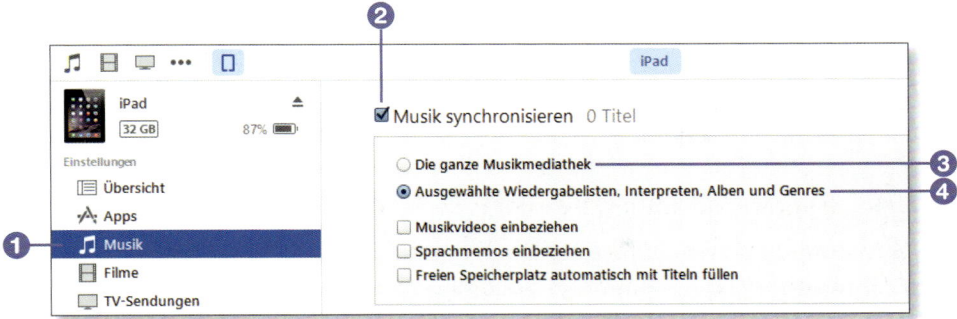

4. Aktivieren Sie mit einem Mausklick auf den vorangestellten Radio-Button die Option **Ausgewählte Wiedergabelisten, Interpreten, Alben und Genres**, werden Ihnen weitere Optionen für die automatische Synchronisation angeboten.

5. Wählen Sie aus den Bereichen **Wiedergabelisten**, **Interpreten**, **Alben** und **Genres** die Musikinhalte aus, die Sie auf Ihr iPhone, iPad oder Ihren iPod übertragen möchten. Klicken Sie zur Auswahl auf die entsprechende Checkbox vor der Wiedergabeliste ❺ oder vor dem Namen des Interpreten ❻.

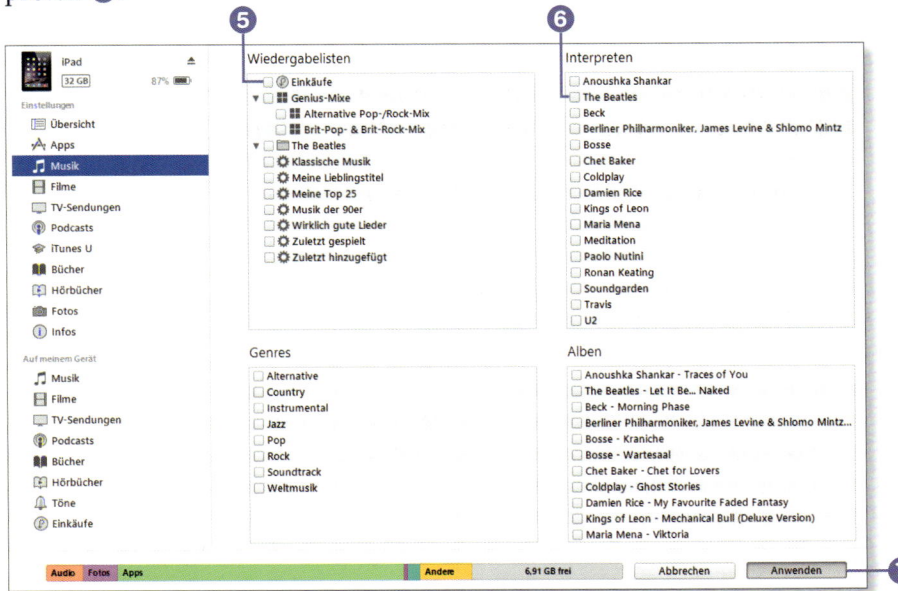

6. Möchten Sie nun die gewählten Titel auf Ihr mobiles Gerät übertragen, bestätigen Sie Ihre Auswahl mit einem Klick auf die Schaltfläche **Anwenden** (❼ auf Seite 203).

Die ausgewählten Musiktitel werden daraufhin auf Ihr Gerät übertragen, und Sie können den Fortschritt der Übertragung über die Titelanzeige verfolgen. Während der Übertragung sollten Sie Ihr Gerät nicht vom Rechner trennen.

> **ACHTUNG**
>
> **Lesen Sie die Warnungen!**
>
> Haben Sie Ihr Gerät bereits mit einer anderen Mediathek synchronisiert, erscheint bei Schritt 2 ein Dialogfenster. Bestätigen Sie die Abfrage mit **Entfernen und Synchronisieren** nur, wenn Sie sich wirklich sicher sind, dass auf Ihrem Gerät keinerlei Daten gespeichert sind, die Sie nicht an anderer Stelle gespeichert haben. Nach dem Klick auf **Anwenden** in Schritt 6 fragt iTunes Sie erneut, ob Sie wirklich synchronisieren möchten. Auch hier gilt: Klicken Sie nur auf **Entfernen & Synchronisieren**, wenn Sie sich sicher sind, keine Daten zu verlieren.

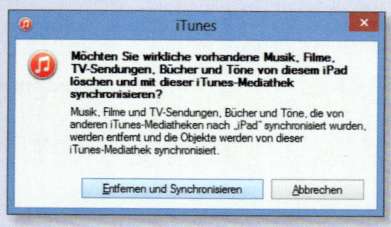

Möchten Sie Ihre Musiktitel lieber manuell verwalten, können Sie genauso bequem neue Musik auf Ihr iPhone oder Ihr iPad kopieren.

1. Schließen Sie Ihr Gerät an, und wechseln Sie in den Bereich **Musik** ❶ Ihrer Mediathek. Wählen Sie nun die Musiktitel aus, die sich bislang noch nicht auf Ihrem iPhone, iPod oder iPad befinden, und markieren Sie sie mit einem Mausklick. Drücken und halten Sie während des Markierens die Taste [Strg]/[⌘], um mehrere Titel, Wiedergabelisten oder Alben auf einmal auszuwählen.

2. Es spielt übrigens keine Rolle, in welcher Kategorie Sie sich dabei befinden. Möchten Sie jedoch ein ganzes Album auf Ihr mobiles Gerät übertragen, empfiehlt sich die Kategorie **Meine Musik** ❷. Um alle Titel eines

Albums auf einmal zu übertragen, klicken Sie das Albumcover an und halten die linke Maustaste gedrückt.

3. Links erscheint nun automatisch eine Seitenleiste, in der Sie auch die verbundenen Geräte sehen. Ziehen Sie die Musiktitel oder Alben bei gedrückter Maustaste aus Ihrer Mediathek auf das Gerät ❸. Während Sie die Titel bei gedrückter Maustaste bewegen, wird Ihnen übrigens die Anzahl der gewählten Musiktitel angezeigt. Am Ziel angekommen, lassen Sie die linke Maustaste wieder los.

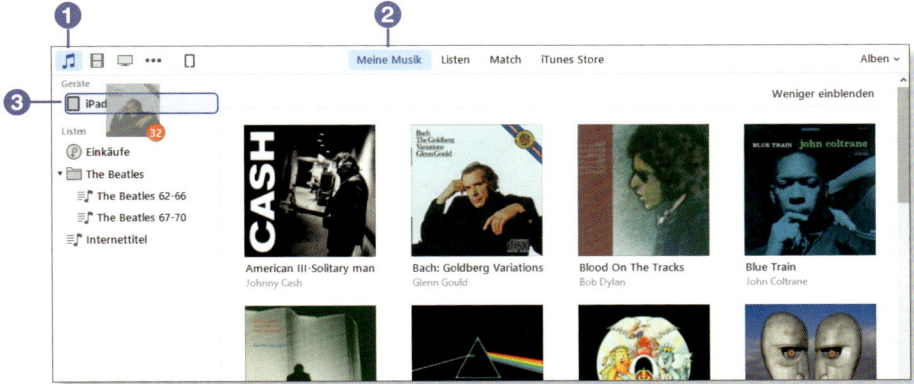

Die Musiktitel werden nun von iTunes auf das angeschlossene Gerät übertragen. Den Fortschritt können Sie in der Titelanzeige oben im iTunes-Fenster einsehen, und kurze Zeit später sind die Musiktitel auf Ihrem Gerät verfügbar. Wenn Sie möchten, können Sie auf der **Geräte**-Seite im Abschnitt **Auf meinem Gerät** überprüfen, ob alle Titel übertragen wurden.

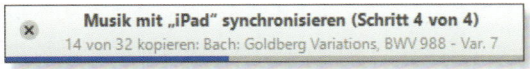

So können Sie in aller Ruhe die Musik auswählen und auf Ihr iPad, iPhone oder Ihren iPod übertragen. Es spielt keinerlei Rolle, ob Sie einen einzelnen Musiktitel, ein Album, eine Wiedergabeliste oder alle Titel eines Interpreten übertragen möchten, die Vorgehensweise bleibt immer die gleiche. Beachten Sie allerdings: Je mehr Titel Sie auf einmal übertragen, desto länger dauert der Vorgang.

Filme und Serien übertragen

Die Übertragung von Filmen und Fernsehserien aus Ihrer Mediathek auf Ihr iPad, iPhone oder Ihren iPod touch funktioniert ganz ähnlich wie die Synchronisation Ihrer Musik (siehe dazu den vorherigen Abschnitt »Musik auf Geräte übertragen«). Auch hier können Sie sich zwischen der automatischen und der manuellen Synchronisation entscheiden.

1. Schließen Sie Ihr Gerät an den Rechner an, und wählen Sie in der Seitenleiste die Kategorie **Filme** ❶.

2. Klicken Sie hier auf die Checkbox **Filme synchronisieren** ❷, um die automatische Übertragung der Filme Ihrer Mediathek zu aktivieren.

3. Mit einem Klick auf die Checkbox **Automatisch einbeziehen** ❸ können Sie über das nachgestellte Auswahlmenü entscheiden, welche Filme auf Ihr Gerät übertragen werden.

4. Klicken Sie im Auswahlmenü auf die Option **Alle** ❹, um sämtliche Filme auf Ihr iPhone oder iPad zu übertragen, oder wählen Sie **Alle ungesehenen** ❺, wenn Sie nur die Filme übertragen möchten, die Sie bislang nicht angeschaut haben.

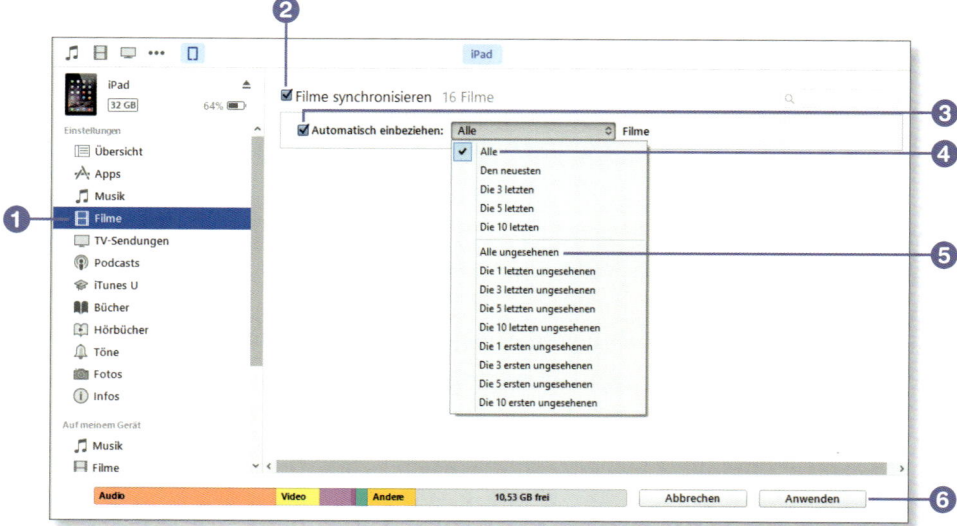

5. Nachdem Sie alle Änderungen vorgenommen haben, klicken Sie auf die Schaltfläche **Anwenden** ❻. Die Übertragung der gewählten Inhalte startet daraufhin, und die Filme stehen Ihnen kurze Zeit später auf Ihrem Gerät zur Verfügung.

Gehen Sie bei der Synchronisation von TV-Sendungen genauso vor wie zuvor beschrieben. Aktivieren Sie für die Einstellungen die Kategorie **TV-Sendungen** ❼ in der **Geräte**-Ansicht. Ähnlich wie schon bei der Übertragung von Filmen können Sie auch bei der Synchronisation von Fernsehsendungen und Serien sehr genau festlegen, welche Inhalte auf Ihr Gerät übertragen werden sollen. Klicken Sie auf die Checkbox **Automatisch einbeziehen** ❽, und wählen Sie beispielsweise aus dem Auswahlmenü die Option **Alle ungesehenen** ❾. Im Auswahlmenü **Folgen von** ❿ können Sie danach festlegen, ob alle neuen Folgen übertragen werden sollen oder nur die ungesehenen Folgen einer bestimmten Serie. Klicken Sie am Ende auf **Anwenden** ⓫.

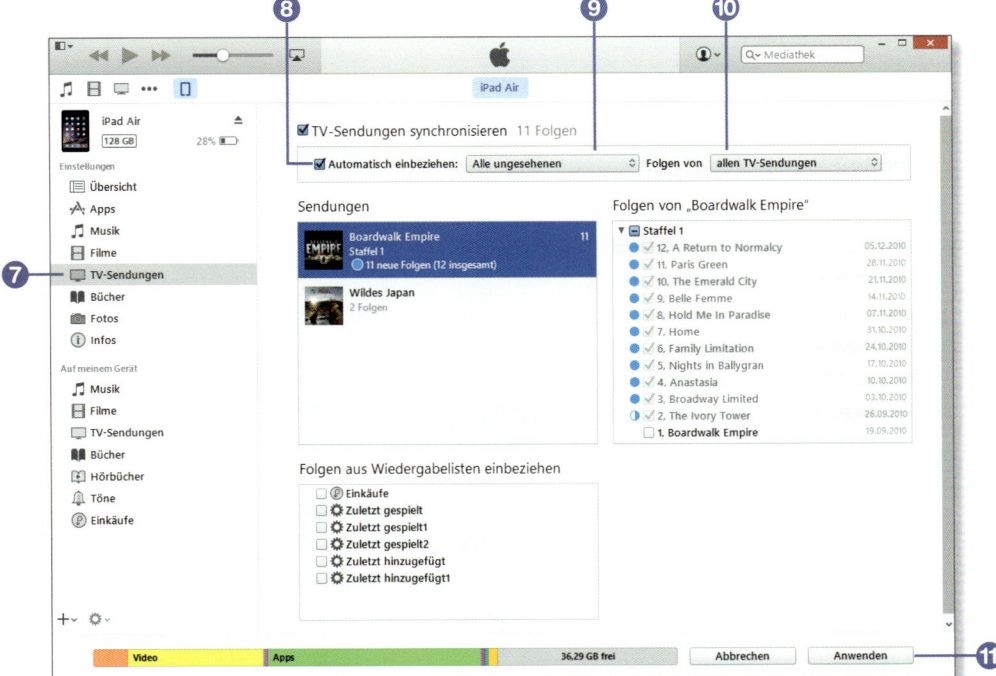

Wie schon beim Übertragen von Musik auf Ihr iPad oder iPhone können Sie auch Ihre Videos manuell auf Ihr Gerät verschieben. Wählen Sie dazu im

Mediathekbereich **Filme** oder **TV-Sendungen** die Inhalte aus, die Sie übertragen möchten, und ziehen Sie bei gedrückter Maustaste die Inhalte auf Ihr angeschlossenes Gerät. Lesen Sie zur manuellen Übertragung von Inhalten auch den Abschnitt »Musik auf Geräte übertragen« ab Seite 202.

PDFs auf iPad, iPhone oder iPod übertragen

Möchten Sie PDF-Dokumente unterwegs auf Ihrem iPhone oder iPad lesen, haben Sie verschiedene Möglichkeiten, die Dateien mit Hilfe von iTunes auf Ihr Gerät zu übertragen. Der Übertragungsvorgang hängt dabei davon ab, welche App Sie auf Ihrem Gerät zum Lesen der Dokumente verwenden möchten. Laden Sie zum Lesen von PDF-Dokumenten beispielsweise die App iBooks kostenlos aus dem App Store, und übergeben Sie Dateien mit iTunes an diese App.

1. Wenn auf Ihrem Gerät schon eine aktuelle iOS-Version installiert ist, ist iBooks bereits installiert. Falls nicht, laden Sie die App iBooks zunächst aus dem App Store auf Ihr iPhone, iPad  oder Ihren iPod herunter. Geben Sie dazu den Suchbegriff »iBooks«, ein und installieren Sie die App, indem Sie auf die Schaltfläche **Laden** tippen.

2. Möchten Sie eine PDF-Datei, die sich auf Ihrem Rechner befindet, auf Ihr iPhone übertragen, müssen Sie sie zunächst in Ihre Mediathek importieren. Drücken Sie dazu die Tastenkombination $\boxed{\text{Strg}} + \boxed{\text{O}}$ / $\boxed{\mathcal{H}} + \boxed{\text{O}}$, und wählen Sie im Dialogfenster **Zur Mediathek hinzufügen** die gewünschte Datei aus. Klicken Sie danach im Dialogfenster auf die Schaltfläche **Öffnen**.

PDFs auf iPad, iPhone oder iPod übertragen

3. Wählen Sie in Ihrer Mediathek die Kategorie **Bücher** ❶ aus, und klicken Sie in der Mediathekleiste auf **Meine PDFs** ❷. Blenden Sie die Kategorie vorher über die Schaltfläche **Mehr** ❸ ein.

4. Wählen Sie mit einem Mausklick das PDF-Dokument aus, das Sie übertragen möchten, und halten Sie die Maustaste fest. Ziehen Sie es bei gedrückter Maustaste auf Ihr Gerät ❹ in der Seitenleiste. Lassen Sie nun die Maustaste wieder los. Das Dokument wird daraufhin übertragen, und es steht Ihnen nach kurzer Zeit auf Ihrem Gerät zur Verfügung.

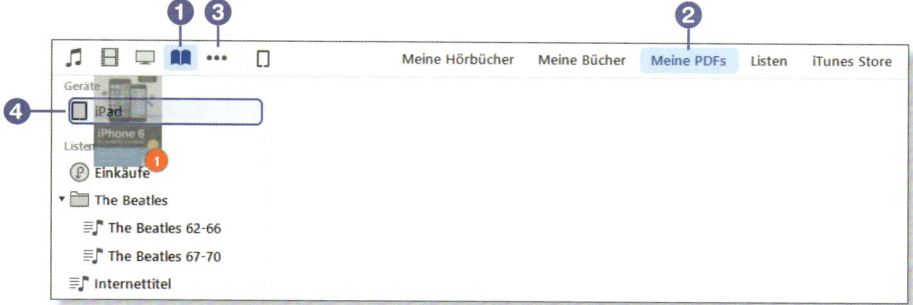

5. Rufen Sie die App iBooks auf Ihrem iPad, iPhone oder iPod auf, und wählen Sie im Menü **Alle Bücher** den Bereich **PDFs** ❺ aus.

6. Sie sehen hier das soeben hinzugefügte Dokument, und mit einem Tipp auf das Cover öffnen Sie das Dokument.

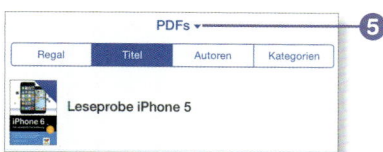

Möchten Sie auf Ihrem iPad oder iPhone eine andere App zum Lesen von PDFs verwenden, ist das auch ohne weiteres möglich, jedoch müssen Sie beim Übertragen der Dateien etwas anders vorgehen.

1. Installieren Sie zunächst die gewünschte App aus dem App Store. Ich verwende für dieses Beispiel die E-Book-Reader-App Bluefire.

209

Kapitel 7 – Musik, Filme und Daten übertragen und sichern

2. Wählen Sie in der Mediathekleiste von iTunes Ihr Gerät aus, und klicken Sie auf die Kategorie **Apps** ❶. Scrollen Sie gegebenenfalls ein wenig nach unten, bis Sie den Abschnitt **Freigabe** sehen.

3. Klicken Sie in der Liste im Bereich **Apps** ❷ die App an, an die Sie das PDF-Dokument übergeben möchten, und klicken Sie danach unter dem Bereich **Dokumente von „[App-Name]"** ❸ auf die Schaltfläche **Datei hinzufügen** ❹.

4. Wählen Sie im folgenden Dialogfenster **Hinzufügen** die gewünschte Datei aus, und klicken Sie auf die Schaltfläche **Öffnen**. Die gewählte Datei wird Ihnen daraufhin im Bereich **Dokumente von „[App-Name]"** angezeigt und wurde somit auf Ihr Gerät kopiert.

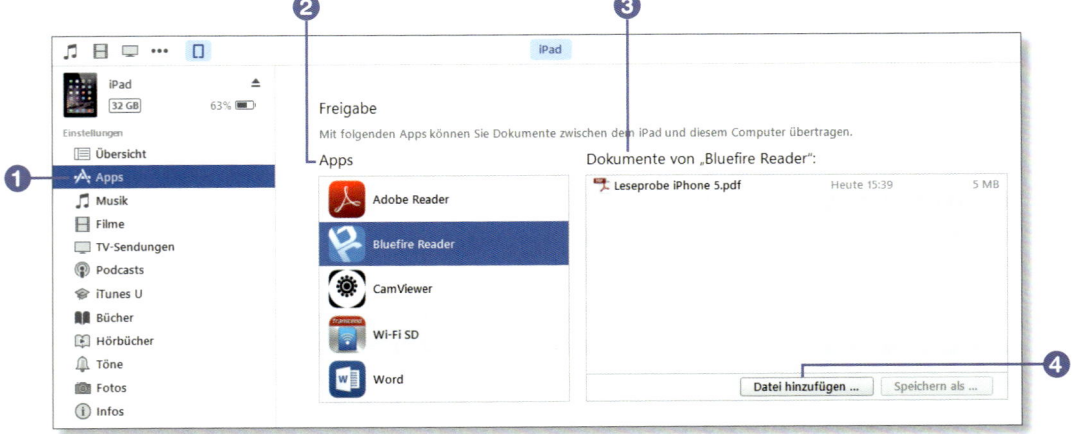

5. Öffnen Sie auf Ihrem Gerät die App, an die Sie die Datei übergeben haben. Dort können Sie das gerade übertragene Dokument öffnen oder bearbeiten.

Auf die gleiche Weise übertragen Sie übrigens auch andere Dokumente auf Ihr iPad, iPhone oder Ihren iPod. Voraussetzung ist, dass Sie auf dem Gerät eine App installiert haben, die das Dateiformat des Dokuments unterstützt und verarbeiten kann. Haben Sie beispielsweise die App Pages auf Ihrem mobilen Gerät installiert, können Sie mit ihr unterwegs Word-Dokumente lesen und bearbeiten.

Ein Backup Ihres Geräts erstellen

Sie können mit iTunes aber nicht nur Inhalte aus Ihrer Mediathek auf andere Geräte übertragen, sondern auch alle Daten Ihres mobilen Geräts auf Ihrem Computer sichern.

1. Verbinden Sie zunächst Ihr iPhone oder Ihr iPad mit iTunes. Klicken Sie in der Seitenleiste auf die Kategorie **Übersicht**, sollte diese nicht bereits aktiv sein.

2. Stellen Sie zunächst sicher, dass im Bereich **Automatisch sichern** des Abschnitts **Backups** die Option **Dieser Computer** aktiviert ist ❶.

3. Wenn Sie möchten, können Sie mit einem Mausklick auf die Checkbox **Lokales Backup verschlüsseln** ❷ Ihre Datensicherung vor unerwünschten Blicken schützen. Wenn Sie diese Option wählen, werden neben Ihren Daten auch die auf Ihrem Gerät gespeicherten Kennwörter mit dem Backup gesichert.

4. Haben Sie alle Einstellungen vorgenommen, klicken Sie auf die Schaltfläche **Jetzt sichern** ❸, um eine Datensicherung Ihres Gerätes auf dem Computer zu speichern.

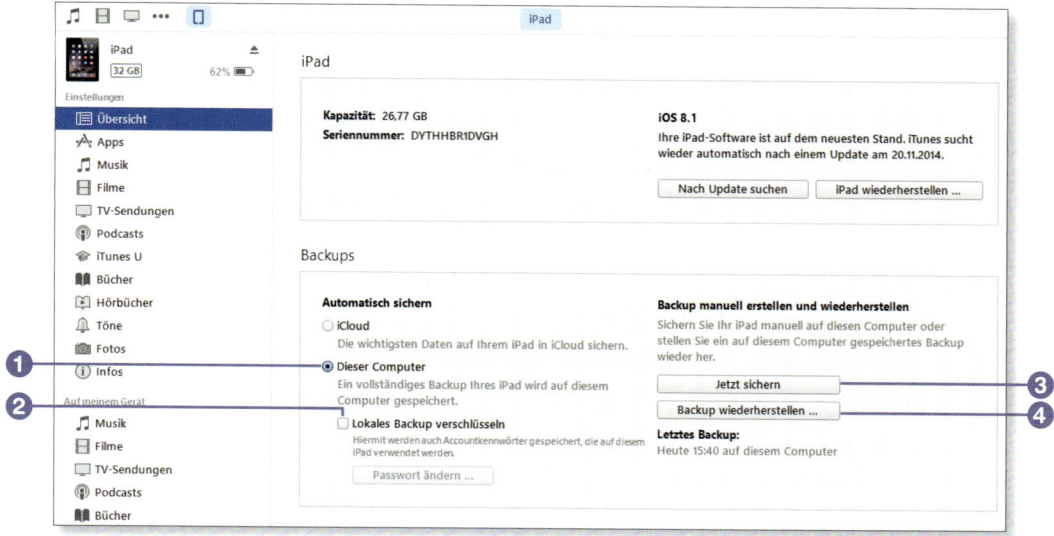

Daraufhin wird ein gesamtes Backup Ihres Gerätes gestartet, je nach Speichergröße kann das etwas länger dauern. Der Fortschritt der Datensicherung wird Ihnen wie immer in der Titelanzeige dargestellt. Beachten Sie, dass Sie während der Sicherung Ihr Gerät nicht vom Rechner trennen sollten.

Sie können Ihre mit iTunes erstellten Datensicherungen jederzeit in den Einstellungen einsehen beziehungsweise alte Backups löschen. Rufen Sie dazu das Dialogfenster **Einstellungen** auf ([Strg]+[,]/[⌘]+[,]), und klicken Sie auf das Register **Geräte**. Im Bereich **Geräte-Backups** sehen Sie die bisher erstellten Backups. Möchten Sie ein Backup von Ihrem Rechner entfernen, markieren Sie es mit einem Mausklick und klicken auf die Schaltfläche **Backup löschen**.

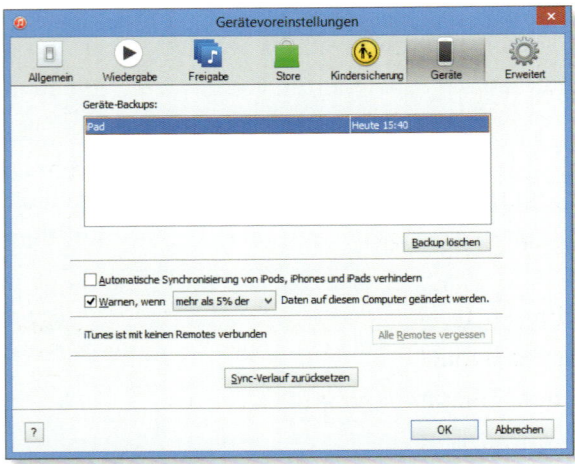

Haben Sie eine Datensicherung mit iTunes erstellt, können Sie Ihr Gerät jederzeit mit Hilfe dieses Backups wiederherstellen. Klicken Sie dazu im Bereich **Backups** der Kategorie **Übersicht** auf die Schaltfläche **Backup wiederherstellen** (❹ auf Seite 211). Beachten Sie, dass alle zwischenzeitlich vorgenommenen Änderungen auf Ihrem Gerät in diesem Fall jedoch verlorengehen.

Zusätzlich dazu können Sie die wichtigsten Daten Ihres Geräts in iCloud speichern. Lesen Sie dazu den Abschnitt »Das Backup Ihres Geräts in iCloud speichern« auf Seite 269.

Audio-CDs aus iTunes heraus erstellen

Um Musik aus iTunes heraus auf eine CD zu brennen, müssen Sie zunächst eine Wiedergabeliste mit den gewünschten Titeln erstellen. Den Inhalt einer Wiedergabeliste können Sie leicht über das Kontextmenü auf eine CD brennen. Sie benötigen für das Brennen kein zusätzliches Brennprogramm, sondern können diesen Vorgang vollständig mit iTunes erledigen. Sichern Sie beispielsweise auf diese Weise Ihre Einkäufe aus dem iTunes Store, und hören Sie die CD unterwegs im Auto. Erstellen Sie entweder eine neue Wiedergabeliste (siehe dazu den Abschnitt »Wiedergabelisten erstellen« ab Seite 67), oder wählen Sie eine bestehende Wiedergabeliste aus, um sie auf CD zu brennen.

1. Klicken Sie im Mediathekbereich **Musik** auf die Kategorie **Listen**.

2. Wählen Sie in der Spalte links die Wiedergabeliste aus, deren Inhalt Sie auf eine CD brennen möchten.

3. Wenn Sie möchten, wählen Sie Titel, die Sie nicht auf die CD brennen wollen, mit einem Klick auf die Checkbox vor dem Titelnamen ab und schließen sie so vom Brennvorgang aus.

4. Legen Sie einen CD-Rohling in Ihren CD-Brenner, und klicken Sie danach die Wiedergabeliste mit einem Rechtsklick an. Wählen Sie im Kontextmenü den Befehl **Wiedergabeliste auf Medium brennen**.

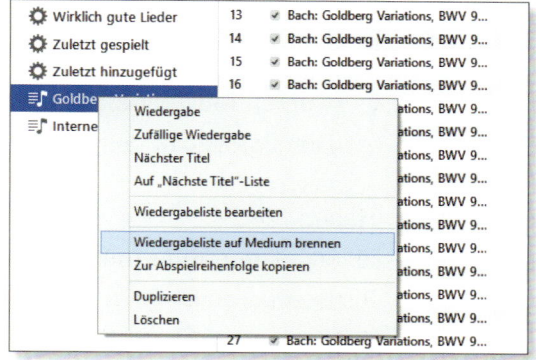

5. Daraufhin wird das Dialogfenster **Brenneinstellungen** angezeigt, und Sie haben die Möglichkeit, einige Einstellungen vorzunehmen. Wählen Sie zunächst aus, in welchem Format Ihre CD erstellt werden soll. Sie haben die Wahl zwischen **Audio-CD** ❶, **MP3-CD** ❷ und **Daten-CD oder -DVD** ❸. Entscheiden Sie sich für eine dieser Varianten, je nachdem, für welchen Zweck Sie die CD erstellen.

6. Wenn Sie möchten, dass auch die Titelnamen und der Name der Wiedergabeliste mit gebrannt werden, klicken Sie auf die Checkbox **CD Text beifügen** ❹. Dadurch werden diese Informationen ebenfalls auf Ihrer CD enthalten sein.

7. Legen Sie einen CD-Rohling ein, und klicken Sie abschließend auf die Schaltfläche **Brennen** ❺.

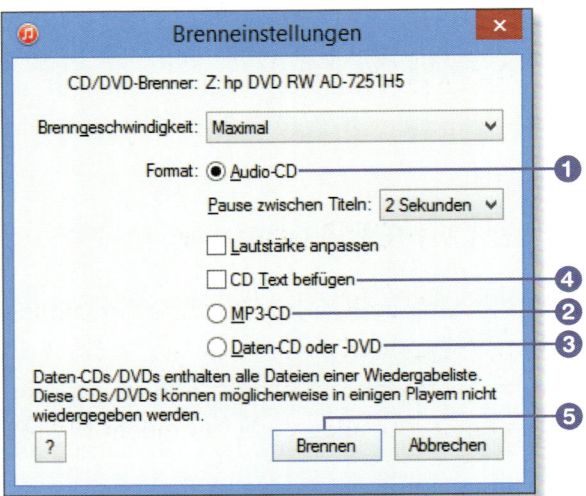

8. Sollte iTunes nun einen Hinweisdialog einblenden, der Sie noch einmal darauf hinweist, dass Sie erst eine Wiedergabeliste erstellen oder auswählen müssen, klicken Sie auf **OK**, um den Brennvorgang zu starten. Den Fortschritt des Brennvorgangs können Sie oben in der Titelanzeige verfolgen.

Nach dem Brennen sehen Sie eine Übersicht der Inhalte der CD. Lesen Sie dazu auch den Abschnitt »Audio-CDs einlesen« ab Seite 49. Prinzipiell können Sie auf diese Weise sämtliche Inhalte Ihrer Mediathek auf eine CD oder DVD brennen. Einzige Voraussetzung ist, dass Sie sie zuvor in einer Wiedergabeliste zusammengefasst haben.

Filme und Serienfolgen auf DVD brennen

INFO

Die Spieldauer einer CD beachten

Bei der Auswahl von Musiktiteln, die Sie auf CD brennen möchten, sollten Sie auf die Spieldauer einer Audio-CD achten. Die Musiktitel werden aus dem iTunes-Format AAC in das Audio-CD-Format konvertiert. Eine CD fasst Titel, deren gesamte Spieldauer maximal 80 Minuten umfasst. In der Ansicht der ausgewählten Wiedergabeliste wird Ihnen links oben die Gesamtspielzeit angezeigt. Sollten die möglichen 80 Minuten überschritten werden, werden die Titel der Wiedergabeliste auf mehrere CDs verteilt.

Filme und Serienfolgen auf DVD brennen

Neben Musiktiteln können Sie auch andere Inhalte Ihrer Mediathek auf DVD brennen. Filme und Serienfolgen sind davon nicht ausgeschlossen, sie werden jedoch als reine Daten-DVDs gebrannt und nicht in ein anderes Format konvertiert, so dass sie in einigen Fällen nicht auf einem DVD-Player abgespielt werden können.

1. Öffnen Sie zunächst den Mediathekbereich **TV-Sendungen**, und klicken Sie dort die Serie, deren Folgen Sie auf DVD brennen möchten, mit rechts an.

2. Wählen Sie im Kontextmenü der Serie den Befehl **Neue Wiedergabeliste von Auswahl**, um alle Folgen der Serie in einer Wiedergabeliste zusammenzufassen.

3. Klicken Sie nach dem Erstellen der Wiedergabeliste in der Mediathek auf die Kategorie **Listen/Wiedergabelisten**.

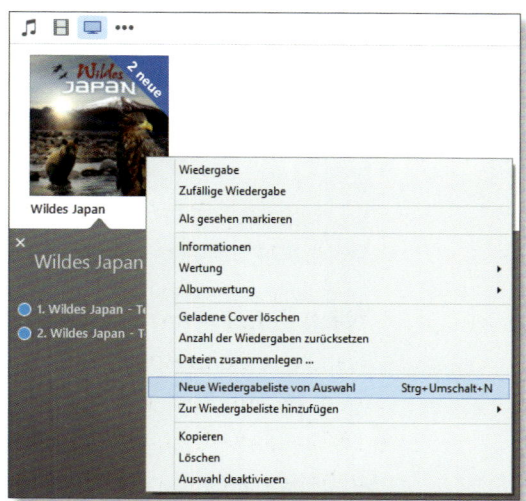

215

4. Klicken Sie den Namen der soeben erstellten Wiedergabeliste mit rechts an, und wählen Sie im Kontextmenü der Wiedergabeliste den Befehl **Wiedergabeliste auf Medium brennen**.

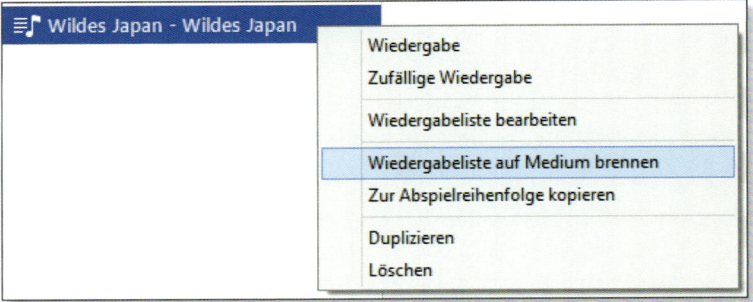

5. Daraufhin wird das Dialogfenster **Brenneinstellungen** angezeigt. Das Format **Daten-CD oder -DVD** wird automatisch gewählt; Sie müssen daher keine Änderung vornehmen. Legen Sie eine leere DVD in das Laufwerk Ihres Brenners, und klicken Sie auf die Schaltfläche **Brennen**.

6. iTunes fragt Sie nun, ob Sie wirklich eine Daten-DVD brennen wollen. Bestätigen Sie mit einem Klick auf die Schaltfläche **OK**.

Warten Sie, bis die DVD gebrannt wurde. Ist dieser Vorgang abgeschlossen, nehmen Sie den Datenträger aus dem Brennerlaufwerk Ihres Rechners. Auf diese Weise führen Sie, wenn Sie möchten, schnell und unkompliziert Datensicherungen Ihrer Einkäufe durch.

> **INFO**
>
> **Filme auf DVD brennen**
>
> Filme und Serienfolgen werden von iTunes im Format MP4 auf DVD gebrannt. Dieses Format wird von den meisten modernen DVD- und BluRay-Playern und anderen Videoprogrammen für den PC erkannt. Es kann aber sein, dass Sie die Dateien nicht überall abspielen können.

Kapitel 8
Inhalte auf andere Geräte übertragen

iTunes bietet Ihnen verschiedene Möglichkeiten, die Inhalte Ihrer Mediathek auch auf anderen Geräten zu nutzen. Ich werde Ihnen daher in diesem Kapitel die unterschiedlichen Übertragungsarten und Dienste vorstellen, mit denen dies möglich ist. Mit der Privatfreigabe teilen Sie die Mediathek mit anderen Rechnern in einem lokalen Netzwerk. Sie können aber auch mit AirPort Express Ihre Musik drahtlos an Ihre Stereoanlage senden oder mit Apple TV die Filme und Serien, die Sie im iTunes Store gekauft haben, auf Ihren Fernseher übertragen und dort genießen. Und mit der Remote-App können Sie, sofern Sie ein iPad oder iPhone besitzen, die Wiedergabe sogar bequem von Ihrem Sofa aus steuern.

Per Privatfreigabe Musik und Filme wiedergeben

In einem Netzwerk bietet es sich an, Musik, Podcasts und Filme auf einen anderen Rechner zu übertragen. So können Sie überall bei sich zu Hause die Inhalte Ihrer Mediathek genießen, ohne alle Inhalte auf sämtliche Geräte kopieren zu müssen. Das spart Ihnen Zeit und vor allem Speicherplatz. iTunes stellt genau dafür die Funktion *Privatfreigabe* bereit. iTunes funktioniert in diesem Fall als Medienserver, der Inhalte für andere Rechner bereitstellt. Keine Sorge, es klingt komplizierter, als es ist.

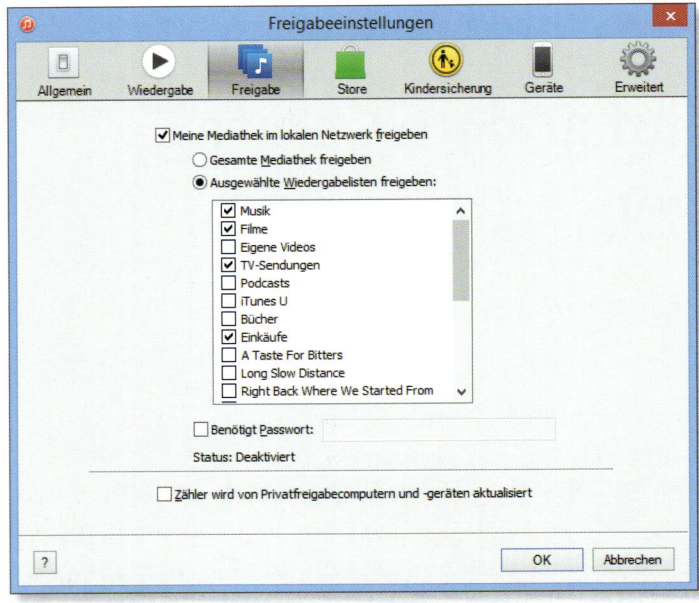

Um Ihre Musik oder Ihre Filme auch auf einem anderen Rechner genießen zu können, installieren Sie lediglich iTunes auf dem zweiten Rechner und richten die Windows-Firewall entsprechend ein. Danach geben Sie die Mediathek in iTunes auf dem Rechner frei, auf dem sich Ihre Inhalte befinden, und starten die Privatfreigabe. Und schon können Sie den Inhalt Ihrer Mediathek auf Ihrem zweiten Rechner verwenden. Verwenden Sie in Ihrem Netzwerk zwei Macs, und möchten auf dem einen Mac die Mediathek des anderen nutzen, geht das ganze sogar noch einfacher: Richten Sie auf dem einen Mac die Privatfreigabe wie im Folgenden beschrieben ein und greifen Sie von Ihrem anderen Mac auf sie zu. Aber alles der Reihe nach. Ich erläutere Ihnen zunächst die Einrichtung in iTunes auf dem Rechner, auf dem sich Ihre Musik und Ihre Filme befinden, zeige danach, welche Einstellungen Sie in Windows vornehmen müssen, und zu guter Letzt folgt die Einrichtung in iTunes auf dem zweiten Rechner.

Richten Sie zuerst den Netzwerkzugriff in den iTunes-Einstellungen ein. Hierbei können Sie außerdem entscheiden, ob Sie Ihre gesamte iTunes-Mediathek im Netzwerk freigeben möchten – also sämtliche Inhalte aus

Per Privatfreigabe Musik und Filme wiedergeben

den verschiedenen Bereichen Ihrer Mediathek – oder nur einzelne Bereiche oder Wiedergabelisten.

1. Öffnen Sie das Programmmenü, und klicken Sie auf die Option **Einstellungen**. Oder rufen Sie das Dialogfenster mit den iTunes-Einstellungen über die Tastenkombination [Strg]+[,]/[⌘]+[,] auf.

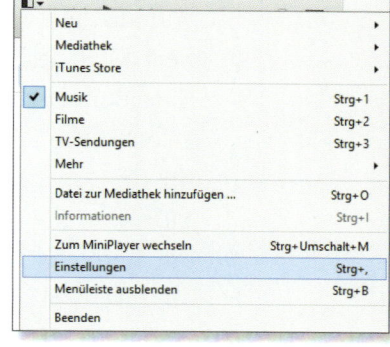

2. Wechseln Sie im Dialogfenster in das Register **Freigabe**.

3. Aktivieren Sie mit einem Klick darauf die Checkbox **Meine Mediathek im lokalen Netzwerk freigeben** ❶. Standardmäßig ist nun die Option **Gesamte Mediathek freigeben** aktiviert. Mit dieser Option werden sämtliche Inhalte über Ihr lokales Netzwerk freigegeben. Möchten Sie nur bestimmte Inhalte oder Bereiche Ihrer Mediathek freigeben, klicken Sie auf den Radio-Button **Ausgewählte Wiedergabelisten freigeben** ❷.

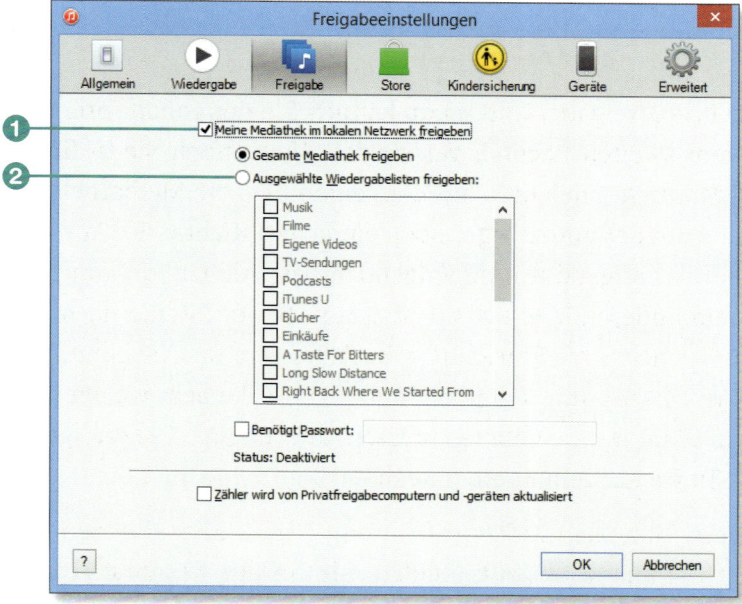

4. Haben Sie die Option **Ausgewählte Wiedergabelisten freigeben** aktiviert, können Sie in dem darunter befindlichen Auswahlfeld mit einem Klick auf die vorangestellten Kästchen einzelne Bereiche und Wiedergabelisten Ihrer Mediathek für die Privatfreigabe auswählen. Möchten Sie beispielsweise nur die Bereiche **Musik** und **Podcasts**

   auf Ihrem anderen Rechner nutzen, klicken Sie auf die entsprechenden Felder ❸. So stehen Ihnen Ihre Musiktitel und die geladenen Podcasts auf Ihrem anderen Rechner zur Verfügung, die restlichen Inhalte Ihrer Mediathek jedoch nicht.

5. Wenn Sie möchten, schränken Sie den Zugriff auf die freigegebenen Inhalte ein. Aktivieren Sie dazu mit einem Mausklick die Option **Benötigt Passwort** ❹. Geben Sie danach in das Eingabefeld ein Passwort ein.

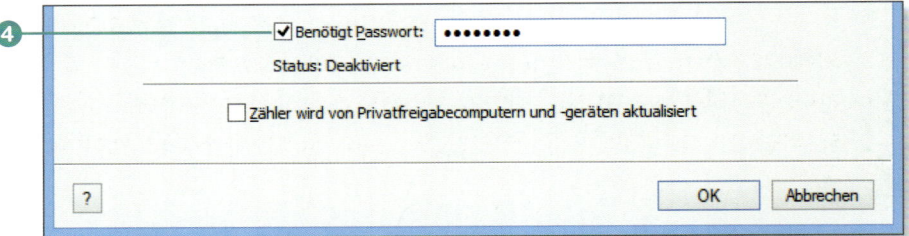

Wählen Sie daraufhin auf dem anderen Rechner die freigegebene Mediathek an, können Sie sie erst verwenden, nachdem Sie das richtige Passwort eingegeben haben.

6. Bestätigen Sie die Einstellungen, indem Sie den Dialog mit einem Klick auf die Schaltfläche **OK** verlassen.

7. iTunes informiert Sie daraufhin in einem Hinweisdialog, dass Sie Musik nur für den persönlichen Gebrauch freigeben dürfen. Bestätigen Sie mit einem Klick auf **OK**.

Damit wäre der erste Schritt der Einrichtung getan und iTunes auf dem Rechner mit Ihrer Musik und Ihren Filmen so weit für die Privatfreigabe vorbereitet. Schauen wir uns nun an, welche Einstellungen Sie in Windows vornehmen müssen, damit Sie von dem anderen Rechner auf die Mediathek mit ihren Inhalten zugreifen können. Dazu müssen Sie unter Umständen Ihre Firewall-Einstellungen ändern. Ebenso muss es möglich sein, auf dem Zielrechner die Medien zu empfangen und wiederzugeben.

Ich gehe einmal davon aus, dass ein Windows-Netzwerk bei Ihnen bereits eingerichtet ist. Die verschiedenen Rechner sind mit Netzwerkkabeln miteinander verbunden, und die Windows-Firewall ist aktiv. Mit wenigen Einstellungen sorgen Sie anschließend dafür, dass Sie von dem anderen Rechner auf die Mediathek zugreifen können.

> **ACHTUNG**
>
> **Freigabe im Virenschutzprogramm einrichten**
>
> Nutzen Sie eine Fremdsoftware für den Schutz Ihres Rechners, ein sogenanntes Virenschutzprogramm oder eine Security-Suite, müssen Sie auch hier dafür sorgen, dass der Zugriff vom Zweitrechner auf Ihren Rechner zugelassen wird und iTunes Daten übertragen kann. Die genaue Vorgehensweise zur Einrichtung der Freigabe für die verschiedenen im Handel erhältlichen Sicherheitsprogramme kann ich an dieser Stelle nicht aufführen; das würde den Rahmen des Buches sprengen. Beachten Sie daher bei der Einrichtung die Anleitung Ihrer verwendeten Software.

Schauen wir uns also die Netzwerkfreigabe in der Windows-Systemsteuerung an, und dann geben wir den Zugriff von iTunes in der Firewall frei.

1. Rufen Sie über die Pfeilschaltfläche ❶ in der Metro-Ansicht von Windows 8.1 die Seite **Alle Apps** auf.

2. Scrollen Sie bis zur Kachel **Systemsteuerung**, und öffnen Sie diese mit einem Mausklick. Sie finden sie im Bereich **Windows-System**.

Alternativ können Sie die Systemsteuerung auch mit einem Rechtsklick auf die **Start**-Schaltfläche in der Taskleiste aufrufen. Wählen Sie im Kontextmenü die Option **Systemsteuerung**.

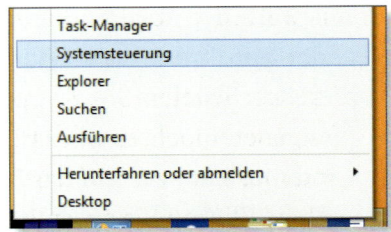

3. Klicken Sie im Dialogfenster **Systemsteuerung** im Bereich **Netzwerk und Internet** auf den Link **Heimnetzgruppen- und Freigabeoptionen auswählen**.

4. Wählen Sie in den Heimnetzgruppen-Einstellungen den Link **Für die Heimnetzgruppe freigegebene Elemente ändern** ❶ aus.

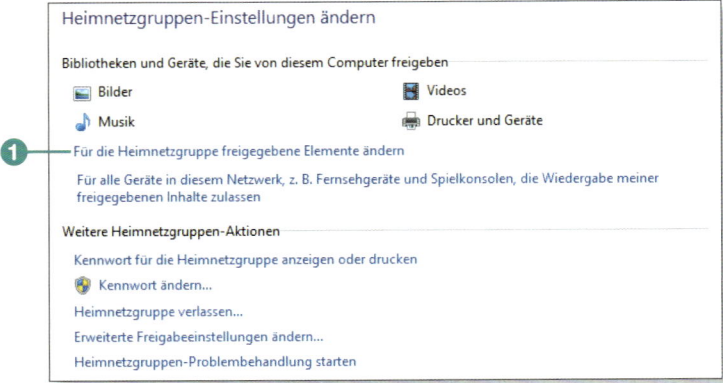

5. Daraufhin wird das Dialogfenster **Heimnetzgruppe** geöffnet. Für verschiedene Arten von Bibliotheksordnern ist ein Listenfeld vorhanden. Darüber wählen Sie, ob Sie das jeweilige Element in Ihrem Netzwerk freigeben möchten oder nicht. Klicken Sie in den Zeilen **Bilder**, **Videos** und **Musik** jeweils auf das Listenfeld, und wählen Sie die Option **Freigeben**. Klicken Sie anschließend auf **Weiter**.

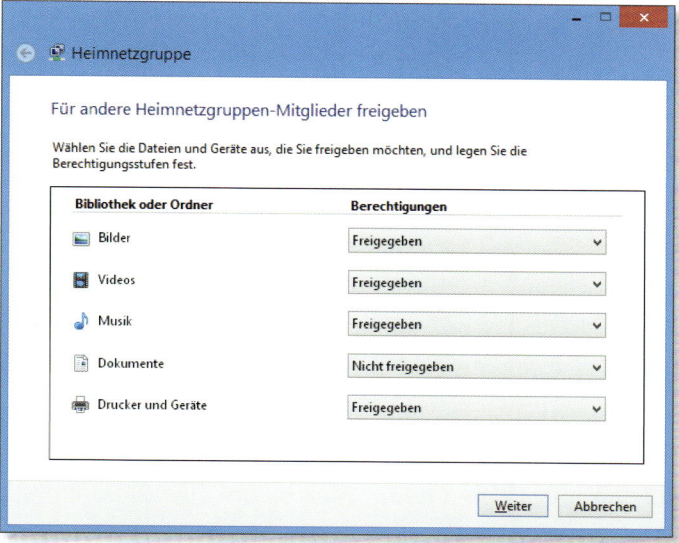

6. Das nächste Dialogfenster bestätigt Ihnen Ihre Einstellungen. Klicken Sie auf die Schaltfläche **Fertig stellen**. Das Dialogfenster wird geschlossen, und Sie gelangen zurück in die Systemsteuerung.

7. Im Dialogfenster **Heimnetzgruppe** können Sie außerdem weitere Einstellungen zu Ihrer Heimnetzgruppe treffen. Legen Sie hier beispielsweise mit einem Klick auf den Link **Kennwort ändern** (❶ auf Seite 224) ein neues Passwort fest. Mit einem Klick auf den Link **Kennwort für die Heimnetzgruppe anzeigen oder drucken** ❷ lassen Sie sich auf der nächsten Seite Ihr aktuelles Kennwort anzeigen. Notieren Sie sich das Passwort, oder drucken Sie es mit einem Klick auf die Schaltfläche **Diese Seite drucken** aus, und bewahren Sie es an einem sicheren Ort auf, so dass Sie es bei Bedarf zur Hand haben.

8. Werfen Sie bitte auch einmal einen Blick in die erweiterten Freigabeeinstellungen. Klicken Sie dazu auf den Link **Erweiterte Freigabeeinstellungen ändern** ❸.

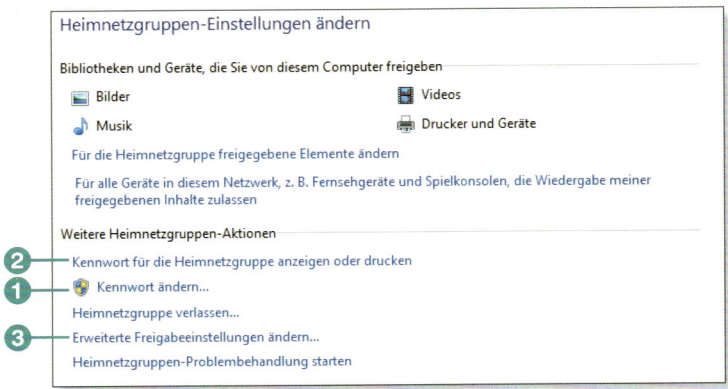

9. Überprüfen Sie auf der nun folgenden Seite **Freigabeoptionen für unterschiedliche Netzwerkprofile ändern**, ob im Bereich **Gast oder Öffentlich** sowohl die Option **Netzwerkerkennung einschalten** ❹ als auch die Option **Datei- und Druckerfreigabe aktivieren** ❺ aktiv ist. Klicken Sie andernfalls jeweils auf den vorangestellten Radio-Button, um diese Optionen zu aktivieren.

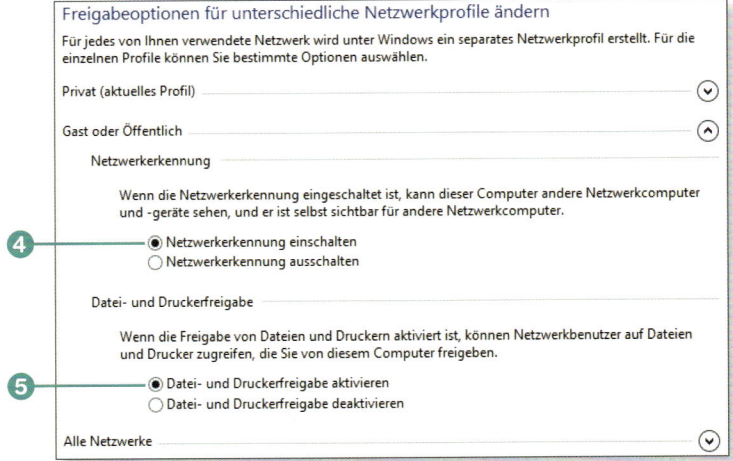

Per Privatfreigabe Musik und Filme wiedergeben

Damit hätten Sie alle nötigen Einstellungen für die Freigabe Ihrer Mediathek in Windows eingerichtet. Jetzt fehlen noch die Einstellungen der Windows-Firewall.

1. Öffnen Sie dazu die Systemsteuerung erneut, oder, sollten Sie sie noch geöffnet haben, rufen Sie die Startseite des Dialogfensters **Systemsteuerung** auf. Klicken Sie auf den Bereich **System und Sicherheit**.

2. Wählen Sie auf der folgenden Seite im Bereich **Windows-Firewall** den Link **Firewallstatus überprüfen**.

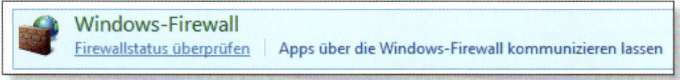

3. Überprüfen Sie, ob die Windows-Firewall eingeschaltet ist. In der Zeile **Status der Windows-Firewall** sollte **Ein** (❶ auf Seite 228) stehen, und die Bereiche **Private Netzwerke** und **Gast oder öffentliche Netzwerke** sollten mit einem grünen Symbol markiert sein. Ist dies nicht der Fall, klicken Sie links im Menü auf den Link **Windows-Firewall ein- oder ausschalten** ❷.

4. Klicken Sie im folgenden Fenster in das Optionsfeld **Windows-Firewall einschalten** und danach auf die Schaltfläche **OK**.

5. Mit einer Firewall-Regel müssen Sie nun dafür sorgen, dass iTunes erreichbar ist, Daten anfordern und auch übertragen darf. Klicken Sie daher auf **Erweiterte Einstellungen** ❸.

Kapitel 8 – Inhalte auf andere Geräte übertragen

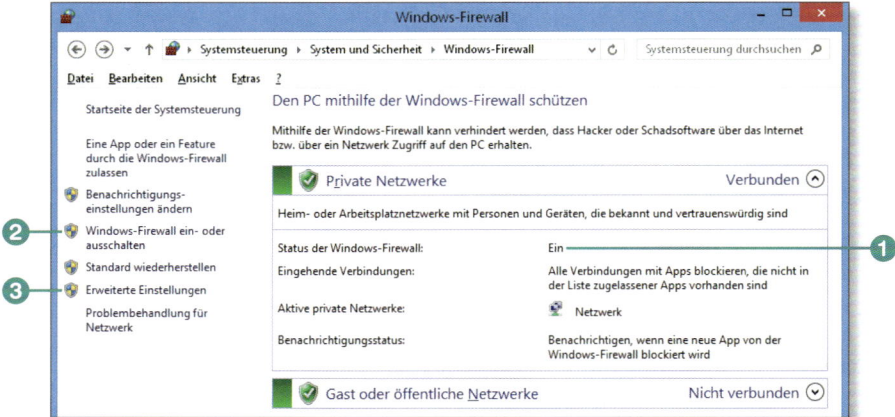

6. Scrollen Sie im Dialogfenster **Windows-Firewall mit erweiterten Einstellungen** nach unten, bis Sie den Bereich **Firewallregeln anzeigen und erstellen** sehen. Klicken Sie hier auf den Link **Eingehende Regeln** ❹.

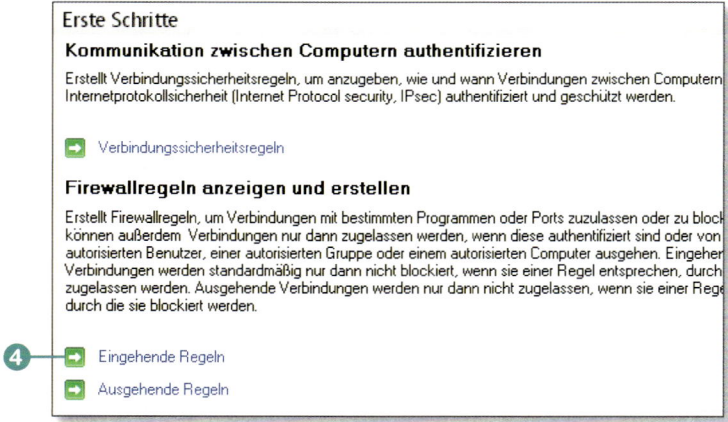

7. Im Dialogfenster **Windows-Firewall mit erweiterter Sicherheit** sehen Sie eine Liste aller Programme, für die eingehende Firewallregeln vorhanden sind. Klicken Sie rechts oben im Bereich **Aktionen** auf den Befehl **Neue Regel**.

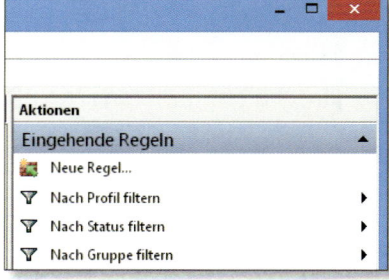

8. Erstellen Sie mit dem **Assistent für neue eingehende Regel** eine neue Firewallregel. Aktivieren Sie mit einem Klick die Option **Programm**, und klicken Sie danach auf **Weiter**.

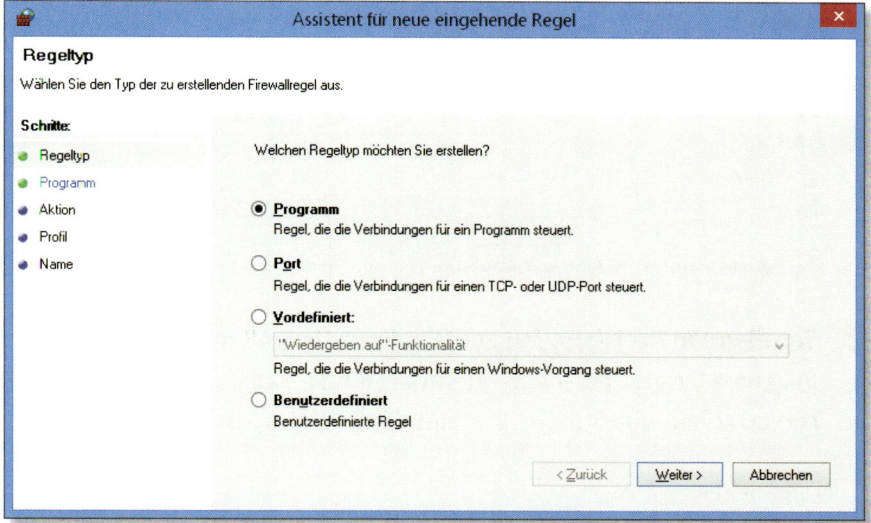

9. Aktivieren Sie im folgenden Dialog den Radio-Button **Dieser Programmpfad**, und klicken Sie danach auf die Schaltfläche **Durchsuchen**, um nun nur das eine Programm auszuwählen, für das Sie die neue Regel erstellen möchten – in unserem Beispiel also iTunes.

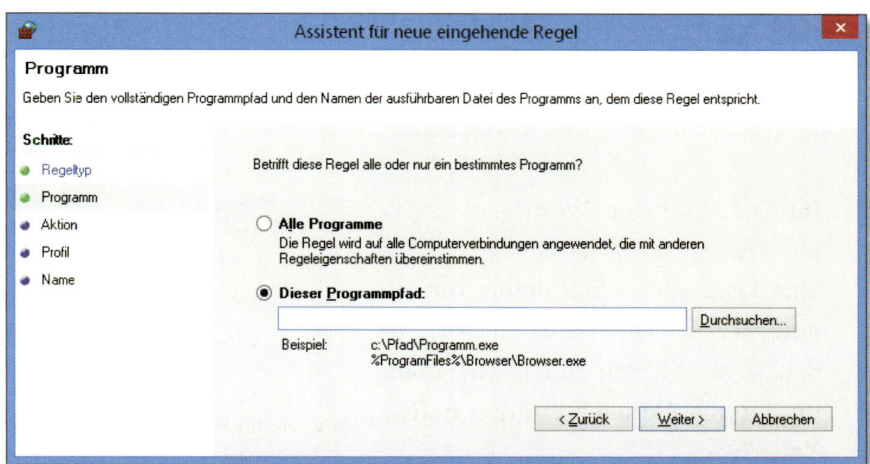

10. Navigieren Sie im Dialogfenster **Öffnen** zum Speicherort der Datei *iTunes.exe*; in der Regel sollten Sie sie unter *C:\Programme (x86)\ iTunes* finden. Klicken Sie auf **Öffnen**.

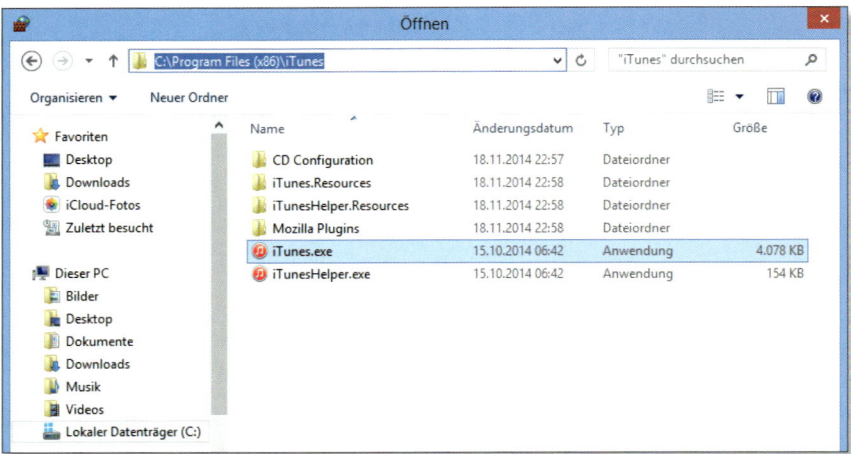

11. Der Speicherort des ausgewählten Programms wird daraufhin in das Feld **Dieser Programmpfad** übernommen. Klicken Sie auf **Weiter**.

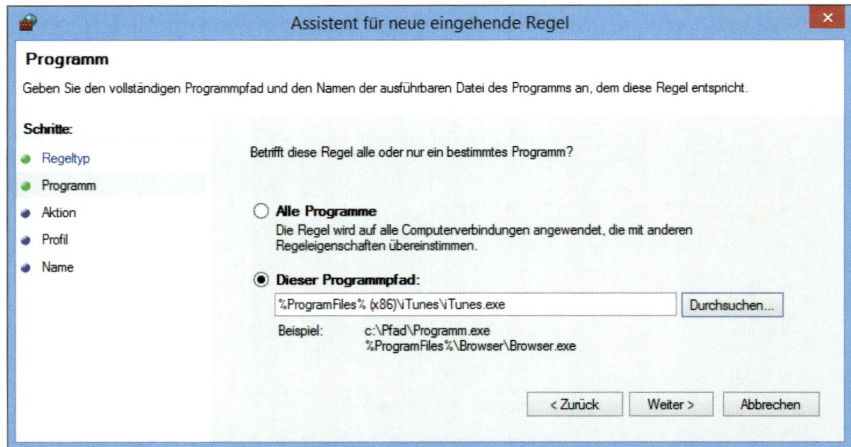

12. Legen Sie im folgenden Dialog fest, was die Firewallregel tun soll. Klicken Sie auf **Verbindung zulassen** und danach auf die Schaltfläche **Weiter**, um den Assistenten für neue eingehende Regeln zu beenden.

Per Privatfreigabe Musik und Filme wiedergeben

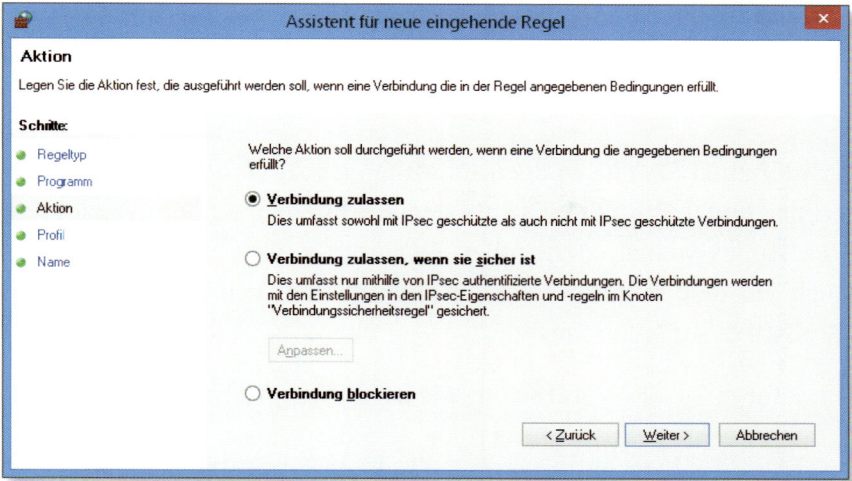

13. Im nächsten Dialogfenster achten Sie darauf, dass alle Profile im Bereich **Wann wird diese Regel angewendet** aktiviert sind. Wählen Sie auch hier mit einem Klick **Weiter**.

14. Geben Sie zu guter Letzt im folgenden Fenster einen Namen für die neue Regel ein. Im Beispiel entscheide ich mich für »Firewall-Regel für iTunes«. Beenden Sie den Assistenten mit einem Klick auf die Schaltfläche **Fertig stellen**.

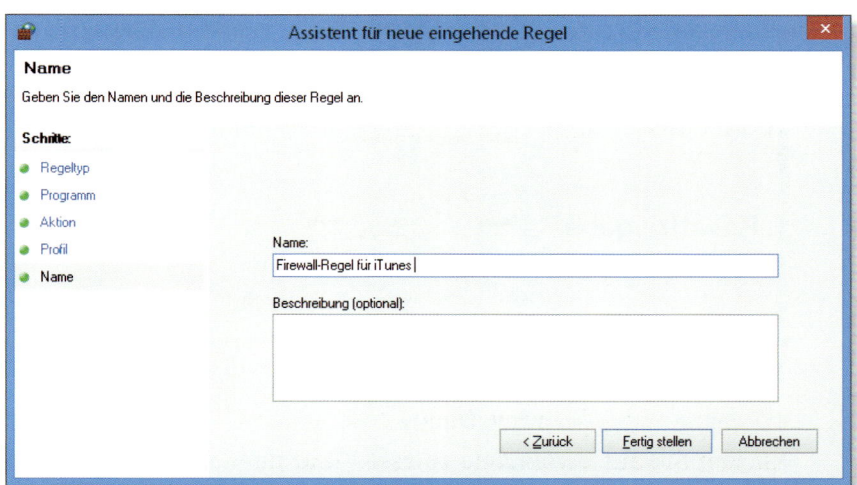

15. Schließen Sie das Dialogfenster **Windows-Firewall mit erweiterter Sicherheit**. Bei Bedarf können Sie hier die eingerichteten Regeln einsehen und bearbeiten. Schließen Sie danach auch die Systemsteuerung.

Somit haben Sie alle nötigen Einstellungen in iTunes, in Ihrer Heimnetzgruppe und in Ihrer Firewall auf dem Rechner vorgenommen, auf dem sich Ihre iTunes-Mediathek befindet. Es wird nun also Zeit, die Privatfreigabe auch auf dem anderen Rechner einzurichten, von dem aus Sie auf Ihre Mediathek zugreifen möchten.

1. Führen Sie alle Vorarbeiten wie zuvor beschrieben auch auf dem zweiten Rechner durch. Sorgen Sie also dafür, dass die Windows-Firewall iTunes nicht blockiert. Installieren Sie iTunes auf dem Rechner, mit dem Sie im Netzwerk auf die Mediathek zugreifen möchten, und richten Sie die Netzwerkverbindung ein.

2. Öffnen Sie danach iTunes auf dem Rechner, von dem aus Sie auf die Mediathek des entfernten Rechners zugreifen möchten, und aktivieren Sie die Privatfreigabe in iTunes. Klicken Sie dazu auf **Datei ▶ Privatfreigabe ▶ Privatfreigabe aktivieren**. Sie sehen nun im Hauptbereich die Seite **Privatfreigabe**.

3. Tragen Sie Ihre Apple-ID ❶ und das zugehörige Passwort ❷ in die Eingabefelder ein. Klicken Sie auf die Schaltfläche **Privatfreigabe aktivieren** ❸.

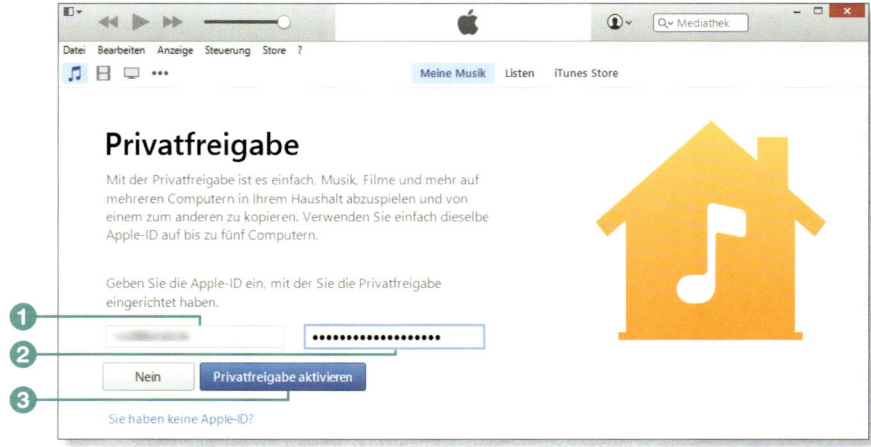

Per Privatfreigabe Musik und Filme wiedergeben

4. iTunes bestätigt auf der Folgeseite, dass die Privatfreigabe eingerichtet und verwendbar ist. Schließen Sie die Einrichtung mit einem Klick auf **Fertig** ab. Sie können nun die Mediathek des anderen Rechners nutzen.

5. Klicken Sie auf die Auswahlschaltfläche **Privatfreigabe** ❹ in der linken Ecke der Mediathekleiste, um die freigegebene Mediathek auf dem anderen Rechner anzuwählen.

6. Wählen Sie **Mediathek von [Benutzername]**. Statt **Benutzername** wird Ihnen hier der Name angezeigt, den Sie auf Ihrem Windows-PC verwenden, mit dem Sie nun über das Netzwerk verbunden sind.

7. Sie können nun über die Schaltflächen in der Mediathekleiste auf die verschiedenen Bereiche der entfernten Mediathek zugreifen. Ihnen werden hier entweder alle Bereiche der freigegebenen Mediathek angezeigt oder nur die, die Sie zuvor für die Freigabe aktiviert haben (siehe Seite 220).

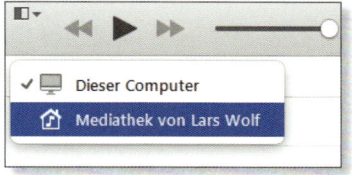

8. Nachdem Sie einen Bereich in dem Auswahlmenü angeklickt haben, wird Ihnen im Hauptbereich der Inhalt der freigegebenen Mediathek angezeigt. Klicken Sie nun einfach einen Musiktitel oder ein Video im Hauptbereich an, und starten Sie die Wiedergabe.

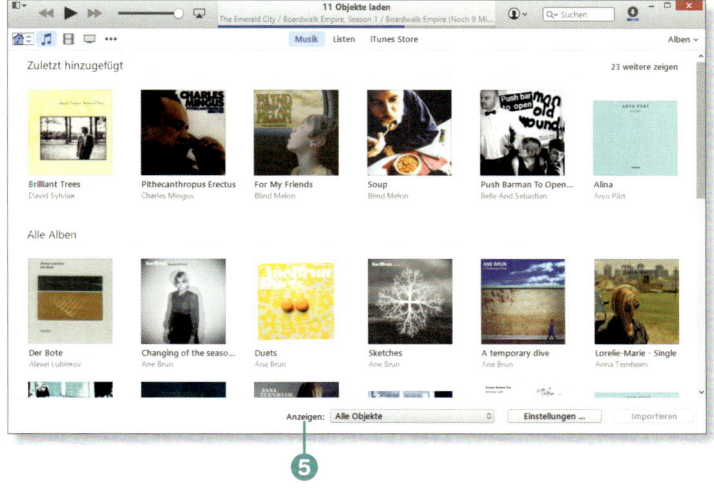

231

Kapitel 8 – Inhalte auf andere Geräte übertragen

9. Am unteren Fensterrand haben Sie zudem die Möglichkeit, sich nur die Inhalte der freigegebenen Mediathek anzeigen zu lassen, die sich nicht in der Mediathek des aktuellen Rechners befinden. Um diese Option zu nutzen, klicken Sie im Auswahlmenü **Anzeigen** (❺ auf Seite 231) auf **Nur Objekte außerhalb meiner Mediathek**.

Sie können die Privatfreigabe aber nicht nur dazu nutzen, um auf einem anderen Rechner Ihre Mediathek zu verwenden. Mit der Privatfreigabe können Sie auch von Ihrem iPhone oder iPad aus auf die Mediathek Ihres Rechners zugreifen.

Nachdem Sie die Privatfreigabe wie beschrieben auf Ihrem Rechner aktiviert haben, müssen Sie sie danach nur noch auf Ihrem iOS-Gerät aktivieren, um Ihre Musik dort genießen zu können. Voraussetzung ist natürlich, dass Sie sich mit dem Gerät im gleichen WLAN-Netzwerk befinden.

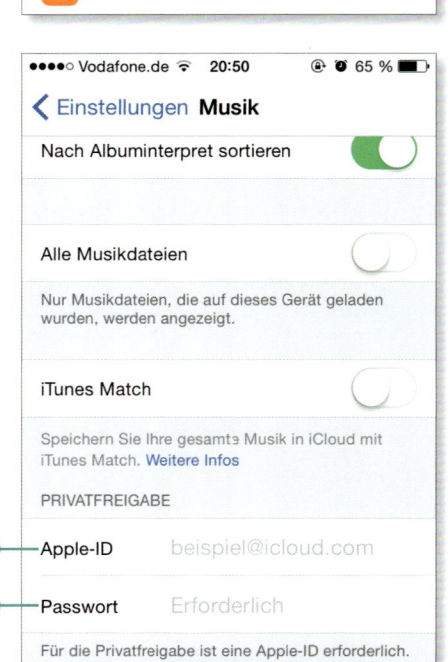

1. Öffnen Sie auf Ihrem iPhone oder iPad die **Einstellungen**, und scrollen Sie bis zum Menüpunkt **Musik**. Tippen Sie darauf.

2. Scrollen Sie im Einstellungsmenü **Musik** bis zum Abschnitt **Privatfreigabe**. Tragen Sie in die Felder **Apple-ID** ❶ und **Passwort** ❷ die entsprechenden Informationen ein.

Per Privatfreigabe Musik und Filme wiedergeben

3. Öffnen Sie auf Ihrem iPhone oder iPad die App **Musik**, und tippen Sie in der unteren Menüleiste auf die Schaltfläche **Mehr** ❸.

4. Hier steht Ihnen nun der Bereich **Freigaben** ❹ zur Verfügung; tippen Sie darauf.

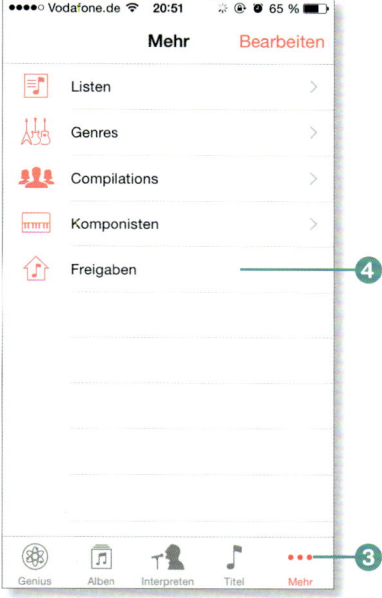

5. Ihnen wird auf der folgenden Seite die am Rechner freigegebene Mediathek zur Verfügung gestellt, und Sie können einen Mediathekbereich auswählen und die Wiedergabe auf Ihrem iPhone starten. Beachten Sie, dass, je nachdem, wie groß Ihre Mediathek ist, der Ladevorgang der Mediathek etwas Zeit in Anspruch nehmen kann. Der Fortschritt wird Ihnen anhand des nachgestellten Kreissymbols angezeigt.

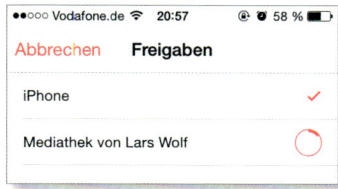

Sobald der Ladevorgang abgeschlossen ist, haben Sie von Ihrem iPhone aus Zugriff auf die freigegebene Mediathek. Tippen Sie auf dem iPhone auf ein Album und starten Sie die Wiedergabe.

Die Privatfreigabe können Sie übrigens nicht nur für Ihre Musik verwenden, sondern auch für alle Bereiche Ihrer Mediathek, die Sie zu Beginn in den iTunes-Einstellungen aktiviert haben (siehe dazu Seite 220). So greifen Sie beispielsweise mit der App **Videos** auf Ihrem iPad auf die Filme und Serien zu, die sich auf Ihrem Rechner befinden.

> **ACHTUNG**
>
> **Autorisierung notwendig**
>
> Um die Privatfreigabe verwenden zu können, müssen Sie den Computer erst bei Apple anmelden. Diese »Autorisierung« ist notwendig. Sie geschieht ebenfalls mit der Apple-ID. Ist der Computer noch nicht autorisiert, erhalten Sie eine entsprechende Meldung. Mit einem Klick auf die Schaltfläche **Autorisieren** in diesem Dialogfenster und der nachfolgenden Eingabe Ihrer Apple-ID und Ihres Kennworts holen Sie dies einfach nach.

Neben der Privatfreigabe bietet Ihnen Apple einen weiteren Dienst an, mit dem Sie sogar von unterwegs und von Ihren mobilen iOS-Geräten aus Zugriff auf die Musiktitel Ihrer Mediathek haben. Mit iTunes Match können Sie wirklich nahezu überall Ihre Musik genießen. Diese Funktion stelle ich Ihnen ausführlich im Abschnitt »iTunes Match abonnieren« ab Seite 254 vor.

Drahtlos Inhalte mit AirPort Express übermitteln

AirPort Express ist ein Gerät, das die Möglichkeiten von iTunes erweitert. Sie können mit dem Gerät ein WLAN-Netzwerk einrichten beziehungsweise erweitern oder Ihre Musik an angeschlossene Boxen oder Ihre Musikanlage übertragen. Sollten Sie mehrere AirPort-Express-Geräte besitzen, können Sie Ihre Musik sogar an mehrere Lautsprecher gleichzeitig senden und so überall in Ihrer Wohnung oder Ihrem Haus die Musik Ihrer iTunes-Mediathek genießen. Mit Hilfe von AirPort Express können Sie darüber hinaus Ihren USB-Drucker WLAN-fähig machen. Schließen Sie ihn dazu einfach an die AirPort-Express-Basisstation an.

AirPort Express ist kompakt und unauffällig. (Foto: Apple)

Der Aufbau sowie die Einrichtung des Airport Express ist sehr einfach. Über den WAN-Anschluss verbinden Sie ihn mit Ihrem DSL- oder Kabelmodem. Auf dem Gerät ist bereits ein Dienstprogramm vorinstalliert, und ein Einrichtungsprogramm, um das Gerät mit Ihrem Windows-Rechner zu verbinden, können Sie kostenlos aus dem Internet laden. Dank des Systemassistenten sind nur wenige Schritte erforderlich, und Ihr AirPort Express ist einsatzbereit. Ich erkläre Ihnen in den folgenden Schritten, wie Sie Ihren AirPort Express anschließen und danach einrichten.

1. Stecken Sie den Netzstecker in die AirPort-Express-Basisstation. Verbinden Sie das Gerät jedoch noch nicht mit dem Stromnetz.

2. Verbinden Sie die AirPort-Express-Basisstation mit Ihrem DSL- oder Kabelmodem. In meinem Beispiel nutze ich ein Netzwerkkabel, das ich mit dem DSL-Modem meines Internetanbieters verbinde.

3. Schließen Sie danach die AirPort-Express-Basisstation mit einem Audiokabel an Ihre Stereoanlage an.

4. Stecken Sie das Netzkabel der Basisstation in eine Steckdose. Das Gerät wird daraufhin automatisch eingeschaltet.

5. Für die Einrichtung der Basisstation benötigen Sie das AirPort-Dienstprogramm für Windows. Öffnen Sie Ihren Internetbrowser, und geben Sie die Adresse *http://support.apple.com/kb/DL1547* ein, um die Downloadseite für das AirPort-Dienstprogramm für Windows aufzurufen. Klicken Sie auf **Download**.

6. Klicken Sie im Dialogfenster **Öffnen von AirPortSetup.exe** auf die Schaltfläche **Datei speichern**, um die Installationsdatei des AirPort-Dienstprogramms herunterzuladen.

7. Wählen Sie im nächsten Dialogfenster einen Speicherort für die Datei, und klicken Sie auf die Schaltfläche **Speichern**.

8. Doppelklicken Sie auf die heruntergeladene Datei, um die Installation zu beginnen.

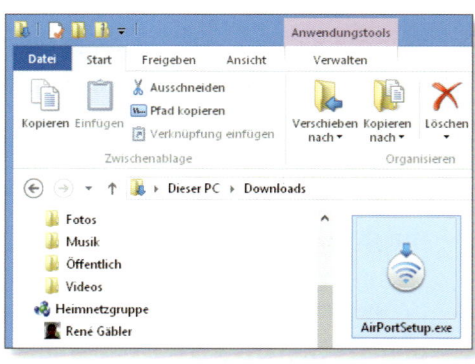

9. Der Installationsassistent heißt Sie nun willkommen. Klicken Sie auf die Schaltfläche **Weiter**, um zum nächsten Dialogfenster zu gelangen.

10. Nun wird Ihnen der Lizenzvertrag zum AirPort-Dienstprogramm angezeigt. Lesen Sie sich diesen Text aufmerksam durch. Klicken Sie auf den Radio-Button **Ich akzeptiere die Bestimmungen der Lizenzvereinbarung** und danach auf **Weiter**.

Drahtlos Inhalte mit AirPort Express übermitteln

11. Im nachfolgenden Dialogfenster sehen Sie allgemeine Informationen zum Dienstprogramm. Überspringen Sie sie mit einem erneuten Klick auf **Weiter**.

12. Im nächsten Fenster des Installationsassistenten wird Ihnen der Speicherort des Programms angezeigt. Klicken Sie auf **Ändern** ❶, wenn Sie einen anderen Speicherort wählen möchten. Um fortzufahren, klicken Sie auf **Installieren**.

Bestätigen Sie die Meldung der Windows-Benutzerkontensteuerung. Das AirPort-Dienstprogramm wird nun auf Ihrem Rechner installiert. Ein Fortschrittsbalken zeigt Ihnen den Verlauf der Installation an.

13. Schließen Sie den Installationsassistenten nach Abschluss der Installation mit einem Klick auf **Fertigstellen**.

14. Das Programm wird unmittelbar nach der Installation automatisch gestartet. Haben Sie Ihre Windows-Firewall aktiviert, erhalten Sie eine Meldung, dass das AirPort-Dienstprogramm versucht, auf das Internet zuzugreifen. Gestatten Sie dies mit einem Klick auf die Schaltfläche **Zugriff zulassen**.

Kapitel 8 – Inhalte auf andere Geräte übertragen

 Nach der Installation wird das AirPort-Dienstprogramm nur geöffnet, wenn ein Update für Ihren AirPort Express vorliegt oder ein Problem mit der Datenübertragung besteht. Sie können es aber auch jederzeit manuell starten. Wählen Sie dazu auf Ihrem Metro-Startdesktop **Alle Apps**, und klicken Sie in der Liste der Programme auf die Kachel **AirPort-Dienstprogramm**.

Bevor Sie nun AirPort Express verwenden können, müssen Sie das Gerät einrichten. Ich stelle Ihnen im Folgenden die Schritte der Grundeinrichtung im Einzelnen vor.

1. Sofern es nicht noch von der Installation geöffnet sein sollte, starten Sie zunächst das AirPort-Dienstprogramm.

2. Klicken Sie im AirPort-Dienstprogramm auf die Schaltfläche **Fortfahren**, um mit der Einrichtung zu beginnen. Sie finden sie in der rechten unteren Ecke.

3. Geben Sie in das Feld **AirPort Express-Name** eine Bezeichnung für Ihre AirPort-Express-Basisstation ein. Tragen Sie ein Kennwort ein, und wiederholen Sie die Eingabe des Kennworts in dem darunterliegenden Feld. Dadurch kann kein Unbefugter die Einstellungen Ihrer AirPort-Express-Basisstation ändern. Klicken Sie auf die Schaltfläche **Fortfahren**.

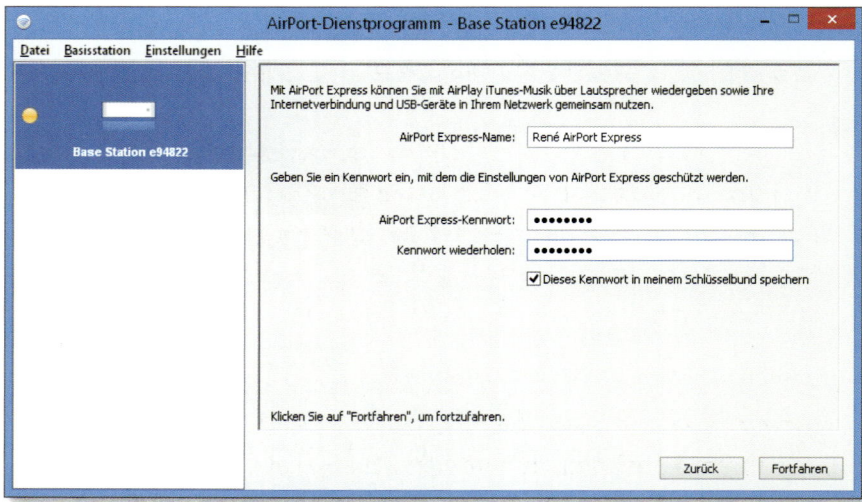

Drahtlos Inhalte mit AirPort Express übermitteln

4. Klicken Sie im nächsten Fenster auf den Radio-Button **Ich möchte ein neues drahtloses Netzwerk anlegen** und danach erneut auf die Schaltfläche **Fortfahren**.

5. Geben Sie einen Namen für das neue Netzwerk ein ❶, und aktivieren Sie den Radio-Button **Persönlicher WPA2** ❷. Daraufhin sollten Sie das Funknetzwerk mit einem Kennwort sichern ❸. Sie vermeiden so, dass sich Unbefugte ohne weiteres in Ihr Netzwerk einwählen können. Wiederholen Sie die Eingabe des Kennworts, und klicken Sie wieder auf **Fortfahren**.

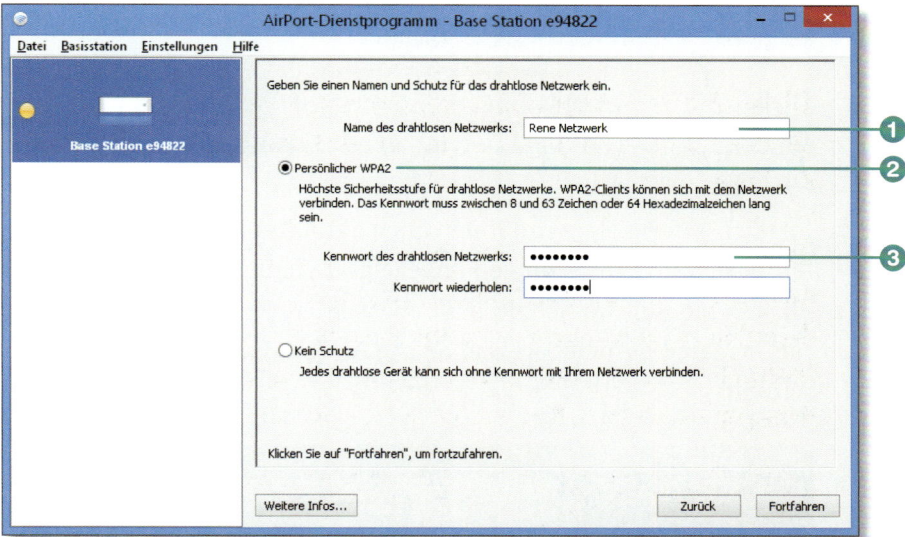

6. Im folgenden Dialogfenster können Sie bei Bedarf ein separates Gastfunknetzwerk einrichten. Klicken Sie dazu auf den Radio-Button **Gästenetzwerk aktivieren**, und nehmen Sie die entsprechenden Einstellungen vor. In diesem Beispiel lasse ich diese Option ausgeschaltet. Klicken Sie auf **Fortfahren**.

7. Aktivieren Sie nun mit einem Klick auf den Radio-Button die Option **Ich verwende ein DSL- oder Kabelmodem mit DHCP**. So wird die IP-Adresse von Ihrem Kabelmodem automatisch zugeteilt. Klicken Sie erneut auf **Fortfahren**.

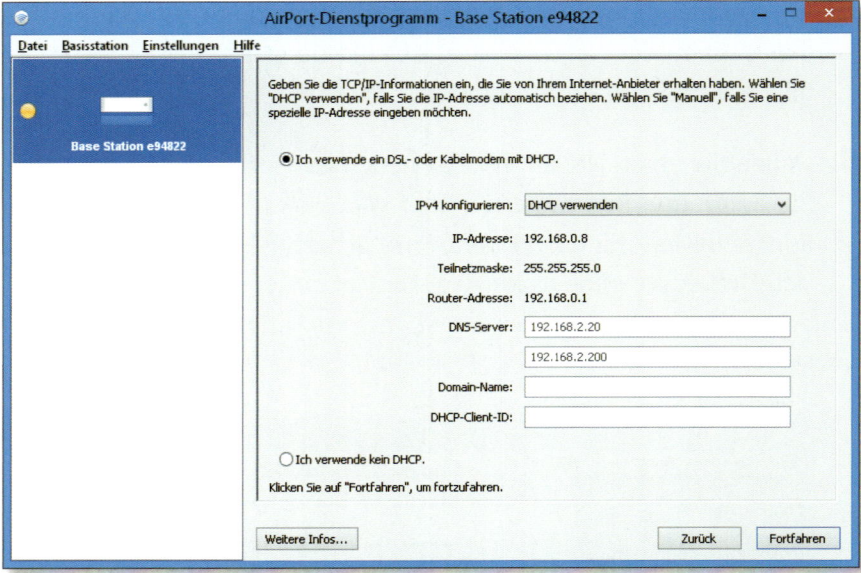

8. Im nächsten Fenster wird Ihnen noch einmal eine Zusammenfassung aller bisherigen Einstellungen angezeigt. Schauen Sie sich diese an, und klicken Sie auf die Schaltfläche **Aktualisieren**. So werden die Konfigurationsdaten gespeichert und an die AirPort-Express-Basisstation übermittelt.

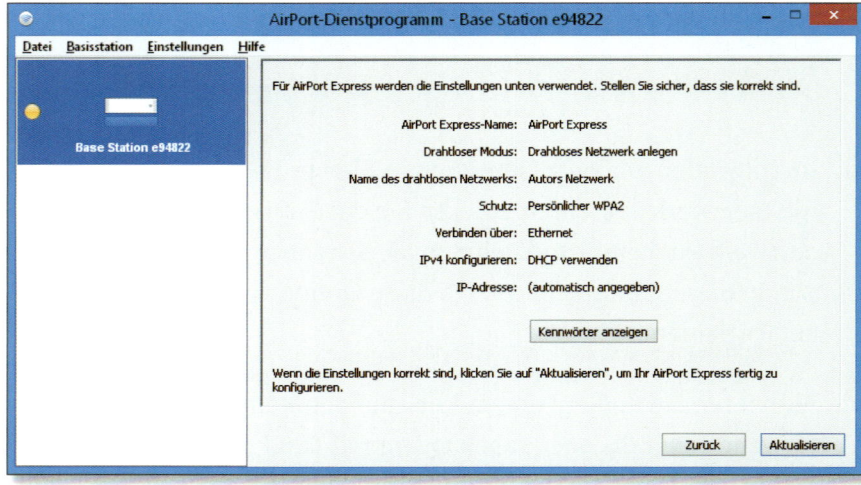

Drahtlos Inhalte mit AirPort Express übermitteln

9. Das Dienstprogramm gibt einen Hinweisdialog aus und teilt Ihnen mit, dass während des Schreibvorgangs der neuen Einstellungen das Gerät nicht erreichbar ist. Bestätigen Sie mit einem Klick auf **Fortfahren**.

10. Nun sind immer noch zwei kleine Optionen festzulegen. Schalten Sie im Dienstprogramm die Option **Konfiguration über WAN zulassen** aus. So ist eine Veränderung der Einstellungen über das Funknetzwerk nicht möglich. Wählen Sie **Fortfahren**.

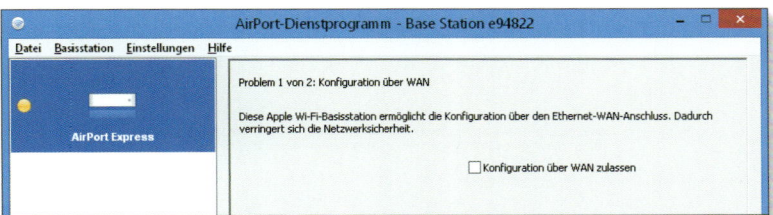

11. Im nächsten Dialogfenster aktivieren Sie den **Bridge-Modus**. Das Gerät nutzt in diesem Fall das Netzwerk Ihres DSL-Modems. Klicken Sie auf die Schaltfläche **Fortfahren** und im nächsten Fenster auf **Aktualisieren**, um die Einstellungen zu übernehmen.

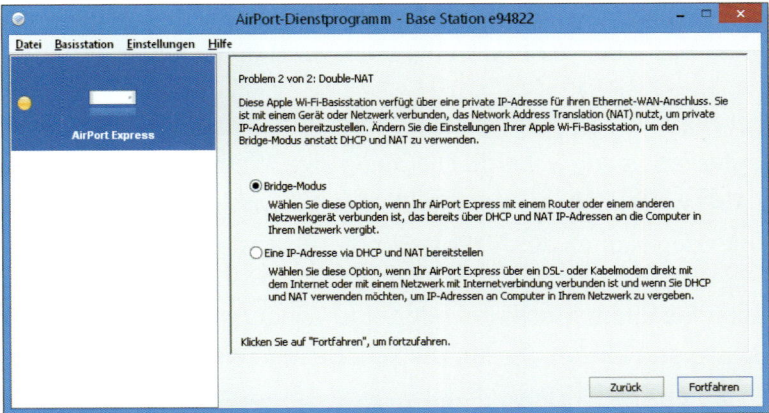

12. Daraufhin wird Ihre AirPort-Express-Basisstation neu gestartet, und Ihre Einstellungen werden übernommen. Klicken Sie danach auf die Schaltfläche **Beenden**.

241

Kapitel 8 – Inhalte auf andere Geräte übertragen

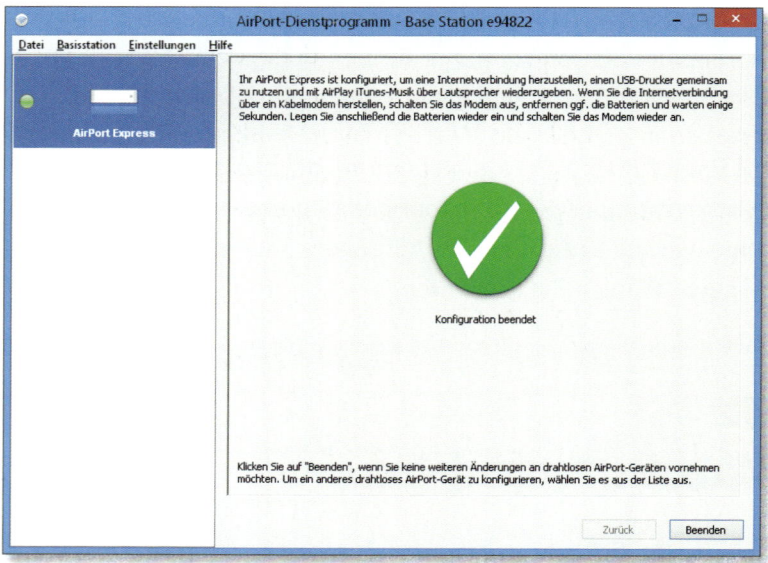

Das AirPort-Dienstprogramm wird daraufhin geschlossen. Die Kontroll-LED des AirPort Express leuchtet grün. Das bedeutet, das Gerät ist betriebsbereit und arbeitet einwandfrei. In wenigen Schritten können Sie Ihre Musik an Ihre AirPort-Express-Basisstation übermitteln.

1. Nachdem Sie die Verbindung zwischen Ihrem Rechner und der AirPort-Express-Basisstation hergestellt haben, starten Sie iTunes erneut.

2. In der Kopfzeile von iTunes wird Ihnen nun gleich neben dem Lautstärkeregler eine neue Schaltfläche angezeigt. Wenn Sie auf die Schaltfläche **AirPlay** ❶ klicken, wird ein kleines Auswahlmenü geöffnet. Klicken Sie hier den Namen der AirPort-Express-Basisstation ❷ an.

3. Wählen Sie einen Musiktitel oder eine Wiedergabeliste in Ihrer Mediathek aus, und klicken Sie auf die Schaltfläche **Wiedergabe**, um den Titel über die an Ihre AirPort-Express-Basisstation angeschlossene Stereoanlage oder Lautsprecher anzuhören.

Mit Apple TV Filme und Musik auf das TV-Gerät übertragen

4. Befinden sich derzeit mehrere Geräte, die die AirPlay-Funktion unterstützen, in Reichweite, werden sie Ihnen in dem Auswahlmenü angezeigt. Sie haben dann die Möglichkeit, die Wiedergabe auf mehrere Geräte zu verteilen, indem Sie das Menü ❸ im Auswahlmenü von **Einzelne** auf **Mehrere** umschalten und die gewünschten Geräte anklicken. Über die Schieberegler können Sie für jede Quelle unterschiedliche Lautstärken einrichten.

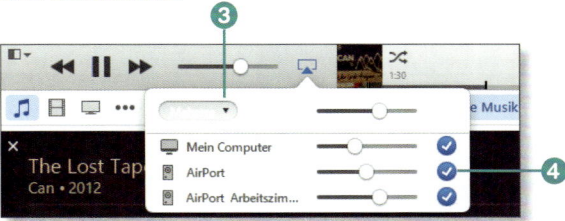

5. Möchten Sie die Wiedergabe über AirPlay beenden, deaktivieren Sie Ihre AirPort-Express-Basisstation per Mausklick auf das Häkchen ❹ im Auswahlmenü.

Die vorangestellten Symbole im Menü der Schaltfläche **AirPlay** zeigen Ihnen an, welche Inhalte Ihrer Mediathek Sie an dieses Gerät übermitteln können.

An Geräte mit einem vorangestellten Lautsprechersymbol können Sie ausschließlich Audioinhalte übermitteln, an Geräte mit einem vorangestellten Bildschirmsymbol können Sie sowohl Audio- als auch Videoinhalte übertragen. Dieses Symbol sehen Sie beispielsweise, sobald Sie ein Apple TV in Ihr Netzwerk eingebunden haben.

Mit Apple TV Filme und Musik auf das TV-Gerät übertragen

Mit Apple TV können Sie iTunes per AirPlay in Ihrem Netzwerk mit dem heimischen Fernsehgerät verbinden. Sie können dann Filme, Musik, Podcasts und Bilddateien auf Ihren Fernseher übertragen und in HD-Qualität anschauen. Mit einer kleinen Fernbedienung erfolgt die Bedienung des

Apple TV bequem vom Sofa aus. Hier blättern Sie nicht nur durch die Mediathek und rufen Inhalte ab, Sie können sogar den iTunes Store besuchen und Inhalte kaufen.

Verbinden Sie Ihren Fernseher mit Hilfe von Apple TV mit Ihrer iTunes-Mediathek. (Foto: Apple)

Wer ein iOS-Gerät besitzt, hat auch die Möglichkeit, die Spiele auf den Fernseher zu übertragen und so auf einem größeren Bildschirm zu spielen. Mittlerweile können Sie mit Apple TV auch Internet-Fernsehinhalte abrufen. Dazu zählen die Dienste YouTube, Vimeo, Watchever, Red Bull TV und andere Dienste mit Sportinhalten sowie Börsendienste. Einige der Sender müssen Sie kostenpflichtig abonnieren. Beachten Sie, dass weitere Sender nach und nach zu Apple TV hinzukommen. Apple TV greift darüber hinaus auf die Inhalte, die Sie in iCloud abgelegt haben, zu, und Sie können sie auf dem Fernseher wiedergeben. Wenn Sie iTunes Match verwenden, steht Ihnen diese Funktion ebenfalls auf Ihrem Apple TV zur Verfügung. Besitzen Sie einen Mac, können Sie den Inhalt des Desktops auf Ihrem Fernseher anzeigen lassen und beispielsweise mit Hilfe von iMovie Theater Filme, die Sie in iMovie erstellt haben, auf Ihrem Fernseher abspielen.

Die Einrichtung des Gerätes ist sehr leicht. Gehen Sie wie folgt vor:

1. Stecken Sie das Netzkabel in die dafür passende Buchse in Ihrem Apple TV, verbinden Sie danach Ihren Fernseher über ein HDMI-Kabel mit Ihrem Apple TV.

Mit Apple TV Filme und Musik auf das TV-Gerät übertragen

2. Verbinden Sie das Apple-TV-Gerät mit Ihrem Netzwerk. Stecken Sie dazu das Netzwerkkabel mit einem Ende in das Apple-TV-Gerät. Das andere Ende verbinden Sie mit Ihrem Kabelmodem oder DSL-Router.

3. Stecken Sie anschließend das Netzkabel, das mit dem Apple-TV-Gerät verbunden ist, in die Steckdose.

4. Stellen Sie mit der Fernbedienung Ihres Fernsehgerätes den HDMI-Kanal ein. Sie sehen daraufhin bereits das Menü des Einrichtungsassistenten Ihres Apple TV.

5. Mit der Fernbedienung des Apple TV bewegen Sie sich durch diesen Assistenten. Wählen Sie zuerst die Sprache aus.

   Apple TV verbindet sich danach mit Ihrem Netzwerk und aktiviert automatisch das Gerät. Sie müssen hier nichts weiter tun.

6. Sie werden nun gefragt, ob Sie Apple bei der Verbesserung ihrer Produkte helfen möchten. Wenn Sie dies wollen, werden ab und zu Daten über die Verwendung Ihres Apple-TV-Gerätes an Apple gesandt. Entscheiden Sie selbst, und bestätigen Sie Ihre Wahl mit **Ja** oder **Nein**.

Damit ist die Grundeinrichtung abgeschlossen, und Sie sehen nach einem kurzen Augenblick das Hauptmenü von Apple TV. Unter dem Menüpunkt **Internet** richten Sie die Privatfreigabe ein. Danach können Sie per AirPlay auf die Inhalte aus Ihrer iTunes-Mediathek zugreifen. Zugleich ist es dann möglich, direkt über die Fernbedienung vom Apple TV im iTunes Store einzukaufen oder Filme zu leihen.

> **INFO**
>
> **iTunes Store auf dem Apple TV**
>
> Sie müssen sich zunächst auf Ihrem Apple TV im iTunes Store anmelden, bevor Sie Inhalte leihen oder kaufen können. Wählen Sie dazu im Hauptmenü Ihres Apple TV **Einstellungen** und danach **iTunes Store**. Wählen Sie nun Ihr Land und danach **Anmelden**, um Ihre Apple-ID und Ihr Kennwort einzugeben.

Fotos mit iTunes und Apple TV an das TV-Gerät senden

Sie können mit Hilfe von iTunes in Kombination mit der Privatfreigabe (lesen Sie dazu den Abschnitt »Per Privatfreigabe Musik und Filme auf anderen Rechnern wiedergeben« ab Seite 217) und Ihrem Apple TV sehr einfach den Inhalt eines Bilderordners auf Ihrem Fernseher anzeigen lassen.

1. Richten Sie zunächst die Privatfreigabe in Ihrem Apple TV ein. Wählen Sie dazu **Einstellungen ▸ Computer ▸ Privatfreigabe aktivieren**, und geben Sie die Apple-ID ein, die Sie auch in iTunes verwenden.

2. Rufen Sie in iTunes die Menüleiste auf. Am schnellsten geht das mit der Tastenkombination [Strg] + [B].

3. Klicken Sie auf **Datei**, und wählen Sie im Menü die Option **Privatfreigabe**. Auf dem Mac finden Sie diese Option im Menü **Ablage**. Klicken Sie danach im Folgemenü auf **Fotos zur Bereitstellung an Apple TV auswählen**.

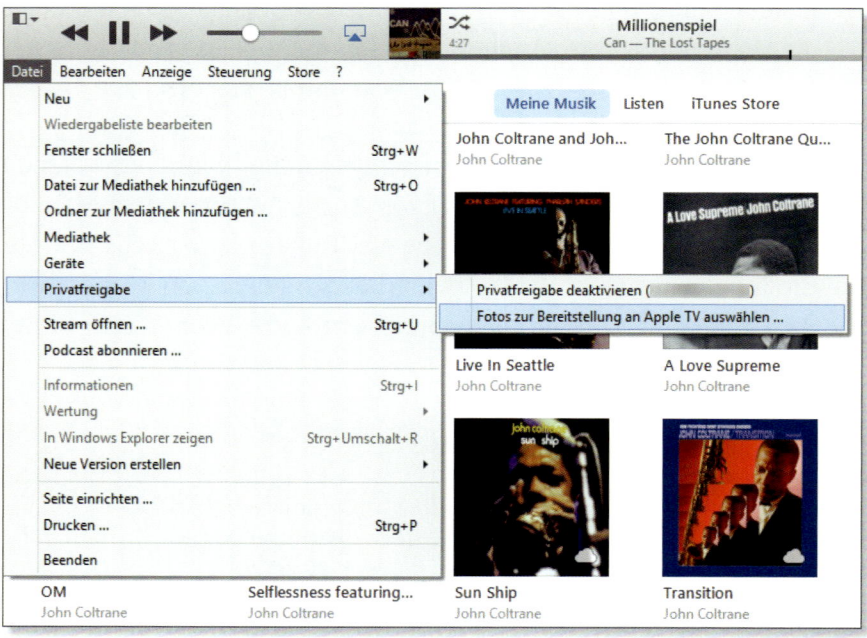

Fotos mit iTunes und Apple TV an das TV-Gerät senden

4. Aktivieren Sie im Dialogfenster **Fotofreigabe-Einstellungen** mit einem Klick auf die Checkbox die Option **Fotos bereitstellen aus**. Klicken Sie auf die Auswahlschaltfläche, und wählen Sie im Menü den Befehl **Ordner auswählen** ❶.

5. Das Dialogfenster **Ordner für Fotos ändern** wird geöffnet. Markieren Sie nun das Verzeichnis mit den Bildern, die Sie auf Ihrem Fernseher anzeigen möchten, mit einem Mausklick. Klicken Sie danach auf die Schaltfläche **Ordner auswählen**.

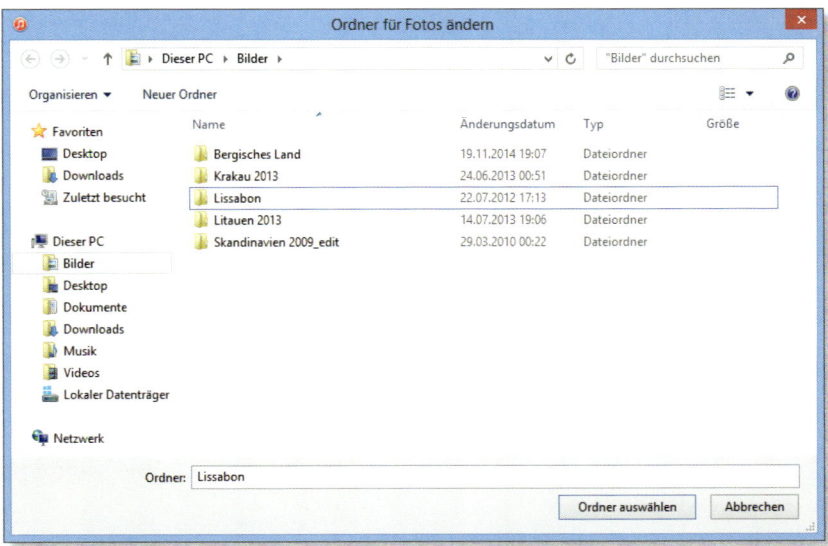

6. Zurück im Dialog **Fotofreigabe-Einstellungen** können Sie mit einem Klick auf die Option **Videos einbeziehen** (❶ auf Seite 248) auch Videos, die sich in dem gewählten Verzeichnis befinden, zusammen mit Ihren Fotos auf Ihrem Apple TV anzeigen lassen.

247

7. Klicken Sie abschließend auf die Schaltfläche **Anwenden**, um das Verzeichnis für Ihr Apple TV freizugeben.

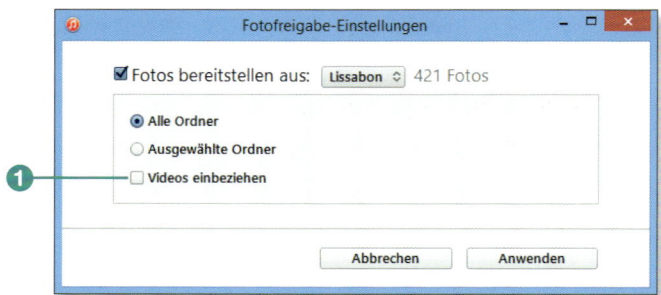

8. Wählen Sie mit Hilfe der Apple-TV-Fernbedienung auf dem Fernsehgerät den Bereich **Computer** aus. Sie sehen daraufhin Ihre Mediathek vor sich. Sie können sich nun unter **Fotos** die freigegebenen Bilddateien auf Ihrem Fernseher anzeigen lassen.

Haben Sie in Schritt 4 einen Bilderordner gewählt, in dem sich weitere Unterordner befinden, können Sie mit einem Klick auf den Radiobutton **Ausgewählte Ordner** ❷ entscheiden, welche Unterordner in die Fotofreigabe einbezogen werden sollen. Aktivieren beziehungsweise deaktivieren Sie die entsprechenden Ordner mit einem Klick auf die Checkbox ❸. Klicken Sie auch in diesem Fall abschließend auf die Schaltfläche **Anwenden**.

Inhalte aus der Mediathek auf Apple TV verwenden

Damit Sie Inhalte aus Ihrer Mediathek mit Hilfe von Apple TV auf Ihren Fernseher übertragen können, muss Ihr Rechner eingeschaltet sein, und Sie müssen zu diesem Zeitpunkt iTunes geöffnet haben. Andernfalls haben Sie keinen Zugriff auf Ihre Mediathek.

Die Remote-App nutzen

Die Remote-App ermöglicht es Ihnen, iTunes auf Ihrem Rechner von Ihrem iPhone, iPad oder iPod touch aus zu steuern. Dazu müssen sich die Geräte im selben WLAN befinden, Sie müssen die Privatfreigabe in iTunes aktiviert sowie Inhalte freigegeben haben (lesen Sie dazu den Abschnitt »Per Privatfreigabe Musik und Filme auf anderen Rechnern wiedergeben« ab Seite 217) und eine Verbindung zwischen Ihrem Rechner und Ihrem mobilen Gerät herstellen.

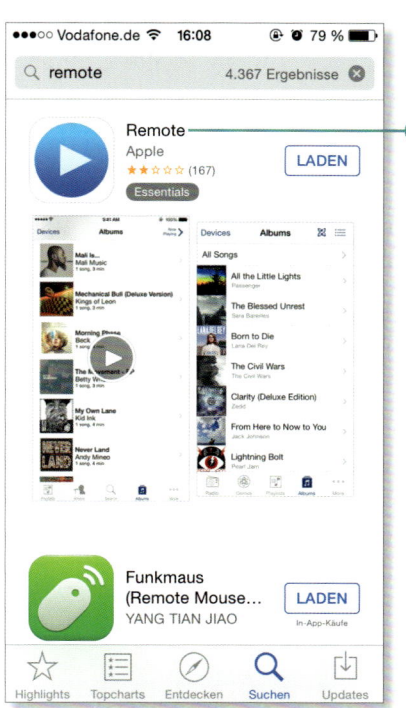

1. Laden Sie sich zunächst die App Remote auf Ihr mobiles Gerät. Geben Sie dazu in das Suchfeld des App Store den Begriff »Remote« ein. Ihnen wird daraufhin die kostenlose App Remote von Apple angezeigt.

2. Klicken Sie auf die Schaltfläche **Laden** und daraufhin auf **Installieren**, um die App auf Ihr iPhone oder iPad zu laden und zu installieren. Sie müssen diesen Vorgang mit der Eingabe Ihrer Apple-ID und Ihrem Kennwort bestätigen. Möchten Sie sich zunächst über die App informieren, tippen Sie auf die Bezeichnung ❹. Sie gelangen dann auf die Detailseite der App mit weiteren Informationen.

3. Tippen Sie nach dem Laden auf die App Remote, um sie zu öffnen.

4. Tippen Sie auf **Privatfreigabe einrichten**, um die Mediathek auf Ihrem Rechner, die Sie mit der Privatfreigabe verwenden, mit der Remote-App fernsteuern zu können.

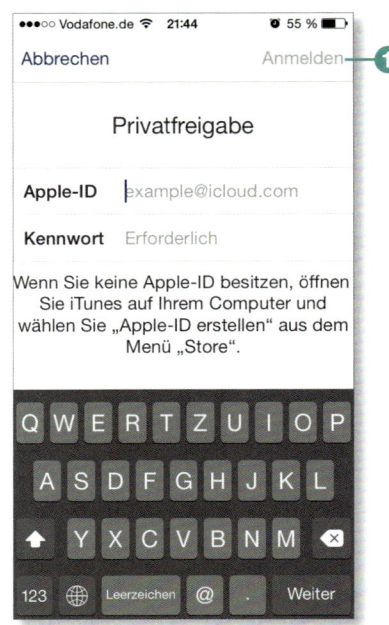

5. Geben Sie auf der nächsten Seite Ihre Apple-ID, die Sie für die Privatfreigabe in iTunes verwenden, und Ihr Kennwort in die entsprechenden Felder ein. Tippen Sie danach auf **Anmelden** ❶. Beachten Sie bitte, dass Sie sowohl in iTunes als auch auf Ihrem iOS-Gerät mit derselben Apple-ID angemeldet sein müssen. Ist das nicht der Fall, können Sie keine Verbindung zu iTunes herstellen.

6. Ihnen wird daraufhin ein Hinweis angezeigt, dass die Privatfreigabe in der App Remote mit Ihrer Apple-ID erfolgreich eingerichtet wurde und Sie nun die Freigabe in iTunes einrichten sollten, sofern das bislang nicht geschehen ist. Tippen Sie auf **OK** ❷.

7. Haben Sie die Freigabe auch in iTunes auf Ihrem Rechner mit derselben Apple-ID eingerichtet, sehen Sie nun Ihre Mediathek in der Remote-App. Tippen Sie

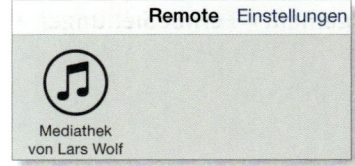

darauf, um sich die verschiedenen freigegebenen Bereiche Ihrer Mediathek anzeigen zu lassen.

8. Tippen Sie auf einen Bereich, um die Inhalte des Bereichs einzusehen. Wählen Sie beispielsweise den Bereich **Alben** ❸ und dann ein Musikalbum zur Wiedergabe auf Ihrem Computer aus.

9. Sie können nun die Wiedergabe des Albums von Ihrem mobilen Gerät mit den üblichen Schaltflächen ❹ steuern, während die Musik auf Ihrem Rechner abgespielt wird.

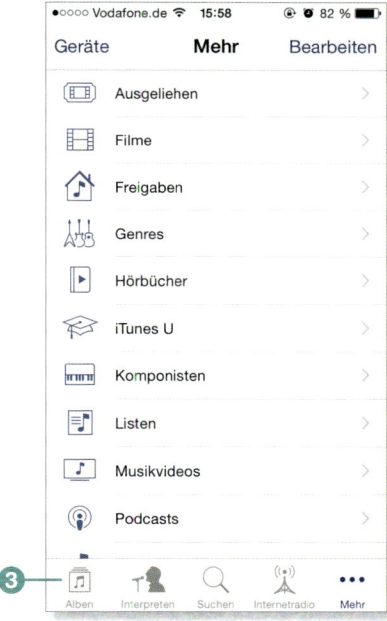 

Sie können mit Hilfe der Remote-App aber nicht nur Ihre Mediathek auf dem Rechner steuern, sondern auch Ihr Apple TV. Richten Sie dazu die Steuerung per App in Apple TV ein, indem Sie sie unter **Einstellungen ▶ Allgemein ▶ Fernbedienungen ▶ Remote App** aktivieren.

Kapitel 9
iTunes in der Cloud

Die *Cloud* ist ja heutzutage in aller Munde. Was manchmal fast mythisch klingt, ist im Grunde nichts anderes als ein großer Speicherplatz im Internet. Auch Apple bietet so einen Onlinespeicher an, die *iCloud*. Dieser Speicherplatz ist kostenlos, und Sie erhalten ihn automatisch, wenn Sie eine Apple-ID anlegen. Sie haben dann 5 GB Speicherplatz für Ihre Mails, Dokumente, Fotos und Geräte-Backups. Gekaufte Musiktitel, Apps, Fernsehsendungen und Bücher werden nicht angerechnet. Bezahlen müssten Sie erst, wenn Sie einen größeren Speicherplatz erwerben möchten, das ist aber in aller Regel nicht erforderlich.

Durch die enge Verknüpfung von iTunes mit iCloud können Sie noch leichter Ihre Inhalte auf verschiedene Geräte verteilen. Das zentrale Bindeglied ist in diesem Fall Ihre Apple-ID, mit der Sie sich ausweisen und so Ihre Inhalte auf mehreren Geräten gleichzeitig nutzen können. Benutzen Sie beispielsweise die Funktion iTunes Match, um von unterwegs über Ihr iPhone, iPad oder Ihren iPod die Musik, die Sie auf Ihrem Rechner zu Hause gespeichert haben, anzuhören. Oder speichern Sie alle wichtigen Daten automatisch in iCloud, so dass Sie sich keine Gedanken mehr über eine Datensicherung machen müssen. Außerdem haben Sie durch iCloud von jedem Gerät aus Zugriff auf Ihre getätigten Einkäufe, müssen diese aber nicht zwangsläufig auf Ihren Rechner herunterladen, sondern können beispielsweise gekaufte Musik oder Filme mit Hilfe von iCloud auch nur *streamen*, also abspielen, ohne die Daten tatsächlich auf Ihrem Gerät zu speichern. Sie benötigen dann allerdings eine bestehende Internetverbindung. In diesem Kapitel zeige ich Ihnen, wie Sie die iCloud zusammen mit iTunes für sich nutzen.

iTunes Match abonnieren

Mit der Funktion iTunes Match wird Ihre gesamte Musiksammlung in der Cloud zur Verfügung gestellt – sowohl die Musiktitel, die Sie über den iTunes Store gekauft haben, als auch alle Musiktitel, die Sie beispielsweise von CDs in Ihre Mediathek übertragen haben. Sie können nach Aktivierung der Funktion iTunes Match auf die gesamte Musik Ihrer Mediathek über das Internet zugreifen und diese auf allen Ihren Rechnern (ganz egal ob Windows oder Mac), auf Ihrem iPhone, iPad oder iPod touch wiedergeben. Sie können Ihre Musik aber auch beispielsweise auf Ihr mobiles Gerät herunterladen, um unterwegs Ihre Musik zu hören, ohne das Datenvolumen Ihres Mobilfunkvertrags zu belasten.

Sie sollten jedoch beachten, dass die Funktion iTunes Match nicht kostenlos ist. Bevor Sie diesen Dienst verwenden können, müssen Sie ihn zunächst für 24,99 € pro Jahr abonnieren.

1. Blenden Sie zunächst die Menüleiste in iTunes ein – drücken Sie dazu die Tastenkombination [Strg]+[B]. Klicken Sie danach auf **Store**, und wählen Sie im Menü den Befehl **iTunes Match aktivieren**.

2. Daraufhin wechseln Sie in die Kategorie **Match** ❶, und Ihnen werden generelle Informationen zu iTunes Match angezeigt. Beachten Sie vor allem die Voraussetzungen und Bedingungen zur Verwendung von iTunes Match, die Ihnen unten auf dieser Seite angezeigt werden ❷. Sind Sie weiterhin entschlossen, den Dienst zu nutzen, klicken Sie auf die Schaltfläche **Für 24,99 € pro Jahr abonnieren** ❸.

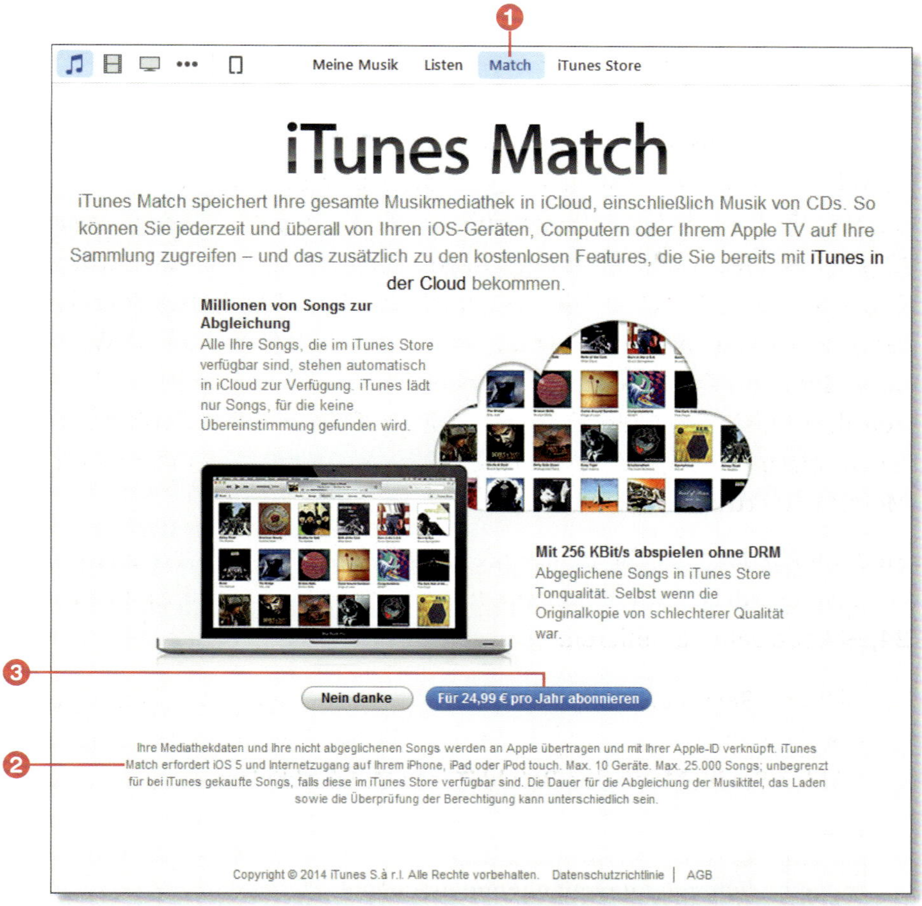

iTunes Match abonnieren

3. Als Nächstes werden Ihnen in einem Fenster die datenschutzrechtlichen Bestimmungen in Verbindung mit der Nutzung von iTunes Match angezeigt. Lesen Sie sich diese sorgfältig durch. Aktivieren Sie danach per Mausklick die Checkbox ❹, und klicken Sie auf die Schaltfläche **Zustimmen**, um die Bestimmungen zu akzeptieren.

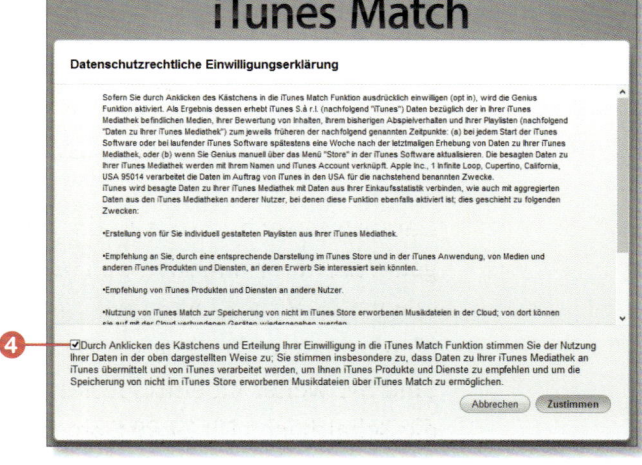

4. Melden Sie sich im folgenden Dialogfenster mit Ihrer Apple-ID und Ihrem Kennwort an, und klicken Sie zur Bestätigung auf die Schaltfläche **Abonnieren**.

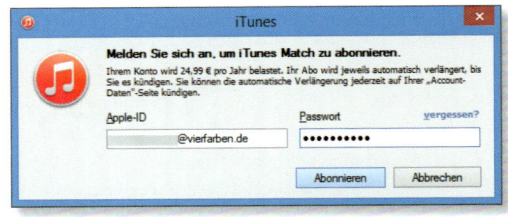

Sollten Sie bislang noch keine Apple-ID eingerichtet haben, müssen Sie das zunächst nachholen. Lesen Sie dazu den Abschnitt »Eine Apple-ID erstellen« ab Seite 32.

5. Nun werden die Inhalte Ihrer Mediathek zunächst untersucht. iTunes übermittelt den Inhalt Ihrer Mediathek an den iTunes Store, und im nächsten Schritt werden die Daten Ihrer Mediathek mit den verfügbaren Titeln des iTunes Store abgeglichen. iTunes importiert daraufhin auch fehlende Albumcover in Ihre Mediathek. In der Titelanzeige wird Ihnen der Status des Vorgangs angezeigt, und sobald ein Schritt abgeschlossen ist, wird er mit einem grünen Häkchen ❶ versehen.

6. Sobald der Datenabgleich abgeschlossen ist, sehen Sie eine Informationsseite. Diese erscheint übrigens jedes Mal, wenn Sie neue Musik Ihrer iTunes-Mediathek hinzugefügt haben und diese mit dem iTunes Store abgeglichen wurde. Es wird Ihnen in diesem Fall auch angezeigt, wie viele Musiktitel hinzugefügt wurden ❷. Klicken Sie anschließend auf die Schaltfläche **Fertig** ❸.

iTunes Match abonnieren

Das Besondere bei iTunes Match ist, dass nicht alle Dateien Ihrer Mediathek tatsächlich in iCloud geladen werden – je nachdem, wie groß Ihre Mediathek ist, würde das unter Umständen sehr lange dauern. Es werden grundsätzlich nur die Titel hochgeladen, zu denen keine passenden Titel im iTunes Store gefunden werden konnten. Sobald Sie Ihre Musiktitel in die Cloud geladen haben, können Sie sie jederzeit unterwegs auf Ihrem mobilen Gerät abrufen oder auch auf einem anderen Rechner aktivieren (lesen Sie dazu auch den folgenden Abschnitt, »iTunes Match auf einem anderen Gerät aktivieren«, auf Seite 258).

Als weitere Besonderheit von iTunes Match stehen Ihnen Ihre Musiktitel in einer sehr guten Qualität im Onlinespeicher zur Verfügung. Ganz egal, in welcher Qualität Sie sie zuvor auf Ihren Rechner importiert haben, werden sie Ihnen mit iTunes Match zukünftig in einer Musikqualität von 256 kBit/s angeboten. Alle Titel werden außerdem im Apple-eigenen Format AAC ohne Rechtemanagement DRM abgespeichert. Sie können auf diese Weise maximal 25.000 Musiktitel in der Cloud ablegen. Zu dieser Zahl kommen die im iTunes Store gekauften Titel hinzu, Ihre Einkäufe werden nicht in die maximale Titelanzahl eingerechnet.

> **INFO**
>
> **Was ist DRM?**
> DRM steht für »Digital Rights Management«, auf Deutsch: digitale Rechteverwaltung. Dieses Verfahren schützt Inhalte wie Filme und Musik vor unerlaubter Verbreitung. Die Anbieter möchten so vermeiden, dass gekaufte Inhalte unrechtmäßig weitergegeben werden.

iTunes Match auf einem anderen Gerät aktivieren

Nachdem Sie iTunes Match abonniert und Ihre Musiktitel mit dem iTunes Store abgeglichen haben, können Sie iTunes Match auch auf Ihren anderen Geräten aktivieren, so dass Sie jederzeit Zugriff auf Ihre komplette Mediathek haben. Ich zeige Ihnen in diesem Abschnitt, wie Sie die Funktion auf Ihrem iPhone, iPad, iPod und auf einem weiteren Rechner aktivieren. Sie können iTunes Match insgesamt auf bis zu zehn Geräten verwenden. Einzige Voraussetzung dazu ist, dass Sie auf den Geräten mit derselben Apple-ID angemeldet sind.

1. Tippen Sie auf dem Home-Bildschirm Ihres iPhones, iPods oder iPads zunächst auf **Einstellungen**.

2. Scrollen Sie in den Einstellungen herunter, bis Sie den Bereich **Musik** sehen. Tippen Sie darauf.

3. Scrollen Sie in den Musik-Einstellungen ein wenig nach unten, bis Sie den Menüpunkt **iTunes Match** erreicht haben. Tippen Sie auf den Schalter ❶, um die Funktion zu aktivieren. Wenn Sie auf den Link **Weitere Infos** ❷ tippen, wechseln Sie zu Safari, und es wird die Internetseite *www.apple.com/de/itunes/itunes-match/* geöffnet.

iTunes Match auf einem anderen Gerät aktivieren

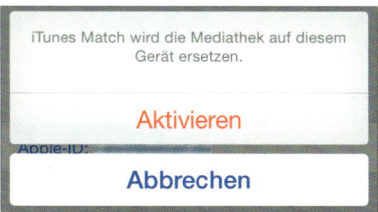

4. Nun erscheint ein Hinweis, dass durch die Aktivierung von iTunes Match die vorhandenen Musiktitel auf Ihrem Gerät gelöscht und durch die Musiktitel aus der Cloud ersetzt werden. Bestätigen Sie mit **Aktivieren**.

Daraufhin wird der Dienst auf Ihrem Gerät aktiviert, und Sie können auf die Musiktitel, die sich in Ihrer Mediathek auf Ihrem Rechner befinden, zugreifen. Titel, die sich derzeit noch nicht auf Ihrem iPhone, iPod oder iPad befinden, werden mit einem Wolkensymbol versehen. Tippen Sie darauf, wird der Titel auf Ihr Gerät geladen. Tippen Sie stattdessen auf die **Wiedergabe**-Schaltfläche, wird der Titel aus iCloud gestreamt.

Auf ganz ähnliche Weise können Sie auch einen weiteren Rechner für iTunes Match aktivieren. Das kann vor allem dann ganz praktisch sein, wenn Sie viel mit einem Notebook unterwegs sind und von diesem ebenfalls Zugriff auf Ihre Mediathek haben möchten.

1. Starten Sie zunächst iTunes auf dem Zweitrechner, und blenden Sie die Menüleiste ein ([Strg]+[B]).

2. Klicken Sie auf **Store**, und wählen Sie im Menü den Befehl **iTunes Match aktivieren**.

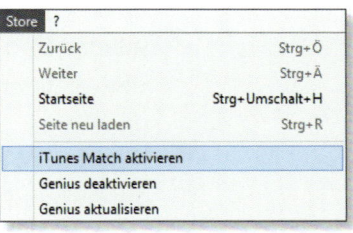

259

3. Sie gelangen daraufhin im Mediathekbereich **Musik** in die Kategorie **Match**. Klicken Sie hier auf die Schaltfläche **Diesen Computer hinzufügen**.

4. Geben Sie im folgenden Dialogfenster das Kennwort zu Ihrer Apple-ID ein, und klicken Sie erneut auf **Diesen Computer hinzufügen**.

5. Daraufhin verbindet sich iTunes mit iCloud, und die Informationen zu Ihren vorhandenen Musikdaten werden übertragen. Abschließend erscheint eine Informationsseite, die Sie darüber informiert, wie viele Musiktitel derzeit verfügbar sind. Klicken Sie auf **Fertig**.

6. Klicken Sie auf die Kategorie **Meine Musik** ❶ im Bereich **Musik**, um sich die vorhandenen Alben in Ihrer iTunes-Match-Mediathek anzuschauen.

iTunes Match auf einem anderen Gerät aktivieren

Alben, die sich derzeit nur in iCloud befinden, werden mit einem Wolkensymbol ❷ markiert. Alben, die Sie bereits heruntergeladen haben, werden ohne das Symbol dargestellt.

7. Um ein Album zu laden, fahren Sie mit der Maus über das Wolkensymbol, bis Sie einen kleinen Pfeil sehen ❸, und klicken Sie darauf. Die Titel werden daraufhin aus iCloud geladen und lokal auf Ihrem Rechner gespeichert, sind danach also auch verfügbar, wenn Sie keine Internetverbindung haben. Der Fortschritt des Ladevorgangs wird Ihnen in der Titelanzeige angezeigt.

Sie müssen die Musiktitel nicht zwangsläufig auf Ihren Rechner oder Ihr mobiles Gerät laden. Sie sollten allerdings beachten, dass Ihnen Ihre Musiktitel nur dann zur Verfügung stehen, wenn Sie eine Internetverbindung haben. Verwenden Sie dazu das mobile Netz Ihres Mobilfunkanbieters, kann das Streamen schnell zu Lasten Ihres verfügbaren Datenvolumens gehen. Sie sollten diese Methode daher nach Möglichkeit nur in einem WLAN-Netzwerk benutzen.

Übrigens werden erstellte Wiedergabelisten mit allen Geräten, mit denen Sie iTunes Match verwenden, synchronisiert. Auf diese Weise müssen Sie sie nicht jedes Mal neu erstellen, sondern Sie können sie bequem über die Kategorie **Listen** auswählen und wiedergeben.

Endet Ihre Abozeit von iTunes Match und verlängern Sie sie nicht, bleiben die aktualisierten und neu geladenen Musiktitel auf Ihren Geräten erhalten. Die Streaming-Funktion des Cloud-Speichers steht Ihnen dann jedoch nur noch für Ihre Einkäufe zur Verfügung. Musiktitel, die Sie selbst Ihrer Mediathek hinzufügen, werden nicht mehr automatisch abgeglichen.

Fehlerbehebungsmaßnahmen für iTunes Match

Bei der Nutzung von iTunes Match kann es zu verschiedenen Problemen und Fehlern kommen. Sie sollten außerdem die Einschränkungen und Systemanforderungen, die für die Verwendung von iTunes Match gelten, beachten. In diesem Abschnitt stelle ich Ihnen mögliche Fehlerquellen bei der Aktivierung oder Verwendung von iTunes Match vor.

Sie sollten zunächst sicherstellen, dass Ihr System den Mindestanforderungen entspricht. Um iTunes Match verwenden zu können, müssen Sie auf Ihrem Windows-PC oder Mac iTunes in der Version 10.5.1 oder neuer installiert haben. Möchten Sie iTunes Match auch auf Ihrem mobilen Gerät verwenden, muss auf Ihrem Apple-Gerät mindestens iOS 5.0.1 installiert sein. Beide Versionen sind schon einige Jahre alt, es ist also recht unwahrscheinlich, dass Sie diese Voraussetzung nicht erfüllen. Außerdem müssten Ihnen sonst bei der Lektüre des Buches große Unterschiede zu den hier beschriebenen Versionen aufgefallen sein.

Im Abschnitt »iTunes Match abonnieren« ab Seite 254 haben Sie bereits erfahren, dass sich in Ihrer Mediathek nicht mehr als 25.000 Musiktitel befinden dürfen, die Sie nicht im iTunes Store gekauft haben. Sollte Ihre Mediathek mehr Titel umfassen, wird Ihnen bei der Aktivierung von iTunes Match ein entsprechender Hinweis angezeigt, und der Vorgang wird abgebrochen. Sie haben in diesem Fall zwei Möglichkeiten, dennoch iTunes Match zu nutzen: Entfernen Sie entweder Musiktitel aus Ihrer Mediathek, oder legen Sie eine weitere Mediathek speziell für iTunes Match an. Fügen Sie dort nur die Musiktitel ein, die Sie jederzeit verfügbar haben möchten. Wie das geht, lesen Sie im Abschnitt »Mehrere Mediatheken nutzen« ab Seite 179.

Fehlerbehebungsmaßnahmen für iTunes Match

Einige Musiktitel kann iTunes Match nicht berücksichtigen. Dazu zählen Musiktitel in den Formaten AAC und MP3, die eine zu schlechte Qualität haben. Die Funktion überprüft die Musiktitel und setzt bestimmte Qualitätsmerkmale voraus. Werden diese von Ihren Dateien nicht erfüllt, kann iTunes Match die Musiktitel nicht in iCloud übertragen. Außerdem können keine Musiktitel übertragen werden, die größer als 200 MByte sind oder die eine Spielzeit von über 2 Stunden haben. Sollten Sie Musiktitel in Ihrer Mediathek gespeichert haben, die mit DRM geschützt sind, können Sie sie nur mit iTunes Match verwenden, wenn Sie zuvor den Rechner, auf dem sich Ihre Mediathek befindet, in iTunes aktiviert haben. Öffnen Sie dazu die Menüleiste, und klicken Sie auf **Store**. Wählen Sie im Menü den Befehl **Diesen Computer autorisieren**.

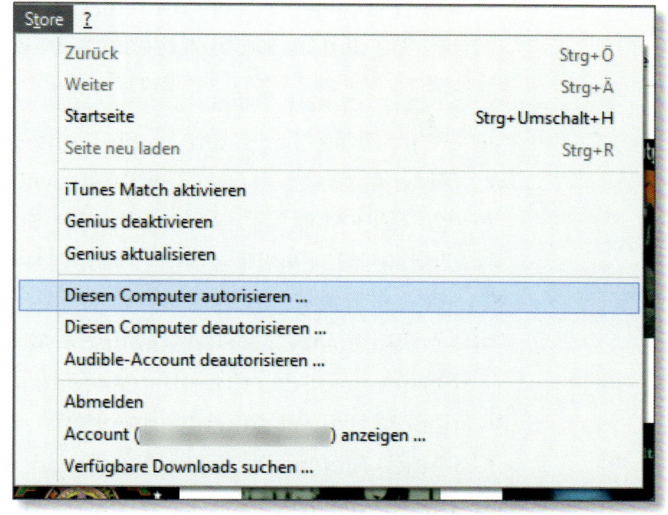

Geben Sie danach Ihre Apple-ID und Ihr Kennwort ein. Nach der Aktivierung werden auch geschützte Musikstücke mit dem iTunes Store abgeglichen und in iCloud hinterlegt.

Hin und wieder kommt es vor, dass iTunes Titel aus der Cloud nicht laden kann. Dafür gibt es verschiedene Ursachen. Damit Sie das Problem besser lösen können, habe ich Ihnen eine kleine Checkliste zusammengestellt:

1. Überprüfen Sie, ob Ihre *Internetverbindung fehlerfrei* arbeitet. Am einfachsten geht dies mit einem Webbrowser. Rufen Sie eine beliebige Webseite auf, und klicken Sie ein paar Links oder Menüpunkte an. Eine Störung der Verbindung sorgt auch dafür, dass Sie keine Musik aus der Cloud laden können. Überprüfen Sie die Kabelverbindungen. Starten Sie gegebenenfalls Ihr WLAN-Modem oder Ihren Router neu. Ist die Internetverbindung immer noch gestört, kontaktieren Sie Ihren Internetanbieter. Bitten Sie darum, den Fehler zu untersuchen und zu beheben.

2. iTunes Match geht von bestimmten *Systemvoraussetzungen* aus. Diese müssen erfüllt sein, damit der Dienst fehlerfrei arbeitet. Auf Ihrem Windows-Rechner muss Windows Vista oder neuer installiert sein und auf Ihrem Mac OS X 10.6.8 oder neuer. Auf Ihrem Rechner muss iTunes 10.5.1 oder neuer installiert sein. iOS-Geräte müssen mit dem Betriebssystem iOS 5.0.1 oder neuer laufen. Ist dies nicht der Fall, führen Sie ein Update oder den Umstieg auf ein aktuelles Betriebssystem durch. Beachten Sie bitte, dass mit neuen Versionen von iTunes sich auch die Systemanforderungen für iTunes Match verändern können.

3. Achten Sie darauf, dass iTunes Match auf Ihrem Rechner aktiviert ist. Klicken Sie in der Menüleiste auf **Store**, und wählen Sie den Befehl **iTunes Match aktivieren**. Bei Problemen sollten Sie auch versuchen, die Funktion über dieses Menü zu deaktivieren und danach neu zu aktivieren.

4. Sollten einige Cover fehlen, kann das verschiedene Ursachen haben. Überprüfen Sie zunächst, ob iTunes aktuell ist. Blenden Sie die Menüleiste über `Strg` + `B` ein, und wählen Sie **?** ▸ **Nach Updates suchen**. Auf dem Mac befindet sich dieser Befehl im Programmmenü. Liegt ein Update für das Programm vor, aktualisieren Sie iTunes. Fehlt ein Cover, ergänzen Sie es. Laden Sie über das Programmmenü und den Befehl **Datei/Ablage** ▸ **Mediathek** ▸ **Albumcover laden** fehlende CD-Cover herunter. Ist das Cover angekommen, entfernen Sie zunächst die Titel ohne Cover von allen verbundenen Geräten. Aktualisieren Sie danach iTunes Match. Dazu wählen Sie in der Menüleiste den Befehl **Store** ▸ **iTunes Match aktualisieren**. Laden Sie danach die Titel erneut aus der Mediathek. Sollte das CD-Cover nicht gefunden werden, können Sie die Titelinformationen manuell anpassen. Lesen Sie dazu den Abschnitt »Fehlende CD-Cover ergänzen« ab Seite 154.

Sie sollten darüber hinaus die Darstellungsoptionen in iTunes anpassen, so dass Ihnen auch weitere Informationen zu den Titeln, die sich in iCloud befinden, angezeigt werden können. Wählen Sie die Kategorie **Musik**, und klicken Sie in der Mediathekleiste auf die Kategorie **Listen/Wiedergabelisten**. Klicken Sie mit rechts auf die Spaltenbezeichnung, und aktivieren Sie mit

Fehlerbehebungsmaßnahmen für iTunes Match

einem Mausklick die beiden Darstellungsoptionen **iCloud-Download** ❶ und **iCloud-Status** ❷.

Die Darstellung wird daraufhin um die beiden Spalten **iCloud-Download** und **iCloud-Status** erweitert. In diesen Spalten haben Sie ebenfalls die Möglichkeit, Probleme mit iTunes Match zu erkennen und einzuordnen.

iTunes unterscheidet sechs verschiedene Statussymbole. Im Folgenden stelle ich Ihnen die Symbole und ihre Bedeutung vor:

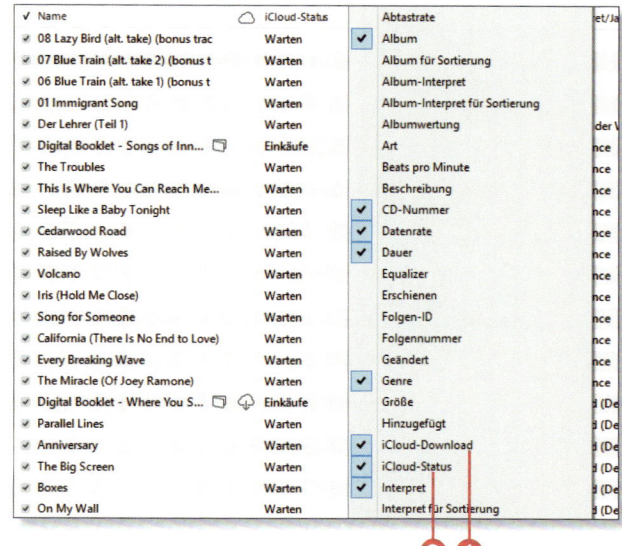

	Das Symbol **Ungeeignet** wird bei allen Objekten in Ihrer iTunes-Mediathek angezeigt, die für ein Hochladen in die Cloud nicht geeignet sind. Das trifft auf Musiktitel zu, die zu groß sind oder die eine zu lange Laufzeit haben. Auch bei einer zu geringen Qualität kann es geschehen, dass iTunes Match die Übertragung in den Onlinespeicher verweigert.
	Ist ein Titel mit dem Symbol **Entfernt** markiert, wurde der Musiktitel aus der Cloud entfernt. Die Musiktitel werden automatisch von den verknüpften iOS-Geräten gelöscht. Auf den verknüpften Computern bleiben die Titel jedoch erhalten.
	Wenn beispielsweise eine Datei beschädigt ist, wird das Symbol **Fehler** angezeigt. Dies kann auch passieren, wenn beim Upload der Musikdatei ein Fehler aufgetreten ist. Wählen Sie in der Menüleiste von iTunes **Store ▸ iTunes Match aktualisieren**, um das Problem zu lösen. Genügt das nicht, erstellen Sie eine neue Kopie des Musiktitels.

	Treten Duplikate in Ihrer Mediathek auf, wird Ihnen das mit dem Statussymbol **Doppelt** angezeigt. Der entsprechende Titel wird nur einmal in die Cloud übertragen und das Duplikat mit dem Symbol markiert.
	Musiktitel, die mit der Cloud abgeglichen oder in diese übertragen werden, werden in dieser Zeit mit dem Symbol **Warten** versehen.
	Ist ein Musiktitel online in der Cloud vorhanden und kann auf den verbundenen Rechner geladen werden, weist das Statussymbol **Verfügbare Downloads** Sie darauf hin. Möchten Sie den Titel laden, klicken Sie einfach auf das Symbol.

Anhand dieser Symbole erfassen Sie den Status Ihrer Musiktitel sehr schnell, und Sie erkennen unmittelbar, aus welchem Grund ein Titel derzeit oder generell nicht verfügbar ist.

Musiktitel aus der Cloud entfernen

Es mag relativ selten vorkommen, aber manchmal möchten Sie vielleicht doch einen Musiktitel, der Ihnen nicht mehr so gut gefällt, löschen. In wenigen Schritten lässt sich der Titel aus iCloud entfernen.

1. Öffnen Sie iTunes auf dem Rechner, auf dem Sie iTunes Match aktiviert haben.

2. Wählen Sie in der Mediathekleiste im Bereich **Musik** die Kategorie **Meine Musik**.

3. Suchen Sie den Musiktitel, den Sie in der Cloud löschen wollen. Markieren Sie den Titel, und öffnen Sie das Kontextmenü, indem Sie ihn mit rechts anklicken.

4. Wählen Sie im Kontextmenü den Befehl **Löschen**.

5. Aktivieren Sie bei Sicherheitsabfrage mit einem Mausklick die Checkbox **Diesen Titel auch aus iCloud löschen** 1, und bestätigen Sie mit einem Klick auf **Titel löschen**.

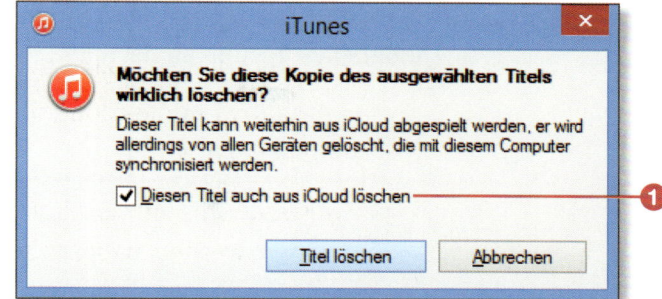

Der Titel wird daraufhin auf Ihrem Zweitrechner und in iCloud gelöscht; auf dem Rechner, mit dem Sie iTunes Match aktiviert haben, bleibt er jedoch bestehen.

Beachten Sie dabei außerdem: Ein aus Versehen aus der Cloud gelöschter Titel kann nicht wiederhergestellt werden. Entfernen Sie einen Musiktitel aus dem Cloud-Speicher, wird er auch von allen anderen Geräten gelöscht, auf denen Sie iTunes Match aktiviert haben und die mit Ihrer Mediathek synchronisiert werden. In der Mediathek bleibt der Titel jedoch erhalten.

iTunes Match kündigen

Das Abonnement von iTunes Match verlängert sich automatisch um ein weiteres Jahr, sofern Sie es nicht rechtzeitig kündigen. Sie können das Abonnement bequem zum Ablauf eines Vetragsjahres kündigen.

1. Klicken Sie auf die **Account**-Schaltfläche und dann auf **Accountinformationen**.

2. Geben Sie im folgenden Dialogfenster aus Sicherheitsgründen Ihre Apple ID und Ihr Kennwort ein.

3. Sie gelangen daraufhin auf die Seite **Account-Daten** des iTunes Store. Im Abschnitt **iTunes in der Cloud** wird Ihnen im Bereich **iTunes Match** angezeigt, bis wann Ihr Abonnement besteht (1 auf Seite 268). Klicken Sie auf die Schaltfläche **Auto-**

Kapitel 9 – iTunes in der Cloud

matische Verlängerung deaktivieren ❷, um Ihr Abonnement zum nächstmöglichen Termin zu beenden.

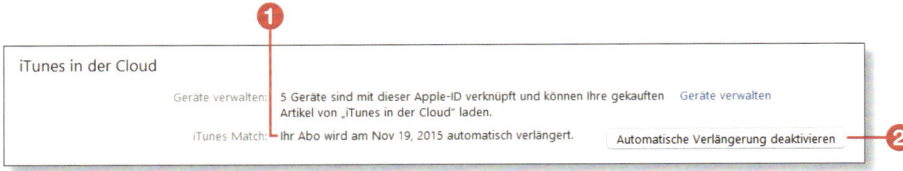

So funktionieren »automatische Downloads«

Automatische Downloads sind Inhalte aus dem iTunes Store, die automatisch bezogen werden. So erhalten Sie beispielsweise ein vorbestelltes Musikalbum, sobald es erschienen ist. Zuvor müssen Sie jedoch für die Produktart den automatischen Download in den iTunes-Einstellungen aktivieren. Sie können die automatischen Downloads auch auf Ihrem mobilen Gerät – also auf Ihrem iPhone, iPod oder iPad – einrichten; auf diesen muss allerdings iOS 5 oder neuer installiert sein. Beachten Sie, dass für die automatischen Downloads Ihr Rechner autorisiert sein muss. Wählen Sie dazu in der Menüleiste (Strg + B) **Store ▶ Diesen Computer autorisieren**.

1. Öffnen Sie das Programmmenü von iTunes, und klicken Sie auf **Einstellungen**. Alternativ verwenden Sie die Tastenkombination Strg + , / ⌘ + , .

2. Klicken Sie im Dialogfenster **Allgemeine Einstellungen** auf das Register **Store**.

3. Aktivieren Sie in den **Store-Einstellungen** im Bereich **Automatische Downloads** mit einem Mausklick auf die jeweilige Checkbox die Produktarten ❸, die zukünftig automatisch geladen werden sollen.

Das Backup Ihres Geräts in iCloud speichern

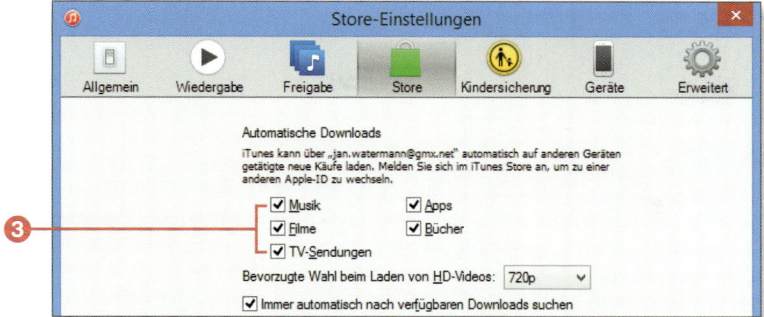

4. Bestätigen Sie abschließend die vorgenommenen Änderungen mit einem Klick auf die Schaltfläche **OK**.

Von nun an werden vorbestellte Artikel am Erscheinungstermin automatisch in Ihre Mediathek geladen. Dies gilt auch für Artikel, die Sie auf anderen Geräten, die mit derselben Apple-ID verknüpft sind, aus den aktivierten Bereichen gekauft haben.

Das Backup Ihres Geräts in iCloud speichern

Sie haben neben einer Datensicherung mit iTunes auf Ihrem Computer die Möglichkeit, ein Backup Ihres iPhones, iPods oder iPads in iCloud zu speichern.

1. Schließen Sie Ihr Gerät an den Rechner an.

2. Öffnen Sie iTunes, und wechseln Sie in den Bereich **Geräte** (❶ auf Seite 270).

3. Sollte das nicht bereits der Fall sein, aktivieren Sie in der Seitenleiste die Kategorie **Übersicht** ❷.

4. Klicken Sie nun im Bereich **Backups** auf den Radio-Button **iCloud** ❸. Dadurch werden die wichtigsten Daten Ihres Geräts in regelmäßigen Zyklen in iCloud gespeichert.

Kapitel 9 – iTunes in der Cloud

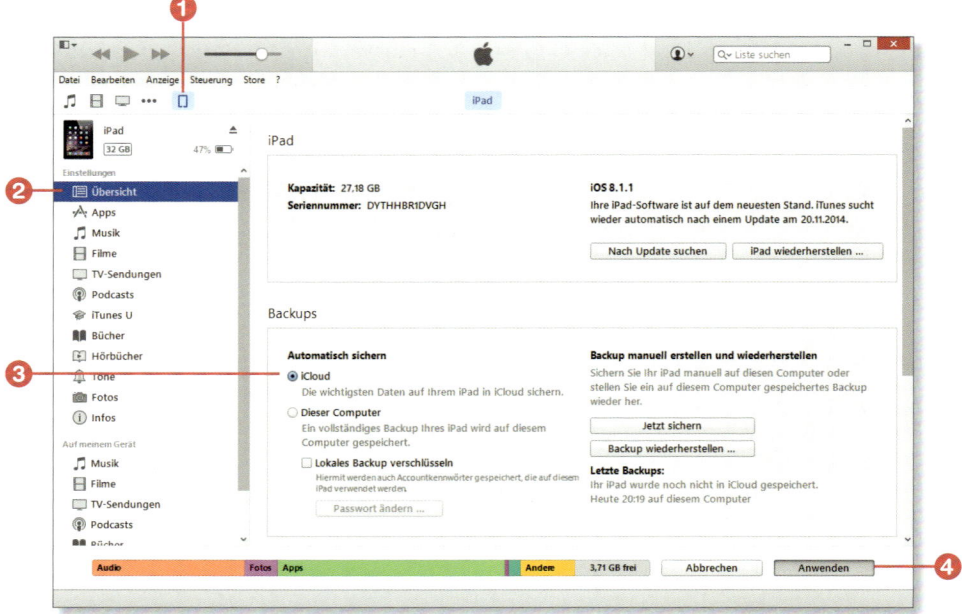

5. Klicken Sie abschließend auf die Schaltfläche **Anwenden** ❹, um für dieses Gerät das iCloud-Backup zu aktivieren.

Prinzipiell können Sie die Datensicherung Ihres Gerätes in iCloud auch ohne iTunes einrichten, sollten Sie derzeit Ihr Gerät nicht mit dem Computer verbunden haben.

1. Tippen Sie auf dem Home-Bildschirm Ihres Gerätes auf **Einstellungen**.

2. Scrollen Sie in den Einstellungen ein wenig nach unten bis zum Menüeintrag **iCloud**. Tippen Sie darauf.

3. Scrollen Sie in den Systemeinstellungen **iCloud** ebenfalls ein wenig nach unten, und tippen Sie auf den Menüeintrag **Backup**, um Ihren iCloud-Speicher als Backup-Speicherort zu aktivieren.

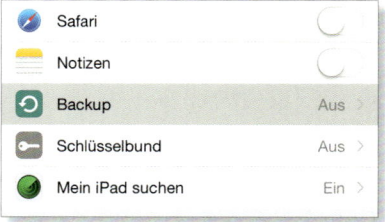

270

4. Schalten Sie **iCloud-Backup** ❶ an. Ein Hinweisfenster **Neues iCloud-Backup starten** erscheint. Tippen Sie auf **OK** ❷, wenn Sie manuell eine Datensicherung Ihres Gerätes anstoßen möchten.

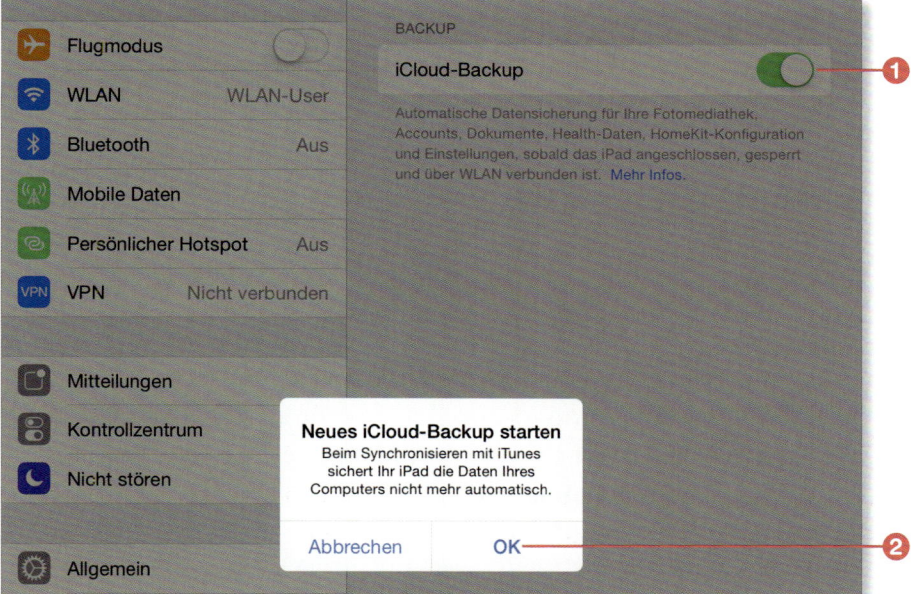

5. Starten Sie das Backup über die Schaltfläche **Backup jetzt erstellen**. Sie sollten jedoch darauf achten, dass Sie sich in einem WLAN-Netzwerk befinden, da andernfalls Ihr Datenvolumen des Mobilfunkvertrags schnell aufgebraucht ist.

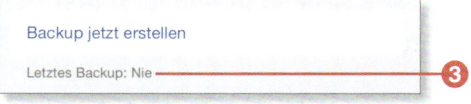

6. Unterhalb dieser Schaltfläche wird Ihnen außerdem angezeigt, wann das letzte automatische Backup in iCloud gespeichert wurde ❸.

Sie sollten dabei jedoch beachten, dass bei einem iCloud-Backup nicht sämtliche Daten gesichert werden. Konkret werden Ihre »Kaufgeschichte« (also alle Informationen zu Musiktiteln, Filmen, Apps und Büchern, die Sie im iTunes Store gekauft haben), Ihre Fotos, die Geräteeinstellungen, App-Daten, Ihre iMessage-, SMS- sowie MMS-Nachrichten und die Darstellung Ihres Home-Bildschirms in der Datensicherung gespeichert.

Kapitel 9 – iTunes in der Cloud

Sollten Sie Ihr iPhone, iPad oder iPod bei einem Problem auf die Werkseinstellungen zurücksetzen müssen, können Sie bei der Aktivierung des Gerätes mit Hilfe des Einrichtungsassistenten das Gerät mit der Datensicherung in iCloud wiederherstellen. Wählen Sie die Option **Aus iCloud-Backup wiederherstellen**, wenn der Setupassistenten Sie auffordert, Ihr Gerät einzurichten.

Einkäufe ein- und ausblenden

Sofern Sie mit Ihrer Apple-ID angemeldet sind, wird Ihnen im iTunes Store eine Liste Ihrer gekauften Artikel angezeigt. Bei Bedarf lassen sich diese auch ausblenden.

1. Öffnen Sie den iTunes Store. Rechts sehen Sie den Bereich **auf einen Klick**. Klicken Sie hier auf den Link **Gekaufte Artikel**.

2. Wählen Sie auf der Seite **Gekaufte Artikel** eine der Artikelgruppen. Im Beispiel entscheide ich mich für **Musik** ❶.

3. Schauen Sie sich die Liste der Artikel an. Um einen davon auszublenden, fahren Sie mit der Maus darüber und klicken danach auf das Kreuz in der linken oberen Ecke ❷.

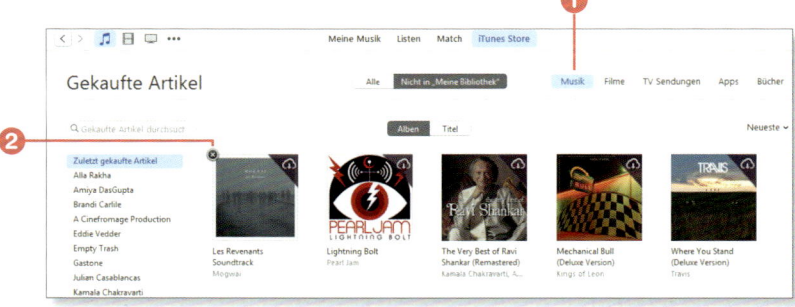

4. Bestätigen Sie die folgende Abfrage mit **Ausblenden**.

Der Artikel wird nun nicht mehr auf der Seite **Gekaufte Artikel** aufgeführt. Verfahren Sie genauso mit allen Artikeln, die nicht mehr auf dieser Seite angezeigt werden sollen. Sie löschen die Artikel aber nicht dauerhaft aus dieser Ansicht, sondern Sie können ausgeblendete Artikel jederzeit wieder einblenden. Wählen Sie dazu im Bereich **auf einen Klick** den Link **Account**. Geben Sie daraufhin Ihre Apple ID und Ihr Kennwort ein. Im Bereich **iTunes in der Cloud** klicken Sie neben Ausgeblendete gekaufte Artikel auf **Verwalten**. Sie sehen nun alle ausgeblendeten Einkäufe. Über die Schaltfläche **Einblenden** unterhalb der Artikel machen Sie diese wieder sichtbar.

Familienfreigabe aktivieren

Mit der Familienfreigabe können Sie Ihre Einkäufe dank iCloud innerhalb Ihrer Familie gemeinsam nutzen. Dazu müssen Sie mit Ihrer Apple-ID die Organisation einer Familie einrichten. Danach können Sie weitere Familienmitglieder einladen und Ihre Einkäufe aus dem iTunes Store im Familienkreis teilen. Sie können die Familienfreigabe auf dem Mac über die Systemeinstellung iCloud aktivieren oder sie direkt von Ihrem iOS-Gerät einrichten.

1. Rufen Sie auf Ihrem iPad oder iPhone die Einstellungen auf und tippen Sie links im Menü auf **iCloud** ❶. Scrollen Sie im Menü ein wenig nach unten, um diesen Punkt zu sehen.

2. Tippen Sie in den iCloud-Einstellungen auf den Link **Familienfreigabe einrichten** ❷.

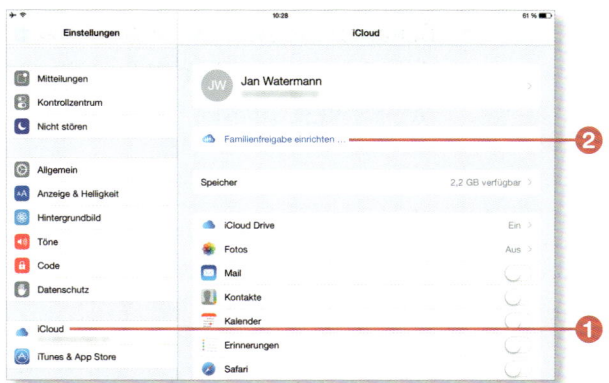

Kapitel 9 – iTunes in der Cloud

3. Im folgenden Fenster werden Ihnen weitere Informationen zur Familienfreigabe angezeigt. Tippen Sie auf **Los geht's**, um mit der Einrichtung fortzufahren.

4. Tippen Sie im folgenden Fenster auf **Fortfahren** ❶, treten Sie zukünftig als Organisator der Familie auf. Sie erklären sich damit bereit, die Einkäufe der Familienmitglieder im iTunes Store und App Store zu bezahlen. Für die Bezahlung wird die von Ihnen zu Ihrer Apple-ID hinterlegte Zahlungsweise verwendet. Beachten Sie, dass Sie hierzu  eine gültige Kreditkarte benötigen und die Zahlungsoption Clickandbuy für die Familienfreigabe nicht zur Verfügung steht.

5. Bestätigen Sie im nächsten Fenster die Freigabe Ihrer Einkäufe, indem Sie erneut auf **Fortfahren** tippen. Familienmitglieder können dann auf Ihre Einkäufe zugreifen und beispielsweise Alben oder Musiktitel, die Sie bereits gekauft haben, auf ihr Gerät laden.

6. Bestätigen Sie im folgenden Dialog mit **Fortfahren** Ihre hinterlegte Zahlungsmethode.

7. Die Familienfreigabe wurde nun erfolgreich für Ihre Apple-ID aktiviert, und Sie können weitere Familienmitglieder hinzufügen. Tippen Sie dazu in den iCloud-Einstellungen auf Ihrem iPad oder iPhone auf **Familienmitglied hinzufügen** ❷.

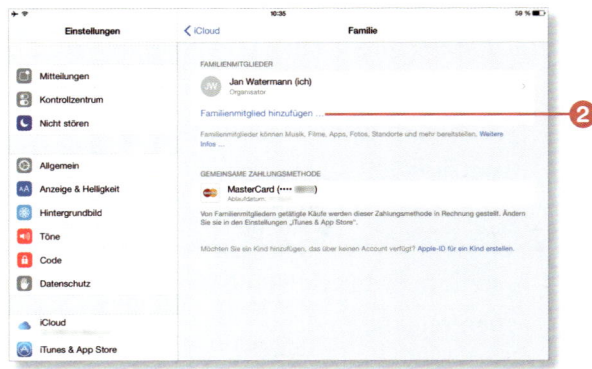

Familienfreigabe aktivieren

8. Geben Sie im folgenden Fenster in das Feld **An:** die E-Mail-Adresse des Familienmitglieds ein, das Sie einladen möchten, und tippen Sie danach auf **Weiter**.

Der Empfänger erhält daraufhin per E-Mail eine Einladung und kann nun den Beitritt zu Ihrer Familienfreigabe bestätigen. Sie können dann alle Einkäufe gemeinsam nutzen.

Öffnen Sie auf Ihrem Rechner nach der Einrichtung der Familienfreigabe iTunes, und rufen Sie den iTunes Store auf. Klicken Sie im Bereich **auf einen Klick** auf den Link **Gekaufte Artikel**. Auf der Seite **Gekaufte Artikel** sehen Sie nun ein Auswahlmenü ❸, über das Sie sich die Einkäufe Ihrer Familienmitglieder auf dieser Seite anzeigen lassen. Klicken Sie auf den Namen des Familienmitglieds, um zwischen den Familienmitgliedern zu wechseln. Wählen Sie die Ansicht **Nicht in „Meine Bibliothek"** ❹, werden Ihnen auf dieser Seite nur die Artikel angezeigt, die sich bislang nicht in Ihrer Mediathek befinden. Um Einkäufe eines anderen Familienmitglieds zu laden, klicken Sie auf das kleine Wolken-Symbol ❺.

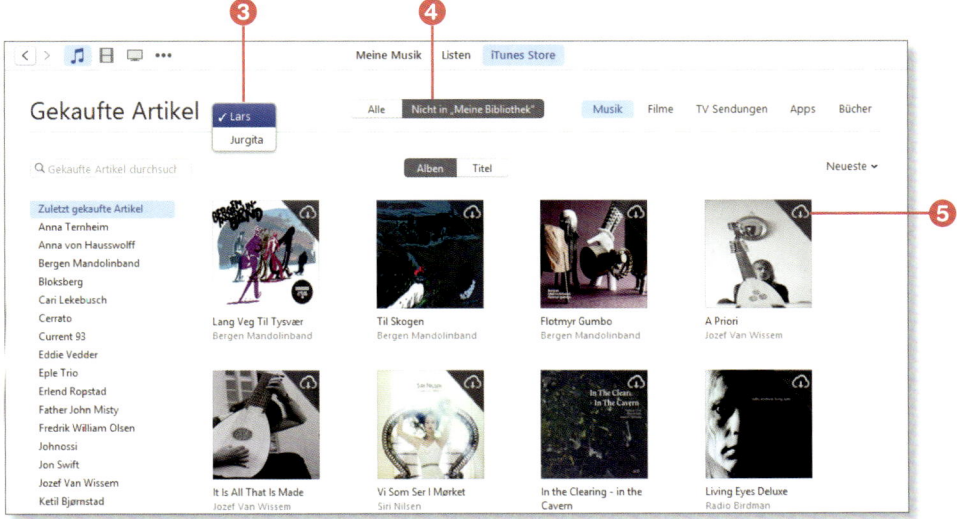

Nützliche Tastenkombinationen

Sie haben in den vorangegangenen Kapiteln immer wieder Tastenkombinationen zur Bedienung von iTunes kennengelernt. Mit Hilfe der Tastenkombinationen sparen Sie sich in den meisten Fällen den Weg in das Programmmenü oder in die Menüleiste und kommen so schneller ans Ziel. Ich habe Ihnen daher im Anhang alle wichtigen Tastenkombinationen noch einmal zusammengefasst, so dass Sie sie bei Ihrem täglichen Umgang mit iTunes schnell wiederfinden.

Allgemeine Tastenkombinationen

Tastenkombination (PC/Mac)	Funktion
Strg + N / ⌘ + N	neue Wiedergabeliste erstellen
Strg + ⇧ + N / ⇧ + ⌘ + N	neue Wiedergabeliste aus der bestehenden Auswahl erstellen
Strg + Alt + N / ⌥ + ⌘ + N	neue intelligente Wiedergabeliste erstellen
Strg + O / ⌘ + O	Datei zur Mediathek hinzufügen
Strg + I / ⌘ + I	Information zum markierten Artikel anzeigen
Strg + ⇧ + M / ⇧ + ⌘ + M	zum MiniPlayer wechseln
Strg + . / ⌘ + .	die Einstellungen aufrufen
Strg + B /auf dem Mac dauerhaft am oberen Bildschirmrand eingeblendet	Menüleiste ein- und ausblenden
Strg + W / ⌘ + W	das aktuelle Fenster schließen

Nützliche Tastenkombinationen

Strg+U / ⌘+U	Stream öffnen
Strg+⇧+R / ⇧+⌘+R	Datei in Windows Explorer/Finder anzeigen
Strg+Z / ⌘+Z	widerrufen
Strg+⇧+Z / ⇧+⌘+Z	wiederholen
Strg+X / ⌘+X	ausschneiden
Strg+C / ⌘+C	kopieren
Strg+V / ⌘+V	einsetzen
Strg+A / ⌘+A	alles auswählen

Tastenkombinationen für die Wiedergabe und Steuerung

Tastenkombination	Funktion
Leertaste / F8	Wiedergabe starten und pausieren
Strg+Leertaste / ⌥+Leertaste	zufällige Wiedergabe starten
Strg+. / ⌘+.	Wiedergabe stoppen
Strg+→ / F9	nächster Titel
Strg+← / F7	vorhergehender Titel
Strg+⇧+→ / ⇧+⌘+▶	nächstes Kapitel
Strg+⇧+← / ⇧+⌘+◀	vorhergehendes Kapitel
Strg+↑ / F12	Lautstärke erhöhen
Strg+↓ / F11	Lautstärke senken
Strg+E / ⌘+E bzw. ⏏	Medium auswerfen

Nützliche Tastenkombinationen

Tastenkombinationen für die Einstellung der Anzeige

Tastenkombination	Funktion
Strg+J / ⌘+J	Darstellungsoptionen aufrufen
Strg+⇧+B / ⌘+B	Spaltenanzeige/-browser einblenden
Strg+⇧+U / ⇧+⌘+U	Liste »Nächste Titel« einblenden
Strg+T / ⌘+T	visuelle Effekte einblenden
Strg+⇧+F / ctrl+⌘+F	in den Vollbildmodus wechseln
Strg+⇧+2 / ⇧+⌘+2	Equalizer anzeigen
Strg+⇧+3 / ⇧+⌘+3	Downloads ein- und ausblenden
Strg+⇧+M / ⇧+⌘+M	zum MiniPlayer wechseln

Tastenkombinationen für den Umgang mit dem iTunes Store

Tastenkombination	Funktion
Strg+⇧+H / ⇧+⌘+H	Startseite des iTunes Store in der aktuellen Kategorie aufrufen
Strg+Ä / ⌘+Ä	zurück
Strg+Ö / ⌘+Ö	vor
Strg+R / ⌘+R	Seite neu laden

Glossar

Hier und da stoßen Sie in iTunes und natürlich auch in diesem Buch auf Fremdwörter und Fachbegriffe. Damit Sie wissen, was sich dahinter verbirgt, habe ich Ihnen in diesem Glossar alle wichtigen Wörter mit einer kurzen Erläuterung zusammengestellt.

AAC Audioformat (Advanced Audio Coding) mit einer integrierten Kompression. Richten Sie in den Importeinstellungen eine hohe Qualität ein, belegt 1 Minute Musik etwa 1 MByte Speicherplatz.

AIFF Audioformat (Audio Interchange File Format) ohne Komprimierung für besonders hochwertige Audiodateien. Pro Minute werden etwa 10 MByte Speicherplatz belegt.

AirPort Express Hardwaregerät von Apple. Mit ihm ist es möglich, Musik von iTunes auf eine Stereoanlage und AirPlay-fähige Lautsprecher zu übertragen und wiederzugeben.

AirPlay Eine Funktion, mit der Sie Musik an AirPlay-fähige Lautsprecher oder Apple TV innerhalb Ihres lokalen Netzwerks übermitteln können.

App Englische Bezeichnung für Programm, die insbesondere in Verbindung mit iOS-Geräten und Mac-Rechnern verwendet wird.

App Store Ein Teilbereich des iTunes Store, in dem Sie Programme für Ihren Mac und IOS-Geräte kaufen und laden können.

Apple Lossless Codecformat (Apple Lossless Audio Codec) von Apple. Pro Minute werden etwa 5 MByte Speicherplatz belegt.

Apple TV Mit dem Gerät Apple TV ist es möglich, Inhalte von iTunes auf ein Fernsehgerät zu übertragen und wiederzugeben.

Audible Anbieter von Hörbüchern. Nach dem Kauf eines Hörbuches auf der Audible-Website wird in iTunes automatisch ein Audible-Kundenkonto erstellt, und Ihre Hörbücher werden automatisch hinzugefügt.

Glossar

Auswerfen Entfernen eines Datenträgers aus dem CD-ROM- oder DVD-Laufwerk oder eines angeschlossenen Gerätes über die Schaltfläche **Auswerfen**.

Checkbox Auswahlkasten, mit dem Sie per Mausklick eine Option aktivieren und deaktivieren.

Cloud Onlinespeicher für die Ablage von Dateien. Siehe auch iCloud.

DHCP Verfahren, mit dem die Internetadresse für einen Rechner im Internet automatisch vergeben wird. Nach dem Ende einer Verbindung wird die verwendete Internetadresse für einen anderen Nutzer verwendet.

DRM DRM steht für »Digital Rights Management«, auf Deutsch: digitale Rechteverwaltung. Dieses Verfahren schützt Inhalte wie Filme und Musik vor unerlaubter Verbreitung. Die Anbieter möchten so vermeiden, dass gekaufte Inhalte unrechtmäßig weitergegeben werden.

Equalizer Steuerelement zur Anpassung des Klangs der Wiedergabe.

Ethernet Computernetzwerk. Der Begriff wird oft für Netzwerkschnittstellen verwendet.

Funknetzwerk Siehe WLAN.

Genius Funktion von iTunes. Sie analysiert die Musik des Anwenders, stellt daraus automatisch Wiedergabelisten her und kann Ihnen im iTunes Store Einkaufsvorschläge auf Basis Ihrer Mediathek machen.

Gracenote Eine Onlinedatenbank, über die iTunes Informationen zu Audio-CDs abruft und daraufhin Titelinformationen anzeigt.

HD High Definition. Diese Abkürzung steht für hohe Auflösung und wird vor allem bei Musikvideos, Filmen und Serien verwendet. Die bessere Auflösung sorgt für ein deutlich klareres Bild. Das verwendete Anzeigegerät muss die Darstellung in HD unterstützen. iTunes prüft beim Kauf nicht, ob der Monitor des Anwenders dies kann.

HDMI Schnittstelle für die Übertragung von Filmen auf einen Fernseher oder einen Monitor. HDMI wird vor allem für Filme in HD-Qualität verwendet.

iCloud Apple-eigener Onlinespeicher, auf dem jedem Benutzer bei Einrichtung eines Kontos 5 GByte Speicherplatz gratis zur Verfügung gestellt werden. Verschiedene Apple-Dienste nutzen iCloud als Speicherort, um dem Benutzer Inhalte bereitzustellen. iCloud kann auch als Ort für Datensicherungen gewählt werden.

Glossar

iPad Hardwaregerät von Apple. Das Tablet wird über einen Touchscreen bedient und kann, sofern das Gerät diese Funktion besitzt, mit einer SIM-Karte auch unterwegs zum Surfen im Internet benutzt werden.

iPod Multimedia-Player von Apple. Je nach Modell können Sie Musik, Filme und Podcasts abspielen und unterwegs genießen.

iOS Betriebssystem von Apple, das auf iPod touch, iPad und iPhone Verwendung findet.

iTunes Festival Musikfestival von Apple. Es findet einmal im Jahr statt. Mehrere Tage lang treten verschiedene Interpreten und Gruppen auf und geben Konzerte, die für eine gewisse Zeit kostenlos auf iTunes abrufbar sind.

iTunes Match Funktion von iTunes, die kostenpflichtig abonniert werden kann. Mit ihr werden die gekauften und eingelesenen Musiktitel in iCloud übertragen. Von dort können sie mit iOS-Geräten, Macs und Windows-PCs, auf denen iTunes installiert ist, abgerufen werden. Auch Apple TV kann auf die Musik, die in der Cloud abgelegt ist, zugreifen.

iTunes Store Onlineshop von Apple. Er ist mit iTunes verknüpft und kann direkt aus dem Programm aufgerufen werden. Hier können Sie Musik, Filme, Serienfolgen, Apps, Bücher, Podcasts kaufen und in Ihre Mediathek einfügen.

iTunes U Bereich von iTunes, in dem Schulen, Universitäten und andere Lehreinrichtungen Vorlesungen und anderes Lehrmaterial ablegen. Hier finden Sie auch Mitschnitte von Vorlesungen. Die meisten Inhalte sind kostenlos. Viele stehen jedoch nur in englischer Sprache zur Verfügung.

Mac Abkürzung für Macintosh. Computer aus dem Hause Apple. Verwendet wird auf diesen das Betriebssystem OS X.

Mediathek Medienbibliothek von iTunes. Alle gekauften und eingelesenen Inhalte werden hier eingefügt. Dazu zählen Musiktitel, Filme, Serienfolgen, Podcasts und Hörbücher.

MP3 Weitverbreitetes Audioformat. Es zeichnet sich durch kleine Dateien und eine gute Klangqualität aus.

Podcast Audio- oder Videobeitrag, der im iTunes Store meist kostenlos angeboten wird. Podcasts können abonniert werden. Jeder neue Beitrag wird nach Erscheinen zum Anwender übertragen. Vor allem Radio- und Fernsehsender bieten Podcasts an, aber auch Firmen und private Anwender können Podcasts erstellen und veröffentlichen.

Privatfreigabe iTunes-Funktion, mit der Sie eine Mediathek in Ihrem lokalen Netzwerk freigeben und so Inhalte drahtlos auf andere Rechner übertragen können.

Radio-Button Auswahlfeld, mit dem Sie per Mausklick zwischen zwei Optionen umschalten können.

Remote-App Remote ist eine App, mit der Sie iTunes und Apple TV von Ihrem iPhone oder iPad aus fernbedienen können.

SD Standardformat für die Wiedergabe von Filmen. Im Gegensatz zu HD ist hier die Bildqualität geringer. Das liegt an der geringeren Auflösung: SD (»Standard Definition«) hat im Gegensatz zu HD weniger Bildpunkte.

Streaming Übertragung von Audio- und Videodateien. Die Inhalte werden nicht komplett auf den Rechner des Betrachters geladen, sondern während der Wiedergabe zu diesem übertragen.

Synchronisieren Daten zwischen iTunes und einem angeschlossenen Gerät austauschen, so dass sich auf dem Gerät die gleichen Inhalte wiederfinden wie in Ihrer Mediathek.

WAV Audioformat, das vor allem bei Windows verwendet wird.

Wiedergabeliste Mit einer Wiedergabeliste werden verschiedene Audio- oder auch Videodateien verknüpft. Sie werden entsprechend der Wiedergabeliste abgespielt. Eine Wiedergabeliste hat den Vorteil, dass der Anwender verschiedene Musikinhalte nach eigenem Geschmack sammeln und dann abspielen kann.

WLAN Funknetzwerk. Über WLAN werden Geräte kabellos miteinander verbunden.

Stichwortverzeichnis

AAC 47, 198, 215, 281
Account 36, 100
  anlegen 36
  Daten bearbeiten 148
  Passwort vergessen 150
  wiederherstellen 150
AIFF 281
AirPlay 242, 281
  Fotos an Apple TV senden 246
  mehrere Geräte ansteuern 243
AirPort Express 235, 281
  Bridge-Modus 241
  Dienstprogramm installieren 236
  einrichten 235, 238
  in bestehendes WLAN einbinden 241
  verbinden mit 242
Album
  anzeigen 21, 50, 61, 104, 110
  auf Gerät übertragen 204
  Cover ergänzen 154
  Information anpassen 152
  kaufen 106
  vervollständigen 101
  vorbestellen 110
  zur Wiedergabe auswählen 61
Ansicht ändern 21, 27, 264
App 281
  aktualisieren 129
  Dateien zur Verwendung übergeben 208
  für iPad kaufen 126
  für iPhone kaufen 126
  suchen 127

App Store 126
Apple Lossless 281
Apple TV 243, 281, 282
  Bilderordner freigeben 246
  einrichten 244
  Filme per AirPlay abspielen 243
  iTunes Store 245
  per Remote-App steuern 251
Apple-ID 32, 36, 77, 98, 142, 253
  Account verwalten 148
  Aktivierung zurücksetzen 38, 149
  alternative E-Mail-Adresse eingeben 34
  anmelden 36
  Bedeutung 36
  erstellen 32
  Familienfreigabe 273
  im iTunes Store einkaufen 98, 106, 115, 125, 129, 142, 269
  Kundendaten ändern 148
  Passwort zurücksetzen 150
  Privatfreigabe 230, 232, 250
  Rechner aktivieren 37, 234
  Rechnungsadresse 35, 149
  Registrierung bestätigen 35
  Sicherheitsfragen 34
  vergessene 150
  Zahlungsoption 35, 146, 149
Audible 281
Audio-CD
  auswerfen 51
  brennen 213
  importieren 46, 49

Information 46, 52, 282
manueller Import 53
Titelnamen eingeben 52
wiedergeben 50
Automatische Downloads 110, 268
Autorisierung 37, 234

B

Backup → Datensicherung
Bedienung 17
Brenneinstellungen 213, 216
Bridge-Modus 241
Buch
auf Gerät übertragen 124, 208
Auszug laden 125
kaufen 123
Mediathekbereich Bücher 126

C

Cloud → iCloud
Coverbild
automatisch ergänzen 154
manuell ergänzen 155

D

Darstellungsoptionen 27, 264, 277
Datei
an App übergeben 209
im Explorer/Finder anzeigen 174
Speicherort 39, 48, 174, 176
Verwaltung 39, 48, 174, 176
zur Mediathek hinzufügen 54, 208, 275
Datensicherung
einsehen 212
erstellen (Gerät) 211, 269
erstellen (Mediathek) 181
in iCloud 269
löschen 212
Gerät wiederherstellen 212, 272
Digital Rights Management → DRM
Doppelte Objekte suchen und entfernen 169
DRM 258, 263, 282

E

E-Book
auf Gerät übertragen 124, 208
Auszug laden 125
kaufen 123
Mediathekbereich Bücher 126
Eingehende Regel
(Windows-Firewall) 225
Einkäufe, ein-/ausblenden 272
Einlösen, Gutschein 146
Einstellungen (Dialogfenster) 38, 40, 46, 93, 110, 172, 212, 216, 268
Elternleitfaden für iTunes 102
Empfehlungen für Sie 101, 147
Equalizer 64, 277, 282

F

Familienfreigabe 273
Film
auf DVD brennen 215
automatisch auf Gerät übertragen 206
HD 115, 117
iTunes Extras 116
kaufen 115
leihen 117
manuell auf Gerät übertragen 206
SD 115, 117
wiedergeben 88

Stichwortverzeichnis

Firewall
  Regel für iTunes erstellen 225
  Status überprüfen 225
Freigabe 217, 219
FSK-Freigabe 93, 121
Funknetzwerk → WLAN

G

Gekaufte Artikel 142, 272
  erneut laden 142
Genius 21, 282
  aktivieren 77
  Empfehlungen im iTunes Store 101, 109, 147
  Genius-Mixe 68, 81
  Geniusvorschläge 101, 109, 147
  Wiedergabeliste 68, 71, 77, 79
  Wiedergabeliste aktualisieren 80
Gerät
  aktualisieren 192
  auf Werkseinstellungen zurücksetzen 193
  Importeinstellungen 197
  verbinden 183
  wiederherstellen (aus iCloud-Backup) 272
  wird nicht erkannt 188
Geschenk 143, 147
Gleichzeitige Ladevorgänge
  erlauben 116
Gracenote 46, 282
Gutschein
  einlösen 146
  verschenken 143

H

Hörbuch
  kaufen 126
  Wiedergabeposition merken 161

I

iBooks 124, 126, 208
iCloud 32, 36, 88, 127, 132, 199, 244, 253, 282
  Backup aktivieren 269
  Familienfreigabe 273
  Gerät aus iCloud-Backup wiederherstellen 272
  Synchronisation 199
Im iTunes Store anzeigen 22, 89, 110
Importeinstellungen 46, 197
Informationen bearbeiten 152
Installation 10
  auf dem Mac 10
  Systemvoraussetzungen 13
Intelligente Wiedergabeliste 72
  basierend auf Bewertung 162
Internetradiosender empfangen 82
iOS 283
iPad
  aktualisieren 192
  App in iTunes kaufen 126
  auf Werkseinstellungen zurücksetzen 193
  Datei an App übergeben 209
  iCloud-Backup 269
  Importeinstellungen 197
  verbinden 183, 188, 198
  wiederherstellen aus iCloud-Backup 272
iPhone
  aktualisieren 192
  App in iTunes kaufen 126

287

Stichwortverzeichnis

    auf Werkseinstellungen zurücksetzen 193
    Datei an App übergeben 209
    iCloud-Backup 269
    Importeinstellungen 197
    verbinden 183, 188, 198
    wiederherstellen aus iCloud-Backup 272
iPod
    auf Werkseinstellungen zurücksetzen 193
    verbinden 183
iTunes
    aktualisieren 40
    deinstallieren 42
    installieren 10
    starten 14
    Systemvoraussetzungen 13
iTunes Classic Visualizer 86
iTunes Extras 116
iTunes Festival 101
iTunes Match 101, 199, 202, 253, 283
    Abonnement kündigen 267
    abonnieren 254
    aktivieren 254, 258
    Apple TV 244
    fehlende Cover 264
    iPad aktivieren 258
    iPhone aktivieren 258
    Statussymbole 265
    Systemanforderungen 262
    Titel aus iCloud löschen 266
    weiteren Rechner aktivieren 259
    Zugriffsfehler 262
iTunes Media verschieben 176
iTunes Store
    Apple TV 245
    automatische Downloads 110, 268
    Album vervollständigen 101

    App aktualisieren 129
    App kaufen 126
    Artikel aus dem iTunes Store verschenken 147
    Aufbau des Shops 98
    aufrufen 22, 89, 98, 110
    Buch kaufen 123
    Download fortsetzen 140
    Download pausieren 116
    E-Book kaufen 123
    Einkäufe ein-/ausblenden 272
    einzelnen Musiktitel kaufen 107
    Elternleitfaden 102
    Empfehlungen 102, 147
    Film kaufen 115
    Film leihen 117
    gekaufte Artikel 141
    gekaufte Artikel erneut laden 142
    Gutschein einlösen 146
    Gutschein kaufen 143
    Hörbuch kaufen 126
    Hörproben aller Titel 107
    iTunes U 138
    Kindersicherung 93
    Kundendaten ändern 148
    mit Apple-ID anmelden 32, 36, 106
    Musik 103
    öffnen 22, 89, 98, 110
    Passwort zurücksetzen 150
    Podcast abonnieren 132
    Rückfrage vor Kauf nicht erneut anzeigen 106
    Staffel vervollständigen 121
    vorbestellen 110
    Wunschliste verwenden 130
    Zahlungsoption 35, 146, 149
iTunes U
    Vorlesung abrufen 138
    wiedergeben 140

Stichwortverzeichnis

K
Kindersicherung 93
Kontextmenü aufrufen 22

L
Lautstärke
   eines Liedes dauerhaft anpassen 160
   einstellen 18, 62
Liedtext hinzufügen 157

M
Mediathek
   Ansicht ändern 21, 27, 264
   Audio-CD importieren 49
   auswählen 179
   Datei hinzufügen 54, 208, 275
   Datensicherung erstellen 181
   doppelte Objekte suchen und entfernen 169
   freigeben 217
   mehrere 179
   Speicherort 39, 48, 174,
   Speicherort ändern 174, 176
   verwalten 39, 172, 174, 176
Meine Updates 102
Meine Wunschliste 102
Menüleiste
   einblenden 23
   Mac 23
MiniPlayer 62
MP3 47, 283
Musik
   an AirPort Express senden 235, 238, 242, 243
   automatisch auf Gerät übertragen 202
   drahtlos übertragen 217, 235, 238, 242, 243
   kaufen 103
   manuell auf Gerät übertragen 202
   Probe hören 105
   suchen im iTunes Store 103
   wiedergeben 51, 59
Musiktitel
   aus Wiedergabeliste löschen 166
   bewerten 21, 161
   in Wiedergabeliste einfügen 69
   Information anpassen 152
   kaufen 107
   Lautstärke individuell einrichten 160
   Liedtext eintragen 157
   Wiedergabeliste bearbeiten 164
Musikvideo 86

N
Nächste Titel
   Liste anzeigen 20, 62
   Titel hinzufügen 21, 62
   zum nächsten Titel springen 21
Netzwerkfreigabe unter Windows einrichten 221

P
Passwort, vergessenes 150
PDF-Dokument übertragen 208
Podcast 25, 35, 217
   Abonnement beenden 137
   abonnieren 132
   Einstellungen 136
   löschen 136, 137
   wiedergeben 136
Privatfreigabe 230, 246, 249
   Mediathek freigeben

Stichwortverzeichnis

Fotos freigeben 246
  iPad 250
  iPhone 250
  Netzwerkfreigabe unter Windows einrichten 221
  Remote (App) 249
Programmfenster
  minimieren 18
  schließen 18
  vergrößern 18

R

Radio hören 83
Rechner
  Aktivierung zurücksetzen 38, 149
  für Apple-ID aktivieren 37, 234
  Remote (App) 249

S

Shuffle 20
Softwareaktualisierung 40
Speicherort ändern 174, 176
Staffel vervollständigen 121
Staffelpass 123
Sterne → Wertung
Stream wiedergeben 83
Suchen 18, 104, 124, 127
Support 100
Synchronisation 199
  automatische 197, 202, 206
  manuelle 197, 202, 206, 208
  per WLAN 198
Systemsteuerung öffnen (Windows) 189

T

Tastenkombination 275
Titelanzeige 17, 19
Titelinformationen bearbeiten 152
TV-Sendung
  automatisch auf Gerät übertragen 207
  kaufen 117
  manuell auf Gerät übertragen 207
  wiedergeben 88
  auf DVD brennen 215

U

Update suchen
  Gerät 192
  iTunes 40

V

Verschenken
  Gutschein 143
  Artikel aus dem iTunes Store 147
Visuelle Effekte einblenden 85
Vorbestellen 110
Vorlesung → iTunes U
Vorspulen 18

W

WAV 282
Wertung 21, 161
Wiedergabe
  alle wiederholen 20
  Film 88
  Lautstärke einstellen
  Musik 59

290

Stichwortverzeichnis

   Musikvideo 86
   Podcast 136
   Radiostream 83
   Schaltfläche 18
   starten 18
   Titel wiederholen 20
   TV-Sendung 88
   Videodatei 88
   visuelle Effekte einblenden 85
   vorspulen 18
   wiederholen 20
   zufällige 20
   zum nächsten Titel springen 18
   zum vorherigen Titel wechseln 18
   zurückspulen 18
Wiedergabeliste
   auf CD brennen 215
   aufräumen 70, 164
   aus Auswahl erstellen 72
   einfache 67
   erstellen 67
   Genius- 68, 71, 77, 79
   Genius aktivieren 77
   Genius-Liste aktualisieren 80
   Genius-Mixe 68, 81
   intelligente 67, 72, 162
   intelligente Wiedergabeliste bearbeiten 75
   Klassische Musik 74
   Meine Lieblingstitel 75
   Meine Top 25 75
   Musik der 90er 75
   Nächste Titel 20, 62
   Ordner anlegen 164
   Titel deaktivieren 167
   Titel entfernen 166
   Titel hinzufügen 69
   vorgegebene intelligente 74
   wiedergeben 79
   zuletzt gespielt 75
   zuletzt hinzugefügt 75
Wiederholen 20
Windows-Firewall einrichten 225
WLAN 282
Word-Datei an App übergeben 209
Wunschliste 132

Z

Zahlungsoption 35, 146, 149
Zufällige Wiedergabe anschalten 20
Zuletzt gespielt 75
Zuletzt hinzugefügt 75
Zum nächsten Titel springen 18
Zurückspulen 18

400 Seiten, broschiert, 19,90 Euro
ISBN 978-3-8421-0145-6
erschienen Dezember 2014
www.vierfarben.de/3738

Hans-Peter Kusserow

iPhone 6
Die verständliche Anleitung

Mit dieser übersichtlichen Anleitung wissen Sie immer, wie's funktioniert. Hans-Peter Kusserow vermittelt alle Anwendungen und Raffinessen des iPhones anschaulich und praktisch. Sie machen das Smartphone startklar, telefonieren, senden und empfangen Nachrichten, surfen im Internet, fotografieren oder hören Musik.

320 Seiten, broschiert, 19,90 Euro
ISBN 978-3-8421-0149-4
erscheint März 2015
www.vierfarben.de/3744

Giesbert Damaschke

Das iPad-Buch
Die verständliche Anleitung

Lassen Sie sich Ihr iPad ganz genau erklären! Schritt für Schritt sehen Sie in diesem Buch, wie Sie die Möglichkeiten Ihres iPads richtig nutzen. Erleben Sie die großartigen Anwendungen und lernen Sie die besten Apps für Musik, Filme, Spiele und Fotos kennen. Diese verständliche Anleitung macht Ihnen den Einstieg leicht.

Das gesamte Buchprogramm: www.vierfarben.de

Rainer Hattenhauer
Android-Smartphone
Die verständliche Anleitung

Nutzen Sie Ihr Android-Smartphone richtig! Diese ausführliche Anleitung zeigt Ihnen, wie Sie Ihr Smartphone bedienen – vom Telefonieren über E-Mails, Internet, Apps und Fotos bis hin zum Datenaustausch mit dem Computer. Egal, welches Android-Smartphone Sie benutzen.

378 Seiten, broschiert, 19,90 Euro
ISBN 978-3-8421-0131-9
erschienen Mai 2014
www.vierfarben.de/3603

Rainer Hattenhauer
Android-Tablet
Die verständliche Anleitung

Schritt für Schritt zeigt Ihnen diese ausführliche Anleitung, wie Sie im Internet surfen, E-Mails schreiben, Fotos und Filme ansehen, Musik hören, E-Books lesen und vieles mehr. Dabei lernen Sie die besten Apps kennen und profitieren von den vielen praktischen Tipps und Empfehlungen. Egal, welches Android-Tablet Sie nutzen!

383 Seiten, broschiert, 19,90 Euro
ISBN 978-3-8421-0137-1
erschienen September 2014
www.vierfarben.de/3678

423 Seiten, broschiert, 19,90 Euro
ISBN 978-3-8421-0135-7
erschienen Juni 2014
www.vierfarben.de/3658

Mareile Heiting

Windows 8.1
Der verständliche Einstieg

Von Anfang an durchblicken im neuen Windows 8.1. Unsere Autorin Mareile Heiting vermittelt Ihnen direkt umsetzbares Wissen – Vorkenntnisse sind nicht nötig. Mit Rat und Tat steht sie Ihnen zur Seite, wenn Sie im Internet surfen, E-Mails schreiben, Fotos bearbeiten oder die Kacheloberfläche Ihren Bedürfnissen anpassen.

691 Seiten, broschiert, 19,90 Euro
ISBN 978-3-8421-0043-5
erschienen April 2014
www.vierfarben.de/3052

Walter Saumweber

Windows 8.1
Die besten Tipps und Tricks

Der Experte Walter Saumweber hat das neue Windows 8.1 auf Herz und Nieren geprüft und zeigt Ihnen nun, wie Sie das Beste aus dem System herausholen können. Das Buch steckt voller spannender und nützlicher Anleitungen, die Ihnen zeigen, wie Sie besser, schneller und geschickter mit Windows 8.1 umgehen können.

 Folgen Sie uns: www.facebook.com/Vierfarben

414 Seiten, geb., mit DVD, 29,90 Euro
ISBN 978-3-8421-0151-7
erschienen November 2014
www.vierfarben.de/3761

Mareile Heiting

MAGIX Video deluxe 2015

Verwandeln Sie Ihre Videosequenzen mit MAGIX Video Deluxe 2015 in sehenswerte Filme. Hier bekommen Sie verständliche Anleitungen an die Hand: vom Importieren Ihrer Filmsequenzen über die Nachbearbeitung und den gekonnten Schnitt, Bildeffekte und Vertonung bis hin zur Ausgabe auf DVD oder Blu-Ray. Legen Sie gleich los, und begeistern Sie Ihr Publikum!

374 Seiten, gebunden, 39,90 Euro
ISBN 978-3-8421-0107-4
erschienen Oktober 2014
www.vierfarben.de/3466

Kyra Sänger, Christian Sänger

Makrofotografie
Der große Fotokurs

Mit diesem Buch haben Sie den Schlüssel zur Welt der kleinen Dinge in der Hand. Erschaffen Sie faszinierende Bilder von Lebewesen und Strukturen, die dem Auge normalerweise verborgen bleiben. Und wie Sie die anspruchsvolle Fototechnik meistern, lernen Sie aus erster Hand von den zwei Spezialisten.

Jetzt den Newsletter bestellen!

Dietmar Spehr
Digital fotografieren lernen

Dieses Buch ist Ihr Schlüssel zu mehr Spaß und Erfolg mit der digitalen Fotografie! Der Autor zeigt Ihnen leicht verständlich alles, was Sie brauchen, um endlich bessere Fotos zu machen. Porträtieren Sie Menschen, fangen Sie die Schönheit der Natur ein, erkunden Sie die Makrofotografie und vieles mehr!

424 Seiten, broschiert, 19,90 Euro
ISBN 978-3-8421-0063-3
erschienen März 2014
www.vierfarben.de/3216

Günter Hauschild
Der Fotokurs für junge Fotografen

Auch die beste Kamera macht nicht immer alles richtig, und für tolle Fotos muss man ihr manchmal ein bisschen unter die Arme greifen. Wie das genau geht, zeigt dieser Fotokurs in kurzen und verständlichen Lektionen. Ein Buch zum Lesen, Lernen und Ausprobieren – auch für ›große Kinder‹ geeignet.

199 Seiten, gebunden, 24,90 Euro
ISBN 978-3-8421-0080-0
erschienen September 2013
www.vierfarben.de/3313